GETTING YOUR WAY
STRATEGIC DILEMMAS IN THE REAL WORLD

ジェイムズ・M・ジャスパー
鈴木眞理子 訳

ジレンマを切り抜ける

日 常 世 界 の 戦 略 行 動

新曜社

James M. Jasper
GETTING YOUR WAY
Strategic Dilemmas in the Real World

Licensed by The University of Chicago Press, Chicago, Illinois, U.S.A.

Japanese translation rights arranged with
The University of Chicago, acting through its Press
through Tuttle-Mori Agency, Inc., Tokyo

エド・アメンタとジェフ・グッドウィンに

まえがき

戦略的な行動は、ゲーム理論の冷静な計算とはまるで別だ。コストや利益と同じくらいに、愛や憎しみ、怒りや憤り、直感や伝統に動かされている。戦略的行動は文化や制度に組み込まれており、数学的な計算ではなく、社会的な追求なのである。楽しいこともあれば、神経をすり減らし、消耗することもある。

社会科学は、人間の営みのこのエキサイティングな領域を、おおかた**ゲーム理論**家に任せてきた。その精巧な数式によって、戦略とゲーム理論とはほぼ同義語になった。数十年をかけてますます精緻になったゲーム理論の数学の力は、今や難攻不落だ。だがゲーム理論は、私たちが本当に知りたいことを教えてくれるだろうか。ゲーム理論は、ゴール、選択、プレイヤー、アリーナ、すなわちゲームの場などについて、多くの非常に単純化された仮定が必要だ。だから、ゲーム理論のモデルの中心には人間がいるはずなのに、その姿を見ることができない。ゲーム理論は、もはや**社会科学**ではなくなっているのだ。

私が目指すゴールは、論文や実験室の中ではなく、私自身が行った実証的研究や現実世界で人間がどのように行動するかについて私が知っていることを出発点として、戦略に関する私なりの理論を作り出すことだ。私はこれまでに、国家や政策、倫理的抗議や社会運動、移住と地理的な移動の影響、自然や人間以外の生物についての人々の考え方、それから、過去を懐古して現在を批判するしかたなどについて研究してきた。これらのすべてにおいて、私は人々が周りの世界をどのように感じ、どのように考えるかに注意を払ってきた。私が注目したのは、人々の「主観的な」視点である。私にとって、人間の心は社会科学に大いに関連がある。この、主観に力点を置いていることが、本書の大きな特徴だと私は思っている。

残念なことに、社会学や人類学は文化的・制度的な文脈を重視しすぎていて、それらの文脈における人々の戦略的行動が浮かび上がってこない。「コミュニケーション」行動がよく研究対象になるが、そこで人々はお互いを理解し、状況の定義に合意し、自分たちの行動を調整する。おおかたの社会学者にとって、行動の「意味」は、個人の心の内にあるのではなく、この共有された社会的世界の中にある。エスノメソドロジー、シンボリック相互作用論、それからハバーマスのコミュニケーション理論など多様な伝統の中で、現実《リアリティ》は社会的なもの、人々の相互作用、コミュニケーション、共有される信条や感情の中に存在するものと見なされてきた。これは、かつて「コンセンサス理論」と呼ばれたものはもとより、「葛藤理論」として知られていた伝統にも当てはまることで、各人のアイデンティティ感覚にとって集団の相互的な認識が決定的に重要である点が強調される。これらの学派はすべて、人々の行動と意図を定義するのは社会的「状況」であるとする。私は、こうした視点とは一線を画し、必ずしもゴールを共有しない、あるいは自分がどう行動しているのか、なぜそのように行動するのかについて共通の理解すら持たない人間の行動を検討対象にする。しばしば、人は周囲の予想を裏切る行動をとる。成功するために行動を隠し続けることもある。嘘、秘密、そして操作《マニピュレーション》は、社会的行動の欠かせない一部だ。

社会学者や人類学者が社会生活におけるコミュニケーションを仮定しているのに対して、ゲーム理論では——主として経済学や政治学の研究者たちだが——コミュニケーションのあるなしを主要変数の一つとしてとらえている。ゲーム理論がこれまで戦略的相互作用の研究を独占することができたのはそのためだ。しかしゲーム理論では、スポーツのスリルも、結果が画一的でないところも、多種多様なスキルがかかわることも、プレイヤーはいろいろな戦術的選択が可能なことも無視しているから、ゲームのメタファーに十分沿ったものになっていない。ゲーム理論のゲームは、コンピュータがプレイするゲームである、つまり**全然ゲームではない**のだ。ゲーム理論は、ある種の状況をすばらしく的確にまとめ上げることができるし、私自身、ゲーム理論から戦略についてさまざまなことを学んだ。戦略の研究者は、これまで社会学や歴史や人類学といった込み入った人間的な学問をおおかた無視してきたが、彼らもそれらから学ぶべきものがある。特に、戦略の文化的・制度的文脈、そこにかかわるレトリックや情動の働き、重要なアイデンティティや同盟関係、創造性や学習、そしてそもそも行動を起こさせる複雑なゴールや動機について学ぶことができる。そろそろ、戦略的行動の**社会的**側面に目を向けるべきときだ。

私は社会運動について研究してきたが、社会科学者たちが戦略についてはほとんど語らないということがわかった。昔から、良い決断を下すのに役立つ本はないだろうかと抗議運動の活動家たちから尋ねられたものだが、お奨めできるのはせいぜいソール・アリンスキーぐらいだった。戦略的選択が政治的な作用を持つこと、特に国の反応に影響することを私たちは知っているし、ほとんどの学者が中心的問題と見なしている。これは、戦略についての最も構造的な視点だ。だが、活動家たちが（他の人々も）どのように戦略的決定を下すのかについては、私たちはほとんど何も知らない。どうしたら適切な決定が下せるのかについては、なおさら無知だ。本書は、活動家たちが求めるハウツー本ではない。むしろ、戦略の社会学、戦略を立てるに当たって直面する基本的なトレードオフを取り上げて、さまざまな選択やパターンを説明し、相互作用がどのように、なぜ、そのように繰り広げられるのかを理解することを目指している。というのは、結局、簡単な処方箋はない――あり得ない――からだ。戦略的プレイヤーは、容易に解決できない多数のジレンマに直面する。これが、戦略的選択を前もって予測することが、後から説明するよりも難しい理由だ。戦略的行動は、一種のアートなのだ。

本書の背後にある理念の一つが**エージェンシー**〔戦略を実行する主体。その意思、感情、能力、性向等も含めた概念〕である。これは、構造主義の研究者が、もうお手上げだ、構造主義モデルでは説明不能なことがいろいろあると認めたときに使用した言葉だ。構造主義者たちは、自分たちの仕事はエージェンシーではないものを記述することだと言う。それゆえエージェンシーは手つかずになる。彼らは、滅多にエージェンシーを直視しようとしない。だが、そろそろ、この記述不能なものを記述すべきときだ。選択あるところには、エージェンシーが存在するのだ。

社会学者たちは、特に私たちの生活を形作る隠れた構造を重視しており、それらの研究は、マルクス、ウェーバー、デュルケーム以来、社会学分野の得意とするところだ。認知的単純さを好むものには、この還元はきわめて満足できる。しかし、ギリシア・ローマ古典の入門講座を受講したり読みかじったりしただけでも、政治的、経済的、そして社会的構造では説明できないものがあることは明らかだ。私もそうだが、複雑さに惹かれ、世界の細部や驚異が大好きな人間にとっては、構造を重視する社会学では満足できない。ちょうどおもしろくなりかかったところで、手を引くからだ。この欠落している社会的生活の部分、選択、驚異、創造性などについて、どのように語ればよいのだろうか。

これまでの著作（特に、『核の政治学（*Nuclear Politics*）』や『道徳的抗議の技術（*The Art of Moral*

Protest)』で、私は、文化や経歴を通して社会生活の変化に開かれた《オープンエンデッド》側面に取り組もうとした。文化によって与えられる意味や感情を、人間は新しい方法で組み合わせ、その結果として自分自身が変わると同時に自分を取り巻く社会を変えることができる。そして経歴――人生経験は人それぞれであるから、経歴も十人十色だ――もまた、社会変化を理解する一筋の道を開いてくれると思われる。人間は他人や自分を取り巻く構造と衝突し、それらを拒絶したり、変えたり、解釈し直したりするからだ。文化と経歴という二つの次元の双方において、理解、願望、感情の衝突は、変化と自由をもたらし、私たちをして否応なしに、構造を超越させるのである。

　文化と経歴は、社会生活の変化に開かれている自由や不確定性の一部を説明するが、説明しきれない部分もある。なぜなら、文化や経歴には強い決定論的側面もあるからだ。私たちは、文化と経歴によって解放されることよりも、束縛されることのほうがずっと多い。文化も経歴も、私たちを、あらかじめ定まった方向に押し流す――ほとんどの場合、私たちはそのことに気づかない。ここに、たとえばある総理大臣の生涯を知ることが、ある状況でその総理大臣がどう行動するかを予測する助けになる理由がある。しかし、実際に総理大臣がどんな選択をするか、断言は不可能だ。そもそも、定義から言って、エージェンシーは予測できない。

　社会生活には、ある人がどう動くか、人はいつ真の選択――運命的な選択のことが少なくない――をするか、まったく予測できない状況が多々ある。多くのジレンマには、唯一の正解というものがない。社会学者たちが「合理的な行動はこれで、それ以外の選択は誤りだ」と言えない状況であり、ここに選択やエージェンシーの還元不能な役割がある。この自由の領域の大部分をカバーするのが、私が戦略と呼ぶものだ。

たとえば、自分と敵の双方が、「ふつうの」動き、あるいは「ベスト」な策についてさえ同じような考えを持っている限り、敵に不意打ちを食らわせるには、(常にではないにしても)ルールを破る必要がある。予測可能な行動は失策になることが少なくない。このことは、ゲーム理論で用いられるような「合理的な行為者」モデルは決定的なものとなり得ないこと、戦略的行動はアートの要素を失ってはならないことを意味する。本書ではこれから、戦略的プレイヤーが遭遇するさまざまなジレンマを述べていく。プレイヤーによって、答えが明白だったり、ジレンマが意識されない場合もあるだろう。しかし多くの場合、意識的な選択がなされる。(選択が必要とは思われないジレンマのときでさえ、トレードオフという形でのジレンマがある。)

本書は私の実証的研究が基になっているから、過去の著作で触れた全員に感謝の言葉を捧げたいところだ。なかでも、ロバート・ザスマン、クレイグ・カルフーン、そしてイアン・ロックスバローらとの初期のころからの会話は、有用なアイディアにつながっただけでなく、血迷った企てではないかという、しばしば私を襲った不安を吹き飛ばしてくれた。ミシェール・ラモン、フランク・ドッビン、フランチェスカ・ポルレッタ、サラ・ローゼンフィールドは、私のアイディアを聞いても冷笑しなかった。ニッツァン・コーレヴ、チップ・クラーク、キャロル・ハイマー、イアン・ロックスバロー、クリス・ウィリアムズは、初期の草稿を読んでコメントしてくれた。サミュエル・ボウルズ、ジョージ・ブラウン、エドガー・カイザー、それからアメリカ社会学会のミーティング、アムステルダム大学、マサチューセッツ大学アマースト校、一橋大学、ユベスキュレ大学、テキサス大学、ニューヨーク大学、ニューヨーク市大大学院研究センター、カリフォルニア大学サンタバーバラ校、ジョージア大学、そしてローリーのエンプティ・ケージ(空っぽの檻）会議での聴衆の方々も、さまざまな章についてコメントを寄せてくれた。本の出版につきものの作業で中核となってくれた方々に対しては、ふさわしい感謝の言葉も品切れだ。他の追随を許さないダグ・ミッチェル、敏腕編集者ニック・マレー、そして索引作成を担当したマーティン・ホワイト（組見本からかかわってくれ、しかもしかるべき評価をされることのない索引作成の担当者に感謝できることは滅多にない）。中年になって日々が飛び去るように過ぎていくこの頃、私は友の価値をひとしお強く感じている。アイディアを形にするのを手伝ってくれ、多種多様なアリーナで戦略を練ってくれた二人、かつての同僚で今は良き友人であるエド・アメンタとジェフ・グッドウィンに、本書を捧げたい。

本書の著作権料は「女性のための世界基金（Global Fund for Women）」に寄付される。

目次

装幀＝難波園子

序章　社会生活の政治学

ガキ大将やボスとどう付き合うか、おとなも子どもも、誰もが悩んだ経験があるだろう。恋人にしたい人がいる、求職中だ、離婚訴訟を起こした、親族会議を計画している、上司に苦情を言う、会議に参加する、出廷する、戦場に赴く、子どもが親を牽制する、選挙に立候補する――こうした日々のさまざまな活動の中で、私たちは皆、戦略的に考え行動している。他人を自分の思うとおりに動かそうとするとき、相手は何を考えているのだろうか、どのような反応をするだろうか、あなたの行動をどんなふうに感じるだろうかと、さまざまに思いをめぐらす。いろいろな場合を想定し、彼らがどういう行動に出るかを予測しようとする。他の人たちもそれぞれのゴールを持つなかで、自分のゴールを達成するための最善の手段を選ぼうとする。同志を求め、資源《リソース》を蓄積することに努め、他人に対して与える印象を操作し、そして、他人に「勝とう」とする。要するに、人間は戦略的なのだ。

学問の世界では、公的組織、市場、戦争、国際関係、政治、抗議行動、そして対人関係など、さまざまな場面における戦略的選択が研究されてきた。かくも多種多様な人間の行動領域に共通する戦略的挑戦または理論は、いったい存在するものだろうか。社会科学分野の良い質問はみなそうだが、答えはイエスでありノーでもある。いつでも通用する明確なルールはない。これは、一つには、状況を完全に規定することが不可能なためだ。ルールがあっても、予想外の行動に出たりルールを破ることが重要な場合さえある。つまり、あるのはこうすればよいという指針ではなく、ジレンマだ。二つ以上の選択肢があり、それぞれにリスクやコストや潜在的利益の長いリストがついている。ほとんどの場合、一つの正しい答えなどまったくない。だが、マイナス要素だけではない。場面は多種多様でも、遭遇するジレンマは似通っている。状況がどうあれ、他者との戦略的かかわりには、基本的な方法がある。

ジレンマがあるということは、常に選択肢があり、行動の自由があるということだ。このことに、現代の中流階級——学者も含まれる——は驚くほど居心地悪さを感じる。われわれの教育も威信も、あらゆる挑戦課題には正しい答えがあり、あらゆる謎を解くアルゴリズムが存在するという考えが基盤になっているからだ。十分な科学的調査を行えば、真実が詳らかになるというわけだ。しかし、クォークやアミノ酸には有効な方法も、対人関係には役立たない。社会科学の研究者たちは、人間に対するすべての制約を記述でき、完全な社会生活のモデルを作り上げることができると信じ込んできた。結局、彼らは依然として、私たちみんなが行う選択に遭遇している。彼らにとっては残念なことに、社会科学者は**人間の自由**に取り組まねばならない。

戦略的選択の普遍的状況について記述する作業に最も貢献したのがゲーム理論家たちだ。彼らは、個人にも組織にも、サッカー選手にも国家にも、等しく当てはまるとされる巨大な数学大系を構築した。戦略に関する優れたアプローチがすべてそうであるべきように、ゲーム理論も選択と行動、選好と結果に焦点を合わせている。ほとんどのバージョンで、甲の選択が乙の結果に影響を及ぼし、逆に乙の選択が甲の結果に影響を与えること、つまり私たちは自分の決定を下すに当たってお互いを考慮に入れざるを得ない点が強調されている。ゲーム理論は、共通のジレンマ、予期せぬ結果、そして抜け出すのに苦労する不快なトラップについて、多くの洞察をもたらした。

しかし、数学的な優美さを重視するあまり、非現実的な仮定が用いられるようになった。結果として多くのギャップが生じ、それらを埋めるには、もっと文化や制度——つまり戦略が繰り広げられる文脈——に力点を置いた記述言語が必要だ。たとえば、第一に、戦略的行動は、たった一つの容易に定義できるゲームの中ではなく、複数のゲームにまたがっているかもしれない。第二に、どの戦術、ゴール等々を第一に考えるかの選好はプレイヤーが個人（**単一プレイヤー**と呼ぼう）である場合すら簡単に順序づけできないもので、プレイヤーがグループ、集合体、あるいは組織（**複合プレイヤー**またはチーム）となればなおさらだ。[1] 複合プレイヤーの場合、ゴールについて意見が一致していることは滅多にない。第三に、特にプレイそのものの満足感に関係する場合には、いつでも手段と目的をはっきり区別できるわけではない。加えて、ゲームなら得点を集計しすっきり清算して終われるが、現実場面ではそんなことはきわめてまれだ。ほとんどの社会生活は、制度化され、文化や心理的期待に裏打ちされた行動の間断ない流れから成り立っている。このような種々の問題があるなかでも、ゲーム理論にとって最も致命的なのは、実験から、人間はせいぜい一つか二つ先の行動しか予想しないということがわかっていることだ。つまり、人は最終的な結末からさかのぼって「正しい」動きを選ぶことができないのである。他のプレイヤーの次の動きを予想することは重要だ。だが、戦略的相互作用が複雑すぎるため、一、二手よりも先で何が起こるか把握しようと試みるのは非現実的になってしまうのだ。

こうした制限のあるゲーム理論ではなく、戦略に対する別のアプローチがありそうだ。予期される結果よりも、人間の選択の複雑さや重要性に力点を置いたアプローチである。ちょっと想像力を働かせれば、ほぼどんな出来事もゲーム理論の利得《ペイオフ》という用語で記述し直せる。これは、とても役に立つこともあるが、私たちの関心の対象の大部分が切り捨てられてしまうこともある。今日の戦略についての社会科学の考え方においてはゲーム理論が支配的ではあるが、結局のところ、ゲーム理論は真の意味での社会科学ではない。数学の一分野であり、その最も輝かしい将来は、たぶん人間関係よりも進化生物学の中にあるだろう［訳注　進化ゲーム理論］。

ここ数十年の社会科学では、人間について二種類のイメージが支配的だった。一つは、経済学の自立した個人というイメージ、合理的選択理論の研究者たちがあらゆる人間制度の背後に見いだせると主張する、計算する意思決定者である。これはほとんどのゲーム理論に見いだせる登場人物で、自分が何を欲しているかを知っていて、それを手に入れるための手段を探している。（ゲーム理論のプレイヤーは、利己的であったり実利主義的であったりするとは限らない。社会学者はよくプレイヤーが利己的で実利主義的であるという理由でゲーム理論を拒否するが、これは間違いだ。）この対極にあるのが、ほとんどの社会学や人類学の伝統が支持する体制順応者というイメージで、文化や規範や言説《ディスコース》に取り囲まれ、常に周囲の人々と交渉しなければならない人間だ。**状況**によって定まる存在であり、周囲との協調において現実を構築すべく社会的に応答する。あまりにも多くの社会学者がゲーム理論派かあるいは状況主義派のどちらかであり、選択を説明するか、なぜ選択肢を持たないのかを説明している。

皮肉なことに両派とも、人間の複雑さとおもしろさを減じるというひずみが生じる。共に感情を軽視する傾向があるのだ。戦略的相互作用の世界は、勝者と敗者がいて、良い選択と悪い選択があり、友人と敵に囲まれたアリーナの様相がある。ただ認知のみが絶大な支配権を握る、純粋な計算の世界のように見える。感情は障害にしかならないのだ。だが、このアリーナにも感情は広く浸透しており、そして常に感情が合理性を損なうわけではない（損なわないのが通常だとさえ言える）。合理性に寄与することも少なくない。ゴール、選択、同盟、喜びを形作るのが感情であり、感情がないところには争いも生じない。他人が何をしようと気にかけないだろうからだ。戦略はゲーム理論の冷徹な計算とはまったく別物である。愛と憎しみ、愉悦と消沈、興奮と失望、誇りと羞恥に満ちているのだ。

私は、ゲーム理論派と状況主義派の古くからの議論を蒸し返すつもりはない。過去数十年、両派ともことあるたびに政治学を傘下におさめようとし、近年経済学モデルがほぼ完璧な勝利を手に入れた（明白な形でも、暗黙裏にも）。しかし、人生というものは、ほとんどの場合、結果や得点がはっきりするゲームでもなければ、規範遵守や価値完遂のための努力でもない。私は、第三のイメージ、周囲の一人ひとりの強みを借りようとする適度に政治的な人間というイメージを使いたい。グループを作り、アイデンティティを発達させ、対立し、ゴールを打ち立てて追求する、目的を持った人間である。ゲーム理論の描く計算高いロボットでもなく、状況主義者の想定するひたすら体制に順応する存在でもない。他人をどのように考慮に入れるかには実に無限のバリエーションがある。他者は乗り越えなければならない物理的障害と思えることもあれば、ロマンスの対象となり、あらゆる障壁や身体的な限界さえもなくしてしまいたいと願う場合もある。グループは、ゴールの重要部分であるだけでなく、それを追い求める際の手段でもある。私が提案するのは、政治学に関する経済学や社会学の理論に代わる、**経済生活・社会生活の政治的理論**だ。[2]

政治的モデルでは、人は、個人と同時にグループとしても戦略を立てる。グループ作りは一つの重要戦略であるだけでなく、しばしばゴールともなる。そして、個人であれグループであれ、多くの戦略問題には類似性がある。経済学の視点は、グループや組織を個人の選択の結果として説明する（あまり良い説明になっているとは言えない）。あるいは、個人とグループを形式上等価の存在として取り扱う（これは誤りだ）。グループの下に個人を思い描くことのほとんどない状況主義では、戦略的選択を認めることすら難しくなってしまう。一方、政治的イメージでは対話と説得が中心かつ前面に位置するので、異なる視点のあいだの衝突を考慮することが可能になる。政治と文化は、個人と集合体を、どちらかを視野から排除することなく、結びつけることを可能にする。私たちに必要なのは、単一プレイヤーと複合プレイヤーのどちらか一方にきめつけずに、あわせて（個別の「分析単位」として人工的に区別することなく）分析することだ。

※

戦略（strategy）という語は、ギリシア語で司令官を表す言葉が起源である。下士官たちが戦術やその実行にかかわるのに対して、司令官は大局について思考する。ファンク・アンド・ワグナルズの辞書によると、現代英語の strategy（戦略）には三通りの定義がある。一つめは**軍事**に関係するもので、大規模な軍事作戦を指揮する科学と技能である。二つめは、**策略**というニュアンスのもので、たとえばビジネスや政治の世界などで計略や策を働かせることを表す。この用法では、他人のゴールと自分のゴールは同じでないかもしれないから、自分の手の内を完全にはさらさないという意味合いが含まれる。三つめの定義は、戦略の**長期的**な性質を強く反映したもので、何らかの目的を達成するためのプランやテクニックを言う。最近まで圧倒的な比率を占めていたのは、三つのうち軍事的な用法だが、そこでは、戦略は準備段階、つまり敵が存在していない状況でなされるものを指す。これに対して、敵との接触があってから用いられるものは戦術と言う。この意味において、（一般論としての）戦略は広範で長期的なプランである。これを戦略の定義の一方の端とすると、反対側の端にあるのが、目標指向性の強い直接的な選択や戦術だ（もっとも、計画された戦略と即興的な戦術のあいだのこの対比は、実際の行動は決して計画通りにはいかないことをはからずも示している）。ただし、軍事的用法でさえ、オックスフォード英英辞典から読み取れる限りでは、英語で広く使用されるようになったのは一九世紀になってからのようである。

　本書で用いる戦略には、五つの次元がある。戦略的プレイヤーとして、あなたは**ゴール**を持っている。これは、ふつうは明白になっているものだ。それから、そのゴールを達成するために**手段**を使う。他のプレイヤー（それぞれの手段とゴールを持っている）からの**抵抗**、少なくともその可能性が存在し、この可能性を認識して、あなたは予想される衝突で勝利を得るため、あるいは衝突を回避するために行動する。結果的に、戦略は**社会的**で**相互作用的**であり、味方か第三者かあるいは敵かによってさまざまだが、他者から信頼を得たり行動を引き出したりする必要がある。最後に、成し遂げるべきプロジェクトを抱えているのであるから、戦略的思考は**未来**を指向している。したがって、想像力、創造性、意思、主観性など、社会科学者たちがおおむね無視しようとする要素すべてが含まれる。ファンク・アンド・ワグナルズの定義を結合して、私は、戦略を、即時的行動と長期的行動、的を絞った行動と幅広い活動、軍事における意味と他の分野での意味を総合する語として位置づける。

戦略を**自分が望むことを他人にさせる**ための努力ととらえると、自分が他人にしてほしくないと思うことを彼らにさせないようにすることも戦略に含まれる。行動を抑制することは、行動を奨励することと等しく重要である。さらに戦略は、他人に直接何かをさせるのではなく、むしろ何かに気づかせる、信じさせる、あるいは感じさせることを狙いとすることもある。

戦略的行動は、いつも明示的で意識的とは限らない。他人を無意識のうちに行動させる戦略を意識的に採択することもある。暗示的な戦略は、単一プレイヤーのほうに多いだろう（自分の行動をチーム全体に対して正当化する必要がない）。特に感情を表明するときにはそうで、成功に役立つ。単一プレイヤーが不機嫌なとき（自分ではそうと気づいていない）、周囲の人たちが希望をかなえてくれることがある（なぜそうするかは意識していない）。もし、このプレイヤーが自分の要求をはっきり自覚していたならどうだろう。周囲にとってはわかりやすくなり、その分、拒絶されやすくなったかもしれない。この暗示的戦略というカテゴリーについて詳細に述べているのは、ピエール・ブルデューをはじめとする状況主義者たちである（彼らは、「プラクティス」と呼んだ）。もっとも、彼らは最終的にそれを構造に分解してしまい、そのため戦略的要素が失われてしまった。しかし、状況主義者たちは、重要な点をはっきりさせた。**個人のパーソナリティと組織の文化**は、ある種の戦略的選択を体現するようになり、そうするとそれは――しばらくのあいだ――明示的な意図からは消失してしまう。私としては、戦略が**完全**に無意識的であり得ると認めるのにはためらいがある。というのは、そうすると、私たちのなすことは何でも戦略ととらえられることになりかねないからだ。手段はときとして完全には意識されなくなることがあるにせよ、他者のゴールも私たちのゴールも意識されている、そう私はとらえたい。

戦略的行動の最重要な部分は、戦略的相互作用であり、ここにおいてあなたは、あなたを戦略的に評価する他のプレイヤー（同じく、あなたも彼らを戦略的に評価する）と直面し、他人への応答として一連の行動をし、今度は彼らの反応を予想する。この場合、彼らはあなたの試みに対して、抵抗、協力、言い逃れ、先延ばしのいずれかの形で反応する。たとえば、大学で私は、学生の最初の課題はその後の課題よりも厳しく採点することにしている。これは戦略的行動である。学生たちを少しばかり不安にさせて勉強に精出してもらいたいのだ。学生たちは私の戦略に気づいていないので（本書を読むまでだが）、これは一種の操作《マニピュレーション》である。しかし彼らが、私が最初の課題を厳しく採点したか否か、そして私が残りの学期のあいだにどうするつもりか——言い換えれば、私の頭の中にあること——を探り出そうとしたなら、そのとき、私と学生たちのあいだには戦略的相互作用が生じる。私も学生たちも、お互いに、相手がどのように反応するか、プレイヤーが何を考え、何を意図しているかを探り出そうとする。長期的なゴールという点では、私と学生たちは決して不一致ではない——少なくとも私は、私の操作は最終的に彼らのためになると信じている。しかし、手段についてはお互いの意見は合致しない（勉学に精を出すことと、課題で良い点をもらい、良い評価を得ること）。戦略的相互作用は、一方の側のゴールや利害と他方のそれを対応させる必要はない。このように、戦略的行動よりもずっと興味深い戦略的相互作用に、本書では焦点を当てる。

両サイドが相互に意識しながら行動するとき、行動は相互作用になる。このことには、通常、プレイヤーは少人数という意味合いが含まれる。何百人、何百万人ものプレイヤーの思考に分け入ることは不可能だからだ。大人数に影響を与えようと試みることはできる。広告業界がしていることだ。だが、一人ひとりがあなたの行動をどう受け取り、あなたは彼らの反応にどのように応じたらよいか、予想することなど不可能だ。経済学では、これは、匿名市場での競争と寡占市場のより直接的な対立との相違である。競合各社は戦略を立てるが、ライバル企業に直接働きかけることはしない。価格と市場シェアを介してのみ相互作用する。自分を取り巻く環境を、思考し反応する人間から構成されているととらえるのではなく、私たちが自然環境をとらえるのと同じようなやり方でとらえ始めるのだ。女子高生は男子に対して自分を魅力的に見せようとするものだが、誰か特定の相手に目をつけたとき、たとえばすでにガールフレンドがいる男子を相手にするときには、違った行動をとる。この場合、行動はまさに戦略的となる。

プレイヤーが二人だけという戦略的相互作用はほとんどない。大半の場合は、競争相手だけでなく、味方、判定者《ジャッジ》、支持者《サポーター》、助言者《アドバイザー》、観客がかかわってくる。一人の敵に的を絞っているときでさえ、他の多数の相互作用を通じて戦いをサポートする。この多数の相互作用を、私は**間接的**戦略的相互作用と呼んでいる。これらが間接的なのは、もっぱら、メインの直接的な相互作用との対比においてのみである。というのは、それらはそれ自体、戦略的かかわりであるからだ。私たちは、たとえば資源を集め、味方を動員し、第三者の意見を形作るなどする。

それでは、戦略的行動と戦略的相互作用は、他の行動様式とどのように違うのだろうか？　人は常に（あるいは、ほとんどの時間）、戦略的に思考するというわけではない。他の種類の行動は異なるゴールと文脈を持っている。たいていの場合、私たちは**習慣**に従う。習慣とは、とりたてて考えなくてもやっていける熟知したルーチンで、雇用主からTVネットワークまで、私たちの生活の大枠を定める制度から強いられるものだ。朝8時に家を出て会社に行き、午後6時半のニュースを見る。その目的や手段について考える必要はない。ほとんどの場合はルーチンに従うが、私たちには常に必要とあれば再考し修正する備えがあり、そうしたルーチンからの逸脱にはふつう、手段や目的や他のプレイヤーについての認知という戦略的行動が含まれる。長期のルーチンは、たいてい戦略的行動によってもたらされる変化によって中断される。多くの戦略的行動は、私たちのルーチンを変化させることを狙いとしており、成功した戦略的行動はしばしばルーチンになっていく。

戦略的行動のもう一方の境界線の向こうにあるのが**道具的行動**で、この行動様式では他者の意向は考慮されない。無生物の世界に対処するとき、たとえば建物が火事になって逃げ道を見定めるとき、さまざまな脱出ルートのリスクを考慮に入れて複雑な意思決定をしてはいても、それは道具的に思考しているのであって戦略的にではない。炎や建物が次にとるだろう行動を推測しようと、その頭の中に分け入ろうなどとは試みない。物理学の知識に照らしてどうするかを決めるはずだ。危険にさらされるかもしれないが、それは、炎が戦略的に私たちに**対抗**しているからではない。炎は、私たちの身に何が起こるか気にかけたりしない。（ただし、大勢が同じ出口から脱出しようとしているときには、彼らがどんな行動をとるか予想しようとはするだろう）。人間以外の生物に対処する場合はその中間である。それらが何を考えているかを予想しようとし、予想できると納得しようとする。しかし私たちができるのは、せいぜい、それらの心が人間の心と似通っていると思い込むことにすぎない。というのも、そうすることが、他者の頭の中に分け入るための奥義なのだ。つまり、まず自身の心を前提に、他者の心も類似していると仮定し、その上で、あり得る相違を追加する。私たちは誰しも、戦略的に思考するとはどのようなことか知っている。なぜなら、全人生を通じてそうしてきたからだ[3]。

対処する相手が人間の場合、道具的行動の比率はかなり小さくなる。たとえば、人工膝関節のインプラント手術をする外科医は、手術室では患者を一つの物理的対象物と見ている。しかし、手術の前後には、患者と話をし、患者が何を求めているかをくみ取り、リハビリにどのくらい熱心に取り組むだろうかと思いをめぐらせる。あるいは、強盗が、あなたの頭にピストルを突きつけておとなしく言うことを聞けと脅かしたとしよう。このとき、強盗はあなたが何を考えているかに神経を尖らせているだろう。ピストルの引き金をまさに引いてあなたの命を奪い去ろうとしているときでさえもだ。強盗は、そのときでさえ戦略的に思考している。あなたをおとなしく従わせる他の手段がなくなってしまったのだ。(夜盗は、盗みに入るとき住人を起こさないようにと細心の注意を払うものの、住人が目を覚ましてしまったとき、つまり夜盗の行動が相互作用を引き起こしたときにはどうするか、あらかじめプランを立てているものだ)。相手を単なる「もの」と思い込もうとしても、彼らの心によってプランが瓦解するかもしれない。

考慮しなければならない雑多な要素の集合に自分以外の心が加わると、状況は一変する。ものすごく複雑になるのだ。しかし、だからといって即、戦略が必要になるわけではない。戦略的行動を挟んで、道具的行動と反対側に位置するのが、記号的行動、すなわち**コミュニケーション**行動だ。この行動様式においては、他者に何らかの行動をとらせるよりも他者とのあいだに何らかの理解を打ち立てることがゴールである[4]。この種の行動は(分析対象としてもモラルの観点からも)社会学者をはじめとする状況主義者たちのお気に入りで、あらゆる社会的行動の理想型として用いられてきた。会話は、膨大な量の当然とされる共有された理解に依存する。話すこと自体、大量の共通の期待で「満たす」ことが必要であり、そして、ユルゲン・ハバーマスによれば、相互に理解するための努力を約束しさえする。社会構成主義の研究者たちの説では、人間は共同作業によって、科学的真理を生み出し、芸術の偉大さを定義し、ある種の行為はモラルに反するとして排除し、そして自分たちの周囲に認知する世界全般を創造する。

社会学者は、この世界の「社会的」次元、客観的な物質世界や個々人の心の中にではなく、人と人の相互作用に常駐する次元が重要であると主張する。だが、これらの相互作用は必ずしも協力的ではないという点を忘れている。相互作用はしばしば摩擦であることを考えれば、相互作用はしばしば個人の意図や計画に始まるが、それらは他者と十分に共有されているとは限らないことに思い至る。(舞台の俳優とは違って、ふつうの人が心中を吐露する独白を行うことなどないのだ!)。人々が、他者の望みと完全に合致するほどに社会化することはない。相互作用はふつう、対立と協力が結びついている。自分たちの置かれている状況がいかなるものか、今何が起きているのかについてさえ、意見が違うこともあるだろう。固定的な社会構造というパラダイムの中にあって、**カースト**でさえ、絶え間なく自分の地位を防衛ないしは向上させようとしている。

まとめると、私たちは、自分の持つ手段や目的について自覚していないときは、戦略よりもむしろルーチンに従って行動する。私たちの向かう対象が心を持つ人間以外であれば、戦略的行動ではなく道具的行動となる。私たちの行動に気づいている人間と目的を持って相互作用するときでさえ、私たちの相互作用は戦略的なこともあれば記号的なこともある。戦略的行動と記号的行動の類似性は、状況主義者たちが戦略をコミュニケーションと誤解する基になった。このバイアスを、これから正していこう。

※

社会学や人類学はいずれも、戦略的行動はまれだと思わせようとするが、これはまったくの見当違いだ。力《パワー》あるところ、必ず――しかも、力の強い側と弱い側の双方に――戦略的行動がある。社会科学の世界ではふつう、**力**とは他者に彼らの意思や利益に反する行動を強いる能力であると、一見したところは単純そうな方法で定義されている。力は、その作用を通じてのみ認知される。しかし、私たちはどんなふうに自分の意思を他人に押しつけるのだろうか。他人をモノと見なして家畜のように追い立てることはほとんどない。たいていは、トリックで引っかけたり、丸め込んだり、袖の下を使ったりなどして、他に選択肢がないようにする。言い換えると、私たちが力と呼ぶものは、成功した戦略的行動なのだ。ときとして、力があっても欲するものを入手できないこともあるが、社会学者に言わせると、それはそもそも力不足だからということになる。しかし、この循環論法はほとんど無益だ。第4章では、力を、(力の基になるエネルギーのたとえに従って)軍隊、技術、腕力などの物理的な能力として定義する。ただし、それらは成功する行動の唯一の決定因ではないという点も強く指摘したい。**力**という語を使う必要などない、この誤解を招く――とはいえ、わかりやすい――比喩を、もっと具象的なものに置き換えてもよいのではないかと思う。(成功や失敗が資源と戦略の和であるなら、力はどこに収まるのだろうか?)

対立と同様に協力の状況でも私たちは戦略的に行動する。なぜなら、具体的な協力のしかた、すなわち目的ではなく手段がしばしば摩擦の種になるからだ。調整には、戦略的思考が必要だ。これは、ふつうは説得という形をとる。私たちのゴールは同じ、もしくは相容れるものだ、ある種の行動をとることがそのゴールを達成するベストの方法だと、相手に納得させるのである。ゴールとそれに到達するための行動を正確に把握できるようにして、違った視点から見るよう手助けする。相手を引っかけたり強制したりする必要がある場合もあれば、必要ないときもあるだろう。それは、合理的な討論や議論ができるか否かによる。戦争など対立のさなかにあっても協力できる部分は見いだせるし、逆に、非常に協力的な状況で対立が突然に生じることもある。

しかし、ほとんどの場合、協力と対立のバランスを決定するのは、私たちのゴールである。ゴール同士が対立していることもある(雇用主は従業員をもっと働かせたい、従業員は仕事がきつすぎるのは嫌だ)。相手が自分と同じもの、共有できればよりよくなる何か(たとえば仲間)を欲しているときは、ゴールは相補的な関係にある。さらに、各自が、共有しにくいもの(家族用の車など)や、相手の取り分が増えれば自分の分が減ることにほかならない場合(食べ物やお金など)もある。適合しあっていると見える過程でよく用いられるパワフルな戦略が、自分あるいは相手のゴールを修正することだ。結局のところ、協力と対立の伝統的な区別が機能するのは、プレイヤーたちのゴール(嗜好や利害とも言える)が非常にシンプルなときに限られる。だが、そのような状況は現実世界では滅多にない。この見方では、対立は利害が衝突するときに私たちの意図とは無関係に生じ、一方、協力は利害が合致するときに私たちの相互感情とは無関係に生じるものだとされる。現実場面では、ゴールは複雑であり、行動は一連の流れであって、協力と対立とはつながっている。戦略的行動のほとんどは、協力とも言えるし対立とも言える。社会学者ゲオルク・ジンメルが言うように、「構成員の収束する流れと発散する流れが不可分に織り込まれていない社会単位は、おそらく存在しない。」[5]

非常に利他的な衝動でさえ、ときとして戦略的思考を必要とする。あるカップルを例にとってみよう。夕べのひとときをどう過ごすかで二人の好みは違っている。ゲーム理論の古典的な例をあげよう。彼はホッケーの試合に、彼女のほうはバレエを観に出かけたい。これは、最初に選択したほうが勝つという例（なぜなら、もう一方は一人でいるより二人一緒に過ごしたいと思うから）として、あるいは男性が自分は恋人と一緒にいるよりホッケーの試合を見に行きたいと思っていると女性に信じさせることが彼の利益になる例（真意ではないかもしれないにせよ）として、よく用いられる。しかし、彼が心から彼女を喜ばせたいと思っていると仮定してみよう。たとえ嘘をつくことになっても、彼は、自分はバレエが観たいと主張するだろう。彼女のほうも、自分も氷上の肉弾戦が好きだと言うかもしれない。お互いに、相手は自分に合わせようとしているのかもしれないと思い、いっそう、自分の言葉に偽りはないと主張することにもなるだろう。つまり、各自が（相手を喜ばせたいという思いから）本当にそれが好きだと思われるように、ぼろが出ないように、熱心に見えるように、努めるのだ。何度も、それが本当に好みだと実証しようとする。実際にそれが好きになっていることもあるだろう（この例ではあり得なそうだが）。もちろん、二人ともやがてゲームに飽きてしまい（または、まったく別の理由から相手にイライラして）、本心をぶちまけてしまうこともあるだろう。

誰かに何かをしてほしくて、そうさせようとするとき（私たちにとってよいこともあれば、相手にとってよいことの場合もある）の戦略は、おおざっぱに分類すると**説得**、**金銭**（**報酬**）、そして**強制**の三種類だ。

最も効果的な誘因は、ふつうは、相手を説得して、してほしいことを相手にしたいと思わせることだ（自立が保たれる）。相手と私たちのあいだに共通の利害、原理、信条、あるいは忠誠心があるときは、説得は明らかに効果が高い方法となる。道義心や直感に訴えることも説得の一種に分類できよう。この働きかけは、明示的なこともあれば暗示的なこともあり、暗示的な場合は直接的な説得というより「感化」と言えるだろう。というのは、このような場合は、模範を示したり刺激したりすることで相手を説得するからだ。それから、言葉によらない説得もある。私たちは、服装やボディーランゲージで、構成やデザインを介して、また、口にする内容だけでなく話し方によって、メッセージを伝える。裁判官の着るローブ、物腰、そして（イギリスの場合の）カツラは、裁判官の判決と同じく、何かを物語ることは疑いない。お金に無関心な人間はほとんどいないから、金銭的報酬は人を動かす。これは現代経済制度の土台をなしている。説得する力も資金もなければ、思うとおりに動いてくれない相手を動かすには強制が必要になる。殴り合いや戦争のように暴力に訴えるほか、破壊はしないが身体的な不自由を与えることも強制の一種だ。説得は選択肢について別の視点を与え、金銭的報酬はある種の選択肢の価値を高め、強制は選択肢の価値を低下させる。現実世界では、二つあるいは三つの方法が併用されるのがふつうで、その典型例がロビー活動だ。ロビイストは、選挙資金を提供することで議員票を買うだけでなく、議員に近づいて彼らを説得しようとする。[6]

三通りの方法のうち、経済学や政治学の研究者はこれまで金銭的報酬と強制がお気に入りだった。この二つは、政治や文化の背後をなす「固い」要素と考えられている。これらは、歴史は経済や軍事力によって動くという揺るぎない説明モデルを可能にしてくれる。過去数十年は物理的力よりも金力が重視されており、社会生活はすべて交換のメタファーを通じて分析されてきた。他者の説得という戦略的目的のもとでレトリックを繰り出す**フォーラム**という**政治的**メタファーは影を潜めてしまった。このことが、これから政治的メタファーに注目する理由の一つである。説得は、三つの戦略的手法のうちの一つにすぎないが、おそらく中心を占めるものだ。金銭と物理力が資源だとしたら、言葉は知力の表出形であり、資源の不足を補うことができるものだ。（社会学者のあいだでは、説得の一つの表出形、すなわち共有される規範をベースとした道徳的勧告《モラル・スエージョン》が好まれ、それ以外は無視されてきた）。レトリックは、今では忘れられたに等しい。[7]

社会行動の例に漏れず、戦略的行動は聴衆（一人のことも複数のこともある）を片目で見ながら行われることから、劇場になぞらえられてきた。ここに、説得が重要な理由がある。何人かの聴衆の前で同時または個別に戦略を練ることには、ポーズをとり、身振り手振りし、自分の位置を定める行動がたくさん含まれる。戦略の重要事項の多くは、あなた自身の信用を高めること、他人が、あなたをもっと信頼するようにし、敵対者の信用にダメージを与えることだ。信頼のような非常に壊れやすく不安定な性質に多くがかかっており、大半の場合、プレイヤーの手中にある物理的資源と同じくらい重要である。劇場メタファーは、多くの戦略的行動は（私たち自身の世界と他人の）世界の理解を形作ることに関係するということをよく示している。そこには、特定の情報が関係することもあるが、世界がどのように機能しており、その中で役者はどのようなキャラクターなのかについての深い仮定も関係している。

戦略的行動にはどんなときでも文化的意味が染み渡っている。ゲーム理論は伝統的に、この文化的意味の影響力を陰の存在にしており、それゆえその有効性を限られたものにしている。文化的伝統に培われた参加者のノウハウは、彼らがうまく行うことのできる行動を形作る。彼らの世界理解は、彼らのゴールを左右する。彼らのモラルは、彼らがさまざまな行動から期待する満足感を決定する。周囲の世界との感情的な結びつきは、彼らの味方、敵、ゲームの喜び、そして報酬に影響する。意味や感情のフィルターを通っていない戦略的行動の側面はほとんど見あたらない（物理的資源はいちばん可能性が大きいが——たとえば、暴動鎮圧のための催涙ガス投入など——、それでも資源を**どのように**使用するか、そしてそれらを使用する**意思があるか**を人々は理解しなければならない）。加えて、文化は比喩やイメージの語彙を与え、それらを用いて私たちは他人を説得する議論をまとめ上げる。この限りにおいて、文化は戦略的な試みで使用するツールキットなのだ。[8]

文化的な文脈に加えて、戦略的相互作用は、複雑な制度的場面において繰り広げられる。これについてはアリーナという見出しのもとで検討する。制度的文脈の一つの側面は、プレイヤーを二種類に区分する。それぞれ、プライベート・プレイヤーとパブリック・プレイヤーと呼ぶことにしよう。**パブリック・プレイヤー**は、単一プレイヤーのこともあれば複合プレイヤーのこともあるが、彼らの戦略的行動がメディアの注目を集めると予想できる。著名人であれよく知られた組織であれ、彼らは、パブリックな領域において行動する、すなわち公人である。一方、**プライベート・プレイヤー**は、相互作用する相手の人数ははるかに少ないが、ときに、突飛な行動がニュースだねになってパブリック・プレイヤーとなることもある（ジョーイ・バタフーコ〔訳注　彼が交際していた女子高生が彼の妻をピストルで撃つという事件があった〕が良い例だ）。パブリック・プレイヤーは、プライベート・プレイヤーよりはるかに大勢の傍観者に直面する。

戦略理論はすべて、心臓部に矛盾をはらんでいる。これは、戦略理論の**空の芯**だと思う。というのも戦略は圧倒的に実利的な領域であり、理論家は説明に処方的アドバイスを交えざるを得ない。しかし、経営論や軍事論などハウツー本に盛られたアドバイスは、曖昧で陳腐な決まり文句にすぎず、せいぜい避けるべき誤りのチェックリストだ（例は巻末の補遺を参照）。置かれた状況でプレイヤーが実際に何をすべきかについては、ほとんど教えてくれない。状況そのものが十分に特定できないことが理由の一つだ。たとえば、二人の政治学者が、「アメリカ大統領の何が理論の精密さを無効にするのだろうか？　大統領の行動を予測し彼のリーダーシップを説明する定理を考案できないのはなぜだろうか？」といぶかしんでいる。[9] しかし、モデル化しがたいのは大統領だけではない。すべての戦略的行為者は、彼らがどう動くかについて正確に予測しようとする私たちの試みを空しくする。先述の空の芯において選択が行われるのだ。社会科学は、選択の瞬間を見せてはくれるが、その瞬間を作り出してはくれない。

第1章以降、私は、戦略的プレイヤーが直面する多数の共通のジレンマにラベルを付ける。（とても完璧とは言えないが）そのリストで、プレイヤーが選択可能な瞬間を明らかにしたいと思う。うまくすると、プレイヤーに彼らの決定にどんなリスクが含まれるかや、ある進路を選ぶことの危険について警告することができるだろう。こうしたジレンマのいくつかは、人間以外の生物——霊長類、は虫類、植物——にも対応する形を見つけることができる。しかし、人間以外の生物は完全な意味で戦略的プレイヤーではないから、ここでは触れないでおく。

興味の対象が、組織、政治、市場、戦争、専門職業、国際外交、結婚や家族、あるいはその他社会生活のどの領域にあろうと、戦略的行動のダイナミクスを理解することで、理解がいっそう深まる。たとえば労働組合衰退の構造的モデルは、そのモデルが労働組合と従業員の戦略を排除している限り、大して役に立たない。エージェントが構造的モデルの中でどのように戦略的に行動するかよりも、構造的制約に興味があるとしても、一方を理解しなければ他方を見ることはできない。戦略的ジレンマと選択は、自由とエージェンシーの重要な部分であり、それらがなかったら、人間の生活は（実際に生活する人間とそれを研究する人の**双方**にとって）あまりおもしろくないだろう。戦略的行動は、社会生活のすべてではないが、大きな一部分なのだ[10]。

※

次章からは戦略的行動の基本的側面について述べていく。まず第1章で、戦略的相互作用がどのようにして開始されるかを取り上げ、特にかかわり《エンゲージメント》への多数の障壁があることを明らかにする。第2章では、大半のかかわりにおいて脅威の感覚が中心的要素であることを示す。これは、人間を情熱のない計算家として描いてきた伝統では見過ごされてきた点だ。第3章は、ゴールについてで、人間の望みの多様性を明らかにすることを試みるが、過度に単純化されたモデルは、私たちが観る者や期待するものを常にゆがめてしまう。次に、第4章で、戦略的相互作用において役立つ人間の能力や物理的資源について検討する。第5章ではプレイヤーに目を向け、彼らが行動や言葉を解釈する聴衆であることを強く押し出して、すべての戦略的行動には文化的フィルターがかかっていることを明らかにする。最終章では、相互作用が起こる場、アリーナを取り上げ、さまざまな種類のアリーナ、アリーナ同士の多様な関係、プレイヤーが最も好都合な場面設定を追求するときにはアリーナの切り替えが頻繁に生じることを見ていく。結びの章では、ジレンマと、それらをどのようにとらえたらよいかを検討し、戦略的問題に注目することがさまざまな研究分野において有用であることを指摘する。

第1章　開始

森や山に富んでいるならば、繁みに潜んで、敵が最も油断しているときに突如として襲いかかり、勝ちを得ることもできよう。［しかし］見通しのきく平原には兵を隠す場所がない。
⇒　マキャベリ

私がひったくりにあったのは、ニューヨークに着いてまだ一週間のことだった。真っ昼間、タイムズスクエアの雑踏の中でウインドウショッピングを楽しんでいたら、突然、左のポケットの中に人の手を感じた。振り向くと、現金をわしづかみにした手がポケットから引き出されるところだった。何が起こったんだ？　混乱したものの、逃げる背の低い男を追って一歩踏み出した。「おい！」とかなんとか声を出していたかもしれない。その瞬間、ずっと大柄な男に殴り倒された。こっぴどく。私のガールフレンドは、彼女の高価なカメラを握りしめて店の中に後ずさりした。二人の男は、歩道に散乱した紙幣を拾い集め、一人は私の帽子に手を伸ばした。倒れるときに脱げたのだ。帽子は渡さないぞ！　私が自分の帽子を奪い返しているあいだに、二人の男は逃げてしまった。一部始終はほんの数秒のことだった。叫び声を上げることはおろか、反撃する間もなかった。これは、私にとっては予想外の出来事の最たるものだ。対照的に、二人の男は、何ブロックも私たちの跡をつけてきて、自分たちが何をしているか正確にわかっていた。彼らのビジネスなのだから。朝飯前の仕事だった[1]。

誰かが戦略的なやり方であなたと相互作用を始めたとき、それとわかったときには、時すでに遅し、どうしようもないということがよくある。勝負がついていることもある。失職していたり、命すら失っているかもしれない。イニシアチブをとることは、明白な強みになる。特に、最初の行動の大部分を密かに実行できるときは有利だ。これは不意打ちの驚きという最大の利益をもたらす。それに比べると、戦略的相互作用を開始することの障害や不利な点についてはあまり明白ではない。

戦略を開始することは滅多にない

この章では、誰が、なぜ、そしてどのように戦略的行動を開始するのかを見ていく。私の見るところ、戦略的相互作用を開始するというケースはそれほど多くない。自分が何をしたいか、どうしたらそれが手に入るか、じっくり考えることはまれだ。たいていは、すでにルーチンや習慣に巻き込まれていて、法律やお役所の規則に従っている。立ち止まって、それらを得るための目的や手段について考えることはほとんどない。しかし、ときにはそうすることもある。そして、それらの考えを踏まえて行動することもたまにはある。

戦略的かかわり方には何通りかある。計画を立て、実現に向けて第一歩を踏み出す場合もあるだろう。他人がすでに始めている相互作用に加わることもある。私たちが直接のターゲットとなることもあれば、単に味方や証人として間接的に引き込まれる場合もある。さらには、他人が戦略的にではなく起こした行動に対して、戦略的に応答することを選ぶ場合もある。私はこれらを、頻度が低いと思われるほうから順番にリストしてみた。最初のケースにとりかかろう。

誰が戦略的行動を開始するのか？　第一に、戦略的行動を開始しやすいパーソナリティがあるようだ。近所のコンビニ強盗を企んでいるギャング、兄を引っかけようとする弟、金儲けのことばかり考えている友人などだ。彼らは、一種の戦略的創造性を持っている。おそらく、ルールを破りたいという気持ちが強く、他人を、好意の対象としてより戦略的プレイヤーと見なしがちなことからくるのだろう。偏執狂は、ふつう以上に周囲の世界に意図的なものを感じ取り、他人の行動を攻撃と解釈して、それに反応する。

戦略的相互作用を起こすにあたって個人のパーソナリティが重要だとしたら、社会の役割や位置は、もっと重要性が高い。仕事やミッションの一環として戦略的行動を開始する個人や組織がある。企業の幹部は常に「戦略的イニシアチブ」を発動している。この名称は、新しく、これまでとは違うと思える実にさまざまなものに使われる。おそらく、社員やコンサルタントも戦略を練っている（もっとも、私に言わせると戦略ではなく、単なるプランのこともある）。発明家は、世に送り出されたときに戦略的闘いを引き起こしかねない製品を開発する。政策決定者と利害団体は、戦略的相互作用の連鎖を開始させる提案を行う。毎日、アメリカ陸軍の何百人もの大佐たちが、机上で世界各地での交戦が意味するものをあれこれ想像している。

これらの例が示しているように、社会のある部分は戦略的にかかわるよう設計されており、一部のプレイヤーは永続的で継続的にかかわる。後の章で、法廷や選挙戦の駆け引きなど特定のアリーナを取り上げるが、法律家や政治家を目指す人間は、他者と戦略的に相互作用することになる。法律や政治の世界では、それが必要なのだ。

個人的な生活においては、開始の地点はずっと曖昧だ。毎日のほとんどの時間は、日常の習慣的行動や職場の決まった手順に従って動く。だが、誰かをデートに誘いたいと思ったり、転職しようと決心したり、あるいは家を購入しようとしているときは、他者との戦略的相互作用を開始する。異性愛の世界では依然として男性のほうからデートを申し込むのがふつうだ。デートの相手を取り持つインターネットのサービスに登録する人もいる。新しい仕事を見つけたり引っ越ししたりするときにも、ある種の特徴的な瞬間がある。これは、このような相互作用でさえ、部分的にルーチン化している理由の一つだ。

このような協力的相互作用は開始しやすい。なぜなら、相手にも何かしら得るところがあるからだ。不動産業者は、家が売れたら手数料が入る。だから、客を見つけ出して、自分がイニシアチブをとろうとさえする。市場取引のほとんどは、協力することに関心を持つプレイヤーがかかわっている。ただし、それが明白でない場合もある。また、相互作用は協力的であり対立的ではないのだと、相手を説き伏せなくてはならないこともある。デートに誘おうと思っている女性には、楽しそうだと思ってもらう必要がある。女性がデートの誘いを断るかもしれないということは、対立と協力についての解釈が曖昧なことを表している。

不動産取引には、戦略ゲームのいくつかの側面が表れる。ほとんどの場合は、三者あるいはそれ以上のプレイヤーが関係する。つまり、売り手と買い手と仲介業者だ。典型的なケースでは、あなたは、協力すると同時に対立に陥るだろう。仲介業者は取引をまとめたいと思っており、そのために、売り手に値引きを要求したり、買い手に上乗せを求めることもある。この例では、仲介業者は買い手と売り手の両サイドに協力していると考えられるが、その行動は、同時に、どちらか一方の利益のため――もう一方の利益に反する——ものとなっている。（このアリーナは非常に紛らわしい。ニューヨークでは、あなたは、あなたの不動産業者は実際にはあなたの代理人としてあなたの利益のために行動するのではないということをあなたは理解した、と言明する書類に署名することを義務づけられている）。第二に、協力という広義の文脈の範囲内で、買い手と売り手のあいだの値段やさまざまな細目をめぐる対立が生じる。売り手も買い手も取引を成立させたい、しかも、ベストの条件でまとめたいのだ。

学問の世界にも、ある種の戦略ゲームの達人がいる。教授という席をめぐる攻防というゲームがそれで、あなたを雇用しよう（あるいは引き留めよう）として二つの大学が競争関係にあるときは、あなたにとって昇級や昇格のベストチャンスだ。あなたは「有望株」なのだ。二つの大学が、あなたの忠誠を勝ち取ろうと競いあう。他の大学も、そんなに有望なら見過ごせないと、あなたの引き抜き競争に加わるかもしれない。こうしたゲームを毎年のように起こさせる達人がいるもので、彼らが実際に職場を変わることはまずない。（私の見たところ、合理的な選択をする学者は、特に、この種の自己利益のゲームの達人だ）。ここでも、あなたと各大学とのあいだの直接的な対立から、大学間の対立へと、相互作用を移行させることで、あなたは各大学とより協力的な関係を打ち立てることが可能となり、雇用主候補から求めるものを引き出せる。マイナス面は、やりすぎると同僚の不評を買うことだ。周囲は、戦略的行動を開始する人間に対して漠とした不安と恐れを感じるものだ。そういう人間はトラブルの種になるからだ。

全面的に新しい取り組みを開始することに加えて、現在進行している相互作用の中で行動を開始することもできる。既存の対立の中で、突然、新しいアリーナを開いたり、ルーチン的な相互作用の中で何か新しいことを試みることがある。野球を例にとってみよう。「通常の」試合の流れの中で、コーチが選手に対して、バントなど相手の意表を突く行動を指示することがある。相手は、何かありそうだと悟ればそれが何かも見抜くだろうから（選択肢は限られている）、コーチは指示を出すことや意表を突く動きを企んでいることを相手に知られないようにする必要がある。その場合でも、選手が秘密を漏らしておじゃんにしてしまうこともある。ホームベースで相手チームの選手に絶えず話しかける習慣だったヨギ・ベラ［訳注　ワールドシリーズに一四度出場し、一〇度チャンピオンリングを手にした伝説のキャッチャー］も、まだ若いころ、特別な指示が出されたときは寡黙になってしまうので、相手は牽制されるんだなとわかったという（まもなく、どんなときでもおしゃべりを止めないよう再教育された）。

誰もが、ある時点で戦略的相互作用を開始したことがある。しかし、戦略的相互作用を「得意とする」ある種のパーソナリティ、立場、そして組織が存在することからも、戦略的相互作用はそれほどありふれたものではないことがうかがえる。後で述べるとおり、何かを始めることにはメリットとデメリットがある。しかし、もっと重要なのは、かかわりには多大なリスクがつきまとうということだ。相手の反応や、相互作用がどのような展開をたどるかを完全に統制することはできない。相手のほうが、戦略家としてあなたより一枚上手かもしれない。たとえば、ベネズエラで、ウゴ・チャベス大統領の反対勢力が彼を失脚させようと、最初は軍のクーデター、次に国営石油会社のストライキを起こしたが、結局、ウゴ・チャベスの軍と石油会社への掌握権が強化される結末となった。別の例をあげよう。パートナーとの関係を再考しようと思い、もっと自分の友達と過ごしてもいいんじゃないか、お互いが別々に過ごす時間が必要かもしれないと持ちかけたとしよう。あなたのパートナーは、渡りに船とばかりに、荷物をまとめてさっさと出て行くかもしれない（永久に）――あなたは、そこまで望んだわけではなかったのに。このようなリスクは基本的なジレンマを形作っている。後の章でさまざまな形で出てくるこのジレンマを、私は**リスクのジレンマ**と呼ぶことにする。

リスクのジレンマ　⇓　かかわりや、かかわりのなかでの行動のほとんどには、さまざまな結果（良いものもあれば悪いものもある）の可能性（明白なものもあれば、未知のものもある）が付随する。これらの結果を比較するのは容易ではない。見込める利益が大きくなれば損失リスクも増すことがしばしばだ。通常、選択には、リスクが減る**慎重な**選択と、リスクが増える**思い切った**選択の二種類がある。[2] すべてのプレイヤーは、どのリスクが許容できるかという基本的な選択に直面する。戦略的相互作用に踏み込むことは、常に、未知のリスクを生じさせ、それゆえ相互作用を避けたり拒否したりするよりも思い切った選択と言える。（後述する**かかわりのジレンマ**を参照）。心理学や経済学のプロスペクト理論［訳注　カーネマンとトヴァスキーによって提唱された意思決定理論で、人の意思決定には、その人の設定している基準が影響を与えるとする理論］は、このジレンマの枠組みが選択に影響し、終始トレードオフの中心をなすことを明らかにしている。[3]

アンソニー・ギデンズ［訳注　イギリスの社会学者。ブレア政権のブレーンとして「第三の道」を提唱］は、持ち前のセンスを発揮して、**運命的瞬間**を「個人が、特に自己の野心を、あるいは、もっと広く自分の将来を左右する決定を迫られるとき」と定義し、戦略的かかわりとリスクに連関があることを示した。このような瞬間は計画されていることもあれば、周囲の出来事によって強いられることもある。私の見るところ、ほとんどの選択は、戦略的プロジェクトに乗り出すか否かや、どんな行動をとるかという決定である。運命的な瞬間とは、ギデンズによると、「過去の時代であれば、神託を求めたり神聖なる力を鎮めたりしたであろうとき」だ。私たちの運命は、付随するあらゆる不確かさとともに、一部宿命の手中にある。運命的な瞬間には、「決定や、その後の一連の行動は取り返しがつかない、あるいは少なくとも元の道に戻るのは難しいということを知りながらも、新しいものに向けて一歩を踏み出さなければならない」[4]。多くのリスクがあるのだ。

かかわりを回避しようと懸命になることもある。社会学者アーヴィング・ゴフマンは、明白な例として、現代都市の路上における私たちの行動について述べている。そこでは、私たちは、見知らぬ他人との相互作用を、「儀礼的無関心」によって回避する。通行人をちらっと一瞥した後、すぐに目を逸らす。友人や家族のあいだであっても、言い争いが始まると「巻き込まれないように」沈黙を守ることが多々ある[5]。多くのかかわりは不快なだけだ。もちろん、他者が私たちを何が何でも引き込もうとするときは、儀礼的無関心では太刀打ちできない。

かかわりたくないという気持ちの多くは、その根底に、シニカルな諦念や、少なくとも嫌々ながらの現状の受け入れがある。特に、現代社会の官僚主義に直面したときなど、私たちは、自分がかかわろうとかかわるまいと結果は変わらない、このままでも、ひょっとすれば事態が好転するかもしれないと思いがちだ。(ギデンズは、諦念は悲観的なこともあれば楽観的なこともあると指摘する[6])。運命論と呼ぼうと、単なる適応と見なそうと、この種の受け入れ方は普遍的だ。文化的な伝統のこともあれば、反復性の性格的特性の場合もある。[7]

好みや意思のほかにも、多くの慣性力が戦略的行動の抑止に働く。慣性が相互作用を全面的に阻止することもあれば、慣性によって決着がつくこともある。プレイヤーは結果について計算して、取り組みを回避すべきだという結論を得ることも少なくない。もっとも、こうした計算は、しばしば怒りや憤りなどの感情に覆される。怒りや憤りのような情熱は常に非合理的とは限らないが、ほとんどのゲーム理論家が採用している狭義の合理性の計算的定義には合致しない。[8]（慣性は、ある行動の道程にも、それが開始されるや働く。ちょうどなかなか止められない組織の慣習のように、歩みを続けさせるのだ）。計算の結果、かかわるほうがよいと思われても、ゴールに近づくための行動に踏み出すには、気持ちの弾みが必要なこともある。

新規の開始がまれなもう一つの理由は、**持続的な行動の脆弱さ**と関係がある。計画は、スタートさせ続けていくよりも、あきらめたり中止したりするほうが容易だ。[9]第一に、ほとんどの戦略的行動には大きなコストがつきまとう。まず、スキル、モノやお金、注意力、そして調整能力を総動員する必要がある。弁護士免許や会員権のように、多くのアリーナは、参入コストが高い。勝ち戦にも、「友軍の誤射」という避けがたい犠牲がある。戦略的相互作用はすべて、**なにがしかの**巻き添え被害をもたらす。ほとんどの人々にとって、戦略的行動――なかでも特に他者からの応答――は大きなストレスだ（興奮を生き甲斐にする人もいるが）。[10]戦略的かかわりは、多くの注意力を必要とするため、プレイヤーの生活の他の側面が犠牲になることも少なくない。たとえば、すばらしい政治力を発揮するリーダーが、家族やフィアンセのことはあまり顧みないこともある。[11] 軍の上層部は、民族闘争のような「ダーティー」な戦争への参加には躊躇することが多い。軍隊にとってのリスクだけでなく、モラル的観点が二の足を踏ませるのだ（少なくとも現代文化では、人命は敵味方を問わず重要だ）。[12]

行動が脆弱な理由は、プレイヤーに一人でもやる気がなかったり能力がなかったり、あるいは離反者がいると企てがストップしてしまいやすいという点にもある。多くの人たちは、ある程度の拒否権を持っている。妻か夫のどちらかが予定の時間になっても出かけるのが嫌だと言ったら、夫婦とも外出を取りやめるだろう。片方が気分が乗らなければセックスは成り立たない。協力を拒否するには、しかるべき瞬間に遅れる、あるいは不在であるだけでよい。（意図的とは限らない。たとえば、いざ攻撃となったとき、「足がすくむ」など故障が起きて落後する兵士がいるものだ）。[13] 議事妨害もそうだ。反対派は無関係な問題を「次から次に持ち出す」ことで、推進派の議事進行を妨げる。強制力が絶対的な力を持つことは滅多になく、ふつうは相手の協力が必要である。ロープは、押すより引っ張るほうが簡単なように、ある種の行動をさせるよりも、所定の方法で行動するのを阻止するほうが容易だ。イラン国王は、大規模ストライキのさなかで新聞や石油生産や電力供給を継続させようとしたときに、このことを学んだ。労働者を自分の持ち場に居続けさせるには労働者の数を上回る軍隊が必要で、軍隊がいなくなるや否やさっさと持ち場を離れてしまうのだった（この脆弱さの問題を解決するために、無数の調整や統制のメカニズムが考案されたが、どれ一つとして万全なものはない）。無能なプレイヤーも危険である。弁護士を信用できないときは、裁判に持ち込まれたときの結果の不確実性を回避するため、確実な司法取引の道を選ぶだろう。

加えて、プレイヤー全員が賛成している戦略的行動すら頓挫させるハプニングが起きることもある。世の中は、クラウゼヴィッツ［訳注　プロシアの戦術家。『戦争論』の著者］が言うように、混沌として「五里霧中」だ。[14] 天候のような一部の要素は、人間の統制の及ばないものとして受け入れられている。一方、私たちの道具は、統制を約束するが、ときとして裏切る。（タルコット・パーソンズは、前者を「条件」、後者を「手段」と名付けた。）ハンナ・アーレントは、これらの攪乱要因は、人間自身と比べれば些細であると考えた。人間は、戦略的行動を用い複雑なアイデンティティを露呈するが、そのことは避けがたく、言明された行動の目的を超えてしまうという。アーレントは、「政治問題と限らず、すべての男性同士のあいだで進行するあらゆる物事の直接的な、仲介なしの、物事を安定させ結束させる影響力のこの悪名高い不確かさ」について述べている。[15] リーダーやイデオロギーの重要な役割は、世界は秩序を持ち、私たちの行動に反応する、戦略的計画が意味を持つアリーナであるという幻想を仲間に抱かせることである。

もう一つの不確かさの源泉は、他のプレイヤーが誰かはっきりわからないことだ。あなたが何らかのアリーナに足を踏み入れるということは、他の人たちも入ってこられるということだ。敵は味方を連れてくる。突然、傍観者が出現する。あなたの会社が新市場に参入するとき、他社も参入するかもしれない。あなたの相互作用の相手を統制することは、重要だが困難な戦略である。[16] そして、アーレントが言うように、あなた自身のチームを統制すること、全員が今のゲームに参加し続けるようにすることでさえ、きわめて困難だ。タイムリーな参入と同様に、タイムリーな撤退が大きく影響する。チャップリンではないが、演技の善し悪しは登場と退場で決まるのだ。このことは、映画や演劇と同じように、戦略的かかわりにも言える。

ゲームは変容する。始まりとは思えない始まりもある。関係者の一人が別のゲームを始めることがある。

たとえば、妻が離婚したいと思い始めたのは、そぶりで夫に示すようになるずっと以前だった。自分の行動の戦略的な性質を隠そうとするかもしれない。たとえば、時間分析の調査員は密かに機械オペレーターの時間を計測しようとするだろう。オペレーターが調査員の行動に気づけば、戦略的に反応するだろう。[17]

とりわけ戦略や対立を認めない雰囲気があるときなど、自分の行動の戦略的性質を否定することが、戦略的に巧い手となることが少なくない。企業の幹部は当然、対立をあおると言って労働組合を非難する。社会変革を目指す運動は、たとえば自分たちの行動は組織的でも計画的なものでもなく「自発的」なものだと主張し、行動の「政治性」を否定する。[18]郊外の住民は細心の注意を払って隣人との争いを避けようとする。[19]つまり、戦略的行動のまっただ中にあってもそれを否定することがあり、このため、他者にはいつ戦略的行動が開始されたかがわかりにくくなる。

物事の起こる順番は無視できないので、誰が先手を打つかが重要になる。このことは、一つには、行動に必要な情報をどれだけ手にしているかと関係がある。何を知っているか、そしてそれをいつ知ったかが、どう行動できるかを左右するのだ。それから、情報や出来事の後に残る文化的印象、つまり、ある特定の時点において何かを学んだり見たりする感情的インパクトも影響する。第一印象が強ければ、特に影響力は大きい（認知心理学者が証明している）。第一印象次第で、ショックを受けて憤慨するか、うんざりしてあきらめるかが分かれる。もう一つ、行動そのものが重要だ。行動を成功させるには、事前に、多くのことを整理し、計画し、慎重に準備しなければならない。複数のプレイヤーがかかわっているときは、行動の正確な順序が重要になるので、調整が肝要だ。このように、相互作用を始めることには、メリットとデメリットがある。

メリット

自分が対立をもたらす相互作用を始めたことを自覚しているとき、そして最終的な協力を期待していないので悟られないようにしておけるとき、そのときには衝撃的な先手を打つことに大きな意義がある（その好例がひったくりだ）。事実、あなたが何をしようとしているかに相手が気づいて反応する前に、あなたは多くの手を打とうとするだろう。相手にとってメリットのある反応の選択肢のほとんどを潰すことができるかもしれないし、彼らが服従する以外にないような決定を勝ち取ることさえできるかもしれない。密かに第三者と話を通じれば、あなたの敵の評判を崩したり、これから起こることや何が問題かについて当局を信用させたりすることも不可能ではないだろう。敵が仲間を作れなくしたり、敵の信用を失墜させたりすることだってできなくはない。そしてあなたが隠密に動いている限り、あなたの主張や見通しが脅かされるおそれも小さい。

先手を打つことの中心的なメリットは、**不意打ち**にある。相手は何が起こるのか知らないし、何かが起こるかもしれないとさえ思っていない。反応する準備ができていないのだ。反応に必要な手段も確保していないし、注意も向けていない。敵は腰を上げるのに相当な時間を要するかもしれない。ノルマンディー上陸作戦でも企業乗っ取りでもそうだが、不意打ちという要素は、相手の（結果的な）抵抗に直面しながらも、あなたが欲するものを手に入れるのに役立つ。もちろん、不意打ちのメリットはどんなアリーナかによる。マキャベリが言うように、敵を待ち伏せるなら山中や林の中だ。

相互作用を開始した側は、人やモノの動員にメリットがあるほか、感情面でも事前に備えることができる。味方してくれそうな人をおだてて、敵を悪者に仕立てることも可能だ。夫婦の例では、別居や離婚を言い出したほうは、別れようと相手に切り出すより前から二人の仲が終わる悲しみを感じている。ダイアン・ヴォーンは、「カップル解体」に関する著作の中で「言い出しっぺ」の役割と相方の役割を体系的に比較し、この点を強調している。[20] 言い出しっぺのほうは、カップル以外の人たちとの人生を築き始め、カップルの片割れとしてではなく個人としての自己の感覚を積み上げる。同情してくれる味方や心を打ち明けられる友を見つけ、パートナーとの二人の歴史をマイナス面に光を当てて振り返る。別れた後のためのへそくりを貯めているかもしれない。相方は二人はうまくいっていると考えていても、言い出しっぺのほうはぶつかり合いを感じ始める。万事について二人はものの見方が違う、自分にとっては重大なことを話しているのに相方は些細なことだと流してしまう、と感じる。二人一緒のセラピーを受けるのも、片方は関係を解消したいからだが、もう片方は二人の仲を修復したいからだ。

巧い第一手は、感情のバランスを覆す。これは、特に士気に当てはまる。先手を打つほうは、自分のエージェンシー感覚が強くなり、自信を深める。そして、その分だけ、敵のエージェンシー感覚を弱くする。敵の応答は遅かったり鈍かったりするかもしれない。なぜなら、攻撃を受けた側は意気阻喪したり、あきらめたりするかもしれないからだ。伝統的な軍人文化においては、攻めを誉れとし、守りを恥とする気風がある。攻撃は能動的、防衛は受動的と見られている。極端な場合、受け身は敗退以上に恥とされる。[21]

あなたの敵が驚いたのは、あなたが第一手を下したことではなく、攻撃の強烈さだったかもしれない。あなたを見くびっていて、思いがけない強襲に腰を上げたが、時すでに遅しだったかもしれない。あなたにはモノもカネもないと高をくくって、その不足を補う優れた戦略を見くびっていたかもしれない。イスラム原理主義者がジェット旅客機を壊滅的な火炎爆弾に変身させるなど、いったい、私たちの何人が予想しただろうか。たいしたことはないと「思って」いた敵が予想外の行動をしたときの驚きは、特に大きい。相手は小物だと見くびっていたのに突然考えを改めなければならないとなると、いっそう意気消沈する。

攻撃された相手は、あなたが得た勝利は価値がないと判断してひるむことなく、さらに反撃を続けるかもしれない。たとえば、ある種の抗議行動は、その初期段階においては有利に進んだが、そのメリットは後に敵が結束を強めると失われてしまった。1960年代に、アメリカの反原発運動の活動家たちは以前はほとんど目に見えるような全国的運動を展開できずにいたが、電力会社の原子力発電所計画をいくつか阻止することができた。電力会社は、他の場所に原発用地を簡単に見つけ出せると考えた。しかし、反原発が大きな運動になるにつれて、地方の電力会社は抵抗し始め、反撃に出た。国中で同じような状況を見てきた原子炉製造会社が電力会社の背中を押した。地方の反原発運動はたまたまの出来事ではない、趨勢の一部であり、正面から立ち向かわねばならない動きだった。1970年代から80年代、反原発運動によって計画中止に追い込まれた原発計画はゼロだった（一部の中止された計画はコストが理由だった）。敵の反撃は功を奏したのだった[22]。

もう一つの先手を打つメリットは、他のプレイヤーにはあなたが何をしようとしているかはっきりわからず、ゲームにまったく参加しないかもしれないことだ。ベストの戦略的行動とは、戦略的相互作用に至らないものだ。すなわち、あなたの敵はあなたの意図を知らないので、抵抗せずに終わる。この種の行動は、操作と呼ぶことができる。しかしこれは、隠密行動の最たるものでもある。

デメリット

敵があなたの動きを予想していたとしたら、先述のメリットのほとんどはなくなる。柔道の技にも、相手の裏をかくものがある。相手の動きが読め、相手がそれに気がついていなければ、罠を仕掛けることができる。待ち伏せ攻撃だ。敵の戦車隊が突如として丘の上に姿を見せる、あるいは、手薄な部分に集中的に矢が射込まれる。裁判で、あなたは証人に「不意打ち」証言させたが、相手側の弁護士はしっかり準備していた。あるいは、あなたは離婚を考えているが、配偶者は、あなたが愛人とやりとりしたeメールを保存していた。こういう状況で、自分は不意打ちを食らわせられると思い込んでいたら、あなたは愕然とするだろう。相手のほうが、一枚上、準備おさおさ怠りなかったのだ。

不意を打たれようが、予想していようが、攻撃された側は憤りを感じるだろう。自分は、攻撃されるまで自分のなすべきことに集中していた罪のない犠牲者だと感じ、周囲に対してもそのように振る舞うだろう。戦略的かかわりにはそれを抑止しようとする慣性が働くが、それを克服するには、強い感情が必要となることが少なくない。このことは、先手を打った側も応答する側も同じだ。犠牲者は同情を集め、憤りを掻き立てる。この感情は、ときには、憤怒、激怒、ならず者に対する憎悪に発展する。したがって、伝統文化においては、他者に対して自分から魔法を使うことは禁じられているが、「何ごとか始めた」相手に対する応答の中で魔法を使うことは禁止されていない[23]。

憤りには、人の腰を上げさせる強力なモラル的ニュアンスがあり、プレイヤーはしばしば、憤りを利用して、傍観者を支持者や同調者に変容させる。ほとんどの現代文化では「侵略者」は快く思われないから、敵をそう見せられるとよい。たとえば、攻撃側が舞台裏で進めた第一手を明るみに出すこともできる。秘密主義は、ジャーナリズムの伝統が強い現代民主主義社会では懐疑の目で見られる要素の一つだ。大部分は、その地域の文化で流通する意味や感情にかかっている。悪者扱いされるOPECの大黒柱であるクウェートの「ラクダ乗りたち」にほとんど同情を感じていないアメリカ国民も、サダム・フセインはそれ以上の悪人で、彼の極悪非道の攻撃に対しては武力の仕返し――しかも倍返し――が当然だと納得したことに注意してほしい。一般的なキャラクターの中でも、最初に行動する者は悪人として描かれることが少なくない。（2003年のイラク攻撃でジョージ・ブッシュが国際社会の憤激を買った理由の一つがここにある。ブッシュは、アメリカを9・11攻撃に反撃した犠牲者として描き出そうとしたのだが）。

戦略的行為者は共感を形成するため、行動が攻撃的か防衛的かを定義するのに腐心する。多くの当事者は、自分は相互作用を開始したのではない、ただ長年のかかわりを続けている（そして、できれば終わらせようとしている）のだと主張する。自分は名誉を守ろうとしているのであり、自分が当然の権利を持つものを要求しているのである。攻撃では断じてない。それゆえに、近代スペインの建国者たち（およびその継承者たち）は、ムーア人を追い出したことを、イベリア半島の「レコンキスタ（国土回復）」、つまり新たな対立ではなく、古くからの対立の終結だと表現したのだった。

建物でさえ、ここが攻撃されたと指摘することによって、共感を形成しようとする行動の一部となり得る。ブランチ・ダヴィディアンの例をあげよう。このアメリカの新興宗教団体は、テキサス州ウェイコに本部建物を建設し、侵略されるとの妄想のもと、自衛のため武装した。政府当局は、彼らの施設は違法で、危険であると主張した。そして、見え透いた口実を設けて攻撃をかけたが、その後でさえ、財務省の報告書の冒頭には、（包囲攻撃の引き金となった少し前の事件に触れて）「教祖ダヴィド・コレシュと信者たちは、ＡＴＦ（アルコール・たばこ・火器局）のエージェント七六名に待ち伏せ攻撃を仕掛けた」と述べている。[24] 待ち伏せ攻撃とは、よくも言ったものだ。ＡＴＦの襲撃が始まったときブランチ・ダヴィディアン側は、助けを求めて警察に緊急電話９１１をダイヤルしている。自分たちが攻撃されたという意識の表れでなくてなんだろうか。

戦略的行動を開始する側は、行動を始める前に脅しをかけて、他者の憤激を鈍らせようとするかもしれない。あなたの脅しが疑いのない警告だと他者を納得させられたら、この試みはうまくいくだろう。しかし、見せかけだと思われたら水泡に帰すだろう。行動開始に先立って脅しをかけることの代償は、敵に準備の余裕を与えてしまうことだ。不意打ちのメリットが失われるのだ。人目に付くような準備をすれば脅かしの信頼性は高まるが、相手は警戒することになる。[25] あなたは、脅しが効いてそれ以上の策が不要になればいいという期待を抱くかもしれない。そうだとしたら、敵が十分な準備を整える時間を許さないことだ。ただし、これはいつも簡単にできるとは限らない。**かかわりのジレンマ**の下位範疇に、**脅迫のジレンマ**がある。これはどういうことかと言うと、もし脅迫するなら、後にその脅迫を実行するか否かの決断を迫られるということだ。

もちろん、攻撃をビジネスの一部と想定している組織もある。ふつう企業は、自社はライバル会社の宣伝の罪のない犠牲者だとは主張できない。悪意のある乗っ取りやライバルを蹴落とすための非常識な価格設定は、信義にもとる行為として眉をひそめられるが、法律違反でもない限り、相手は何もできない。世間の共感は、多くのアリーナでは無力も同然だ。

最初の攻撃が成功した後、次のリスクは過信だ。自信満々になって、やりすぎてしまうかもしれない。風呂敷を広げすぎてしまうかもしれない。ゲームを拡大し、一度に多すぎる前線に繰り出そうとして、相応の借金をこしらえてしまうかもしれない。自らの偉大さに酔ってしまうこともあるだろう。このため、不対立においては、自信や主導権は、両サイドのあいだをシーソーのように行ったり来たりすることが少なくない。（自信については、第4章で取り上げる。）

かかわりを開始するリスクは、結局のところ、あなたの敵があなた以上に効果的に動く可能性があり、あなたの立場が今より悪くなるかもしれないという点だ（原子力産業の反撃の例を思い出してほしい）。これは、**リスクのジレンマ**のバリエーションの一つだ。

かかわりのジレンマ　⇓　戦略的相互作用に踏み出すという決心は簡単ではない。私たちの多くはほとんどの場合、避けて通る。決心するのは、たいてい、強い感情に押されてのことだ。自分は「好い人間だ」と思っている人は、戦略的に考えたり行動したりすることに違和感を覚える。ただし、不正を糺すためにそうしなければならないと思うときは別だ。相互作用を始めた人でさえ、結果がどうなるかはっきりとは知り得ない状況に陥る。非常に強固な立場で始めた人が、終わってみると敗者ということもある。たいてい保証はないが、相当の確信が必要なことが多い。どのような結果になるかについての情報も同じだ。相互作用にかかわるべきか否かの決定を迫られるのは開始する側だけではない。かかわ

りを持つ人間も同じように、同じやり方で反応すべきかどうかを決めねばならない。自己防衛以外に選択の余地がないこともしばしばだ。しかし、大きな対立を避けるために小さな負けを甘受することも、往々にしてある。[26] かかわることで、良い評判（パワフルだとか、勇気があるとか、成功者だとか）が危険にさらされ、失われることもある。無謀に走らなければ、失うこともない。もっとも、良い評判が得られるのもかかわり（それに効果的なPR）を通じてだ。政治的リアリストの論争の多くはかかわりのジレンマをめぐるもので、二極制度と多極制度のどちらが対立が少ないかであることが多い。[27]

過去何百年というもの、攻めと守りのどちらを良策とするかについて軍事理論家の見解はコロコロ変わってきた。この過程で得られた教訓は、たぶん、どちらか一方に重きを置きすぎるのはリスクが大きいというものだ。二つの世界大戦を、備えという点から比較してみよう。１９１４年以前は攻撃重視派が圧倒的に多かったが、塹壕の出現で瞬く間に信頼を失った。第二次世界大戦においては、連合軍の作戦立案者は、この教訓——防衛の力——にしたがったが、ドイツ機甲部隊にあっという間に踏みしだかれてしまった。（連合軍には予期せぬ影響があった。１９１４年には、先手が最重要という信念のもと、攻撃重視派の主導で全連合軍が直ちに動員された。第二次世界大戦では、防衛信仰が出足を鈍らせ、遺憾なことに、迅速な援軍出動がかなわなかった。[28]）戦争では特に、攻撃と防衛のバランスは技術によって移るが、通常はトレードオフの余地が残る。かかわりを開始することは、常にリスクをはらむ。

以上に述べてきた行動を開始することのメリットとデメリットは、パブリック・プレイヤー（単一プレイヤーか複合プレイヤーかにかかわらず、世間の目にさらされるプレイヤー）の場合は増幅されるようだ。メディアは、変革を狙いとする行動にとりわけ注目しがちで、現状維持を目指す行動は多くが無視される。新奇性がなければニュースにならないからだ。

地形を知る

自分のアリーナを熟知していると、攻撃のメリットとデメリットの微妙な相互作用が読み取れる。クラウゼヴィッツは、防衛側は攻撃側に対して自然なメリットを持つと信じており、彼の説は第一次世界大戦の塹壕で実証されたように思われた。防衛側は自分たちが守ろうとしている地形を知っており、定常的な通信線と補給線を持ち、万一必要とあれば退路も熟知している。ふつうは地元民のサポートも得られる。そして、郷土を守るために戦う彼らは、感情面でも鼓舞するものがある。もちろん、ある種の構造物やツールは防衛専用で、城塞や城壁都市に攻め入るためではなく、守備を容易にするために用いられる。たとえば、槍は騎士を落馬させるのに格好な武器だ。裁判では推定無罪、立証されるまで被告は罪を犯していないと想定する。また、「ポイズンピル（乗っ取り防止策）」があれば、企業買収は高いものにつく。

戦争に関するいくつかの点は、もっと一般的な問題にも通用する。自分が正当な所有権を持つ（または、少なくとも自分の管理下にある）と信じているものを守ろうとする感情的エネルギーは強く、守る側は攻め入る側に対して感情的に優位に立つ。正義は自分にあるというあなたの主張に賛同すれば、傍観者や判事も共感を寄せるだろう。地元チームは陰に日向に応援してもらえる。加えて、見知らぬ土地に攻め入った攻撃側は、土地の慣習、資源、プレイヤーについて「地元チーム」ほど熟知していない。

攻撃と守備の力の均衡は、新しい戦術の発明や技術の進歩で移り変わる。制空権を持てば、敵の領域深くまで攻撃をかけることができる。もっとも、空爆の狙いは敵の国土占領ではなく、敵の戦闘意欲を挫き無力化することにある。とはいえ、輸送機は空挺部隊を送り込むこともできる。たとえばヒトラーは、「難攻不落」と言われたベルギーのエバン・エマール要塞を、わずか七八名の空挺部隊による強襲で制圧した（死者は六名のみ）。同じ戦法がオランダでも投入された。ドイツ軍の急襲に、橋を爆破しようとしたオランダ軍の行動は間に合わなかった。あらゆる攻撃に耐えられる完璧な守りはない。城塞もいつかは時代遅れとなる。

それだけではない。アリーナを選び、影響力を及ぼすのは往々にして開始側だ。比喩的に表現すると、相互作用の「お膳立てをする」ことができるのだ。たとえば、あなたのオフィスに誰かを招き入れるとする。その相手に、どんな影響を与えたいかによって、あなたは座り心地のよい椅子を勧めることもできれば、逆に座りにくい椅子を用意しておくこともできる。恋人に悪い知らせを伝えねばならないときは、レストランで口を切るだろう――人目があれば大騒ぎしにくいかもしれないと期待して。自分の行動の時と場所を選ぶことで、相手の応答をあなたが統制するのだ。あなたがお膳立てした舞台で、あなたは質問を投げかけたり、新しい情報を披露したりして、話題の向きを定めることができる。その場に居合わせる人を取捨選択することで、状況そのものを調節することもできる。問題を提起する方法を選べば、誰がプレイヤーか、どんな応答があり得るかを見定めやすくなる。

鉄壁の守りを過信すると、エージェンシー感覚が弱まり、他者の攻撃を強めることもある。アレクサンダー大王は、若いころのトラキアとの闘いの中でこのことを学んだ。トラキア人は細い山道に荷車を並べた。マケドニア人が侵攻してきたら上から荷車を落とそうというのだ。この策略を知ったアレクサンダー大王は、トラキア人は交戦する気がほとんどなく、荷車のほかには武器はないに等しいと悟った。この経験は、彼の後の遠征でしばしば使われた教訓をもたらした。つまり、「敵が強い陣地をさらに人工的に拡大したことを見いだしたなら――障害物を置いたり要塞を築いたりしたなら――、それは、その場所こそ攻撃をかけるべきだという彼の確信を強化させたように見える。なぜなら、それらは、その場所が敵の最も攻撃に弱い場所――物理的な意味ではないとしても心理的に――であることを示しているからである。[29]」

鉄壁の守りがあるという確信が、脆弱さを倍加することがある。こうした確信は、柔軟さを奪いもする。たとえば、鉄壁の守りが破れた場合のバックアップの計画がおろそかになる。これが、**バスケットのジレンマ**だ（第6章を参照）。あなたは、一つの強力な行動や戦略に全幅の信頼を置くか、それともリスクを分散させるかを決断しなければならない。ハンニバルがイタリアに侵攻してきたとき、ローマ軍は兵を守りの強固なローマに引き上げた。国土はハンニバルの蹂躙するがままに任せ、アニオ川やティベール川にかかった橋を落として撤退した。不慣れな撤退作戦だったが、最終的には――かろうじてだが――ローマに勝利をもたらした。

待ち伏せするのに最適な場所についてのマキャベリの言葉は条件付きだ。ベストなのは、敵は自分にはすべてが見えると**思っている**が、実際には敵の目には見えない部分がある場所だ。このような場所は、潜伏場所があることがわかるよりもずっといい。林は、待ち伏せがあるかもしれないと予感させる。この点は、ウォータールーの戦いにおいて、ウェリントン将軍にとっての利点だった。ほとんど平らに見える長い丘の背後に、大群の兵を潜ませることができたのだった。つまり、見通しが良さそうであって、しかも文字通りにか象徴的にか、「潜伏場所」があるアリーナを探すことが重要だ。私の場合も、タイムズスクエアは安全だと思っていて、跡を付けられているのにまったく気づかなかった。

もっと一般化すると、重要なことは**あなたのアリーナについて熟知することだ**。ふつう、アリーナをよく知っているのは地元チームだが、よそ者も地形を学ぶことはできる。ウェリントン将軍はベルギー生まれではなかったが、長くベルギーで過ごした。アリーナを熟知するということは、その一帯の決まりごとや予想される危険（朝霧、判事の非友好的な尋問）を知っていること、そしてどんな資源を動員できるかを知ることも含まれる。知っていれば、万が一のときには「地元民に紛れる」のも容易になる。もう一点、ホームグラウンドに立つことはメリットがほとんどだが（場所のこともあれば、制度のこともある）、アリーナを好む感情が制約になることもある。

ホームグラウンドのジレンマ ⇓　慣れ親しんだホームグラウンドには愛着がある。この愛着は、戦う際に力にもなればブレーキにもなる。故郷《ホーム》の防衛は、故郷にとって脅威となっている敵を打破することと矛盾することがある。個人としての兵士にとって、自分の農地や家族を守ることのほうが大切だ。それゆえ、たとえ敵に打撃を与えることがわかっていても、焦土作戦など土地を荒廃させることには腰が引けるのだ。ユカタン半島征服について研究した学生のレポートによると、スペインがマヤ人より有利だったのは、「先住民たちにとってはホームグラウンドでの戦いであり、万事が禁忌、脆弱さ、明日

への不安と結びついていた。一方、スペイン人は、自分たちの行動による破壊や人命の損失に罪の意識を感じることなしに侵攻することができた。この点は、スペイン側に勝利をもたらした要素の一つだったと思われる。[30]」弁護士は、通い慣れた法廷では攻撃の舌鋒が鈍るかもしれない。将来もっと必要になったときに備えて、今はおとなしくしておこうと考えるのだ。よく知っていれば選択肢が増える一方で、同時に、忠誠心は選択肢を狭める。

極端な場合、見知らぬ土地や組織やアリーナを掌握することは、ほとんど常に、そこで勝利を収めるよりも困難だ。敵対的な奪取は、「先住民」(農民だろうと官吏だろうと)を、新たな敵に変容させる(以前から敵であってもそうでなかったとしてもだ)。積極的に抵抗せずとも、レジスタンスは常に可能性がある。ナポレオンに言わせると、「占領地における将軍の指揮は困難に満ちている。厳しすぎれば、刺激して敵を増やすことになる。逆に手ぬるいと、期待が生まれ、戦争につきものの虐待やイライラがいっそう耐えがたいものとなる。[31]」ジョージ・ブッシュは、イラク侵攻でこのことを学んだ――学んだはずだ。

人間には、攻撃に向いた人と防衛に向いた人がいる。ウィリアム・ミラーは、勇気について述べた著書で、「攻撃する名誉と禁欲的でキリスト教的な堅忍、チャレンジや果敢な精神と忍耐や辛抱、行動に表れる勇気と精神的な勇気、恐怖と軽蔑、男性的と女性的」を対比させている。[32]スパルタ人アキレスの名誉への渇望とトロイの王子ヘクターの郷土愛を考えてみよう。私たちは、攻撃を男性的なものと結びつけるが、それだけでなく、無分別、激情、頑なさ、残酷さ、愚直、さらには犯罪性などのさまざまな病的な性質とも結びつける。このため、戦略的行動を開始する人に対する不信が、いっそう募ることになる。

防衛や攻撃の持つ固有の強みは、あるとすれば、比喩的な意味での戦いよりも実際の戦争において、より大きなメリットがある。というのは、ほとんどの対立は他人の領土を奪うためのものではないからだ。アリーナを知ること、掌握すること、そして関心を払うことは、しばしば関連づけられるが、同じことではない。しかし、自分のアリーナを熟知していることには、常に利がある。それでもなお、攻撃と防衛の区別は、人工的な面がある。攻撃のみ、あるいは防衛のみということはほとんどの場合はあり得ず、両方が入り交じっているのがふつうだ。優秀なサッカー選手は、常に攻撃と防御の両方を念頭に置いている。どうやって敵の得点を防ぎ、そして同時に、自チームがボールを奪い返したときに、どう攻撃するかだ。また、大規模な防衛戦は攻撃の印象を与える。防衛のために動員された人員やモノは、攻撃にも投入できるからだ[33]。核ミサイルを装備した国は自国防衛のためと思っているだろうが、隣国の目には攻撃兵器に映る。イギリスの国際政治学者バリー・ブザンは、次のように言う。防衛は「今の時点では時間的にも空間的にも規模にしても、まったく差し迫っていない脅威に対処するため、または対立や脅威のあらゆる主要な芽を摘み取るための、事前準備行動または先制行動を含み得る[34]。」

偶然によるかかわり

戦略的行動をとるのは、(戦略的行動を意図してはいなくても)戦略的応答を促す他者の行動に応答するときに限ってのことが多い。飲酒ドライバーが車線をはみ出して子どもを轢き殺してしまったとき、その行動は戦略的ではない。しかし、悲嘆にくれるその子の両親が酒酔い運転を厳罰化する法律の制定のためロビー活動に打ち込むのは戦略的だ。ある国が軍事費を増額し安全保障の強化を図ると、隣国は脅威を感じる(**セキュリティのジレンマ**、第5章参照)。自チームのメンバーや仲間の行動が私たちをかかわりに引き入れることも少なくない(特に、すでに緊張が高まっているとき)。彼らは、より大勢のプレイヤーを巻き込もうと行動を開始するかもしれない。この種の出来事が、かつてのアメリカで頻繁に起こった。西部開拓が進むにつれて、駐屯兵と先住民とのトラブルがより大きな紛争に発展した。アンドリュー・ジャクソン将軍は承認を得ずフロリダに進攻したが、アメリカ政府は彼を支持せざるを得なかった[35]。

次の章で明らかにするが、ルーチンから抜け出すにはショックが必要なことがある。「何かをする」ためにはショックが必要なのだ。帰宅したら、夫が別の女性とベッドに入っていた。上司から、報告書の数字をごまかすよう指示された。近所に毒性廃棄物の処分場計画が発表された。こうした出来事は、私たちの、世界は快適で優しい場所だという感覚を崩壊させる。そして、その応答は、ときとして、新しい戦略的行動を開始するものとなる。他人の行動の線に沿って動くのではなく、新しいゲームの幕を切って落とす――離婚や、内部告発や、転職活動に踏み切るのだ。

単一プレイヤーは他者が開始した戦略的活動に応答するというのは、算術の面からも理にかなっている。私たちを巻き込む一連の戦略的行動を開始する能力を持つ人たち――友人、家族、仕事仲間、隣人――はたくさんいる。私たちはほとんどの場合、自分で何か新しいことを始めるよりも、彼らの提案や動きに応答する。自分一人に対して、友人や家族や仲間や隣人は何十人、何百人にもなる。だから、自分で始めるよりも反応することのほうがずっと多いのだ。大部分の人はそうだ。人々が絶えず戦略の口火を切る地平を探し求めるのは、ゲーム理論の世界の中だけだ。複合プレイヤーの場合にも同じことが言える。どんな組織や国家も、紛争に巻き込まれかねない何十もの組織や国とかかわりあっている。

出発点は、偶然であることが非常に多い。そのため、どんなタイプのプレイヤーが対立に引き込まれやすいかは簡単には言えない。プレイヤーの性格、彼らを取り巻く関係性の種類、そして他者とどのようなつながりにあるかといった要素がすべて、何らかの影響を及ぼすのは間違いない。たとえば、二つの国の場合、国境を接していたり、一方あるいは両方の国が独裁政治のとき、産業経済が未発達だったり、両国の相対的力関係が変化しつつあったり、あるいはドングリの背比べというとき、または一方だけが強国と同盟関係を結んだときなど、戦争に発展する可能性がそうでない場合よりも高まるだろう。戦争は国境争いのこともしばしばで、この場合、国境を接していればいつ起こってもおかしくない。いわゆる一触即発で、相互作用の相手と衝突する。第二の場合、独裁者が好戦的だったり、あれこれの勢力をなだめようとして開戦宣言という手に出るかだろう。経済発展のときは戦争には踏み切りにくい。なぜなら、一般市民もエリート階級も忙しくしており、不満を募らせる暇がない（もっとも、両国とも経済発展していればだ）。あるいは、双方が貿易で強いつながりを持っていれば、戦争は起きにくくなるだろう。しかし、こうした要素はどれも、強力な予測判断材料ではない。

どんなプレイヤーが戦略的相互作用に踏み切りやすいか、プレイヤーの特性から予測するのはほとんど不可能だ。ただし、戦略的相互作用に踏み出すために、いくつかの特性を終結しようとするということはある。ある研究報告がこう指摘している。「人口密度、国土の大きさ、経済発展の状態、景気循環、国の文化、そして政治制度の種類は、軍事摩擦や戦争という国家レベルの関与と無関係のように思われる。[36]」

これは当然のことで、紛争に相関する要素は、軍事化のレベル、国際関係で占める位置、軍事力と他の産業との力関係の変化など、紛争に直接関係する要素である。戦略的相互作用はどんどん展開していく性質が強く、さまざまな方向に進む可能性がある。多くの政治学者の骨折りにもかかわらず、容易に事前予測できない。その開始さえも、偶発的なことが多い[37]。

どんな単一プレイヤー、ないし複合プレイヤーも、戦略的相互作用に引き込まれ得るし、どんな相互作用も対立紛争を含み得る。だが、両方とも、最初から意図しているプレイヤーは比較的少ない。

※

以上かかわりの開始について考察した。全然、決定的なものではなく、論議の的を、後の章で取り上げる問題へと向けたというにすぎない。たとえば、先手をとればエージェンシー感覚、つまり自分が他者の行動にただ反応している(現実にはこのケースのほうがずっと多い)のではなくて、事態を統制しているという気持ちが強くなることがわかった。これは、自身に、そしてチームや仲間、他のプレイヤーに伝える重要なメッセージである。マキャベリによれば、敵があなたやあなたの軍隊に何かを強いようとしているなら、先手を打って実行することだ。派閥の主義に合わないからと派があなたを排除しようとしているときは、追い出される前に自分から脱退し、派を非難することだ。告訴されそうになったら、自分から先に相手を訴える。そうすれば、相手の行動は悔し紛れの報復に見えるだろう。事態がどのように展開しようと、あなたは事態を統制していると感じられる。第4章では、この支配や自信の感覚が戦略的行為者にとっていかに重要かを取り上げる。

最初の一手が成功するか失敗に終わるか、それは主に不意打ちの要素と、アリーナに関する情報にかかっている。あなたの動きをいつまで秘密に保てるか。ここに、スリとひったくりの相違点がある。スリの場合、行為の途中で見とがめられたら、ふつうは逃げる。だが、ひったくりは、相手のポケットに手を突っ込むとき相手が気がつくかもしれないと予想しており、そのときにはどうすべきかも考えている。いろいろな脅しをどう使うか、相手をいっそう混乱させる方法、戦略を確実に成功させる方法を、ひったくりは準備しているのだ。

ある種のプレイヤーがかかわりを開始しやすいかどうかは、彼らの複雑に組み合わさったゴールに左右される。戦略的アリーナで勝利を得ることが他のどんなことよりも大きな満足感をもたらし、そこに価値を置いているかもしれない（第3章で取り上げる）。かかわりへの意思は、また、利用できる資源やスキルにも左右される（第4章で明らかにする）。

相互作用を開始することにどんなメリットがあれデメリットがあれ、裏目に出る可能性も常にある。開戦を宣することは、敗戦のリスクを伴う。あなたが開始した訴訟で、最終的に敗訴するかもしれない。論争で新しい論点を提起したら、撤回することはできない。戦略的相互作用を開始したほうが負けることも少なくない――後の章で取り上げるが、戦略の予測不能な面である。戦略的相互作用はこのように大きなリスクをはらんでいるため、私たちのほとんどは、脅威を感じてはじめて争いに加わる。なぜなら、脅威はかかわりを促す感情を掻き立てるからだ。

第2章　脅威

強大になったアテネは、スパルタに恐怖を引き起こした。そのことが戦争を避けがたいものにした。⇒トゥキディデス

1970年代の半ば、ロイス・ギブスの最大の関心は子育てだった。彼女と、化学関連の会社で働く夫が住んでいたのは、並木道に囲まれた、週末はDIYを楽しむ家庭が集まる郊外の、寝室が三つのごくふつうの家だった。ロイスは二人めの子どもが生まれたときに仕事をやめ、夫も彼女も政治にはそれほど関心がなく、地域活動にも積極的に参加するほうではなかった。ロイスは、自分はとても恥ずかしがり屋で人前で話をするなんて無理、それにノンポリだと思っていた。『ナイアガラ・フォールズ・ガゼット』紙がラブ・キャナルの健康被害問題を記事にし始めたときも、ロイスは最初のうち自分の近所の話だとは思いもしなかった。1946年から1953年にかけて、フーカー・ケミカル・カンパニーはラブ・キャナルに二万二千トンにのぼる化学廃棄物を埋め立て処分した。そのすぐ後に、市はその土地の一部を小学校用地として買い上げ、残りは不動産開発業者に売却した。

記事の中に自分の近所の名前を認めたギブス夫妻は驚き、不安を感じた。息子のマイケルは小学校付属の幼稚園を終えたばかりだったが、園舎の下には、化学ゴミの埋まった古い運河が通っていたのだった。

マイケルが幼稚園に通い始めた直後から発作を起こし始めたり、白血球レベルが突然低下したのは、このことと関係があるのだろうか。ニューヨーク州立大学バファロー校で生物学を教えている夫の兄も、ラブ・キャナルに埋められた化学物質の多くは中枢神経系に障害を引き起こすことが知られているという記事は本当だと言った。息子のマイケルをナインティナイン・ストリート小学校に通わせるのはやめようと、ギブス夫妻は決めた。

マイクルが特別に過敏であることを記した二名の医師の診断書を添えたにもかかわらず、地区の教育長は転校を認めなかった。PTA会長も無関心だった。怒ったギブス夫妻は、署名用紙を手に近所を戸口訪問し始めた。最初は知人や友人の家だったが、あちこちで、原因不明の病気や乳幼児突然死など、子どもの健康被害の話を聞いてロイスは驚いた。まもなく、恥ずかしがり屋のロイス・ギブスは、政府の公聴会で証言し、住民集会でスピーチし、政府が支援に及び腰なことに怒る住民運動のリーダーとなった。ロイスが設立を手伝ったラブ・キャナル居住者連盟は、ついに政府に重い腰を上げさせる大きな力となった。政府は、移転希望の住民には移転費用を負担することになった。ロイスをはじめ住民の政治活動の背中を押したのは、突然の圧倒的な脅威の感覚――特に、息子が脅威にさらされているという感覚――だった。

フーカー・ケミカルと埋め立て地を買い取った地方政府は、取引の後になって戦略的相互作用に巻き込まれるとは夢にも思わなかっただろう。製造業では日常的に行われてきた活動が、最終的にナイアガラ・フォールズの住民の多くに致命的な脅威を感じさせる出来事の端緒となった。住民たちは、自分たちが行動するしか手がないと思ったのだ。両サイドとも、当時のジミー・カーター大統領にいたるまで多数のプレイヤーを巻き込んだ、戦略的相互作用を展開せざるを得ないことになったのである。

負の力

脅威を感じ取ったときの恐怖が、おそらく、戦略的相互作用を開始する最もふつうの理由だろう。フーカー・ケミカルの例をはじめ多くの場合、個人も団体も、意図的に他者を脅かそうとしたのではない。だが、それにもかかわらず、周囲は脅威を感じ取る。脅されていると感じる人間は、しばしば、最初の明示的な戦略的行動を起こす。たとえば、ある企業が新工場の建設を決めるが、住民から反対が出ることは予想していない。あるいは、新しい兵器を開発する国は、近隣国がどのように感じ取るかなど考えない。技術革新や開発の一般的なプロセスが、「何か手を打たねばならない」と思う人間や組織が出たときに、対立的な相互作用の発火源となり得る。予想外の戦略的応答であり、このことから、非常に多くの相互作用が偶発的な性質を持つことが示唆される。

場合によっては、脅威の感覚は相互的で、かつしばしば意図されていない。アテネとスパルタの戦争など、多くの戦争の原因はここにあった。ある国が、自分では防衛と見なす措置を講じる。だが、それは、潜在的な敵の目には脅威と映る。潜在的な敵が同じような手段で応じたとき、結果は、しばしば敵対的行動の螺旋《スパイラル》となり、紛争や戦争の危機に発展する。脅威と受け取った行動に対する反応の一つひとつが、相手には、けんか腰の脅迫と受け取られる。[1] 親族争いや職場のもめ事も、同じようなダイナミクスが背景にある。敵対的スパイラルは、ほとんどの戦略的なかかわりにおいて起こる可能性があり、怒り、憎しみ、分裂に至る。

プレイヤーは、より大きな害を回避するために、戦略的行動のコストについて予想するのがふつうだ。多くの（ほとんどと言ってもいいかもしれない）かかわりでは、最も利益の大きい結果ではなく、最も害の少ない結果が模索される。抽象的なゲーム理論の世界においてさえ、大半の例では、積極的に利益が得られるチャンスの選択というより、マイナスの結果をもたらす脅威のあいだの選択がかかわっている。長い懲役刑を避けるために、短い刑期の罪を認めることもある。住民は、環境あるいは「共有地」の悪化を食い止めるために協力するだろう。ひどい結果ではなく「少しはましな」結果を得ようとすれば、ゲームに参加せざるを得ないと感じる。戦略的相互作用に関する真理がここにあると言えるかもしれない。ほとんどの人は、勇んでというより仕方なく引き込まれるのであり、ふつうは、対立のリスクよりも現状維持という当たり障りのない安全を好む。この点は、運命論者の農民も近代中流階級も同じだ。（たぶん、戦における武功が地位を左右する戦士階級は、かかわりを強く求める。少なくとも、そのようなフリをする。第1章で見たとおり、今日でさえ、ある種の職業や地位には戦略的行動に対する特別な報酬が付随する。）

人間は、自分の周囲の世界をいろいろな意味で確たるものととらえたい傾向があるから、脅威はすぐさま私たちの注意を引く。足下の地面は突然動いたりしない、自分の上司は態度を豹変させたりしない、虎の子の資金を預けている証券会社の営業マンはタヒチに持ち逃げしたりしない。そう、私たちは信じている。アンソニー・ギデンズは、この信頼を「存在論的安心」、または「自然界も社会も、それらが目に映るがままであるという確信もしくは信頼」と呼ぶ[2]。正常な日常生活のためには、私たちの身体や直近の環境が予測でき、統制できることが必要なのだ、とギデンズは言う。世界が完全に安全だと思っているわけではないが、危険の源泉はわかっていると考える。実際、未知の恐怖を既知の恐怖に変換させるために努めるのである――多くの分析家が言うところでは、これが神話の主たる機能である。[3] 私たちは、自分に理解でき、多少なりとも統制でき、そして公平に分布されていると感じるならば、たいていの脅威を受け入れる。[4] だが、世界についての確信が脅かされたときは、ふつう、その脅威を取り除こうとする。

経済学や心理学の分野では、人々は「リスクを避ける」傾向があることが見いだされている。新しく手に入るかもしれないものよりも、自分が現在持っているものを重視するのだ。金額が同じなら、もらった喜びよりも、失ったときの動転のほうが大きい。典型的な例をあげよう。自分がすでに乗り込んでいて、飛行機はまもなく離陸する。そのとき、自分の席を他人に譲ってくれと頼まれたとしよう。値段によっては譲ってもよいと答えるだろう。その値段は、大半の人の場合、自分がターミナルにいてその飛行機に乗りたいので出してもよいと思う金額よりも高い。同一の「モノ」であっても、これから手に入れるモノより、すでに持っているモノのほうを、私たちは高く評価する。これが、「授かり効果」だ。すでに所有しているものについては権利があると感じるのだ。一八世紀スコットランドの哲学者デイヴィッド・ヒュームは、「人間は一般に、自分が所有しているものに対して、自分が享受し得なかったものに対する以上の愛情を注ぐ。それゆえに、人から何かを奪うことは、それを彼に与えないことよりも、はるかに残酷なのである」と述べている。[5] 私たちは、現状維持のために戦略的行動を開始する。あるいは、現状が最近破壊されたならば、その回復のために行動する。[6]

心理学では学派をとわず、恐怖の管理を人間の思考と行動の背後にある原動力と見なしている。ハリー・スタック・サリバンによると、私たちは幼児期に、ほかの何にもまして不安への恐怖を学ぶ。なぜなら、幼児期には不安はとてつもない悪夢だからだ。結果として、ほとんどの人間は一生涯を通じて、なじみ深いものを追い求める。これは、サリバンに言わせるとフロイトが強調した攻撃衝動や性的衝動と同じくらい重要な、安全に対する必要性の表れである。幼児期に不安を多く経験するほど、将来の不安の再発を防ぐために、「安全運転」によって自分自身と周囲の環境を厳しく統制しようとする。一部の人たちは、脅威を統制する必要性をふつう以上に強く感じ、「存在論的安心」を守ろうと懸命になる。[7]

何に脅威を感じるかは、何に価値を置いているかということのほか、心理学的ダイナミクスや文化的意味づけにも左右される。環境の変化を脅威として認識するには、その前に、情報の認知的かつ感情的な処理が必要だ――少なくとも、暗がりから飛び出してきた人影に驚いての反応（この種の反応は生得的なものだ）よりも複雑な何かについては。情報処理のプロセスは複雑だ。このことについては、さまざまな種類の脅威を個別に検討するときに触れる。

ほとんどの人の場合、ある種の**切迫感**、そして切迫感に付随する感情によってアドレナリンが大量放出されることが、行動の引き金となっているようだ。今行動しなければ、事態は将来もっと悪くなるだろう。対応する能力も低下するだろうし、戦略的な選択肢も少なくなるだろう。ここでも感情が介入する。切迫感をエージェンシーと麻痺のどちらに変容させるかを決定するのだ。

制度も脅威のフィルターとなっている。官僚主義社会の中では、特に外からの脅威にさらされることの多い地位がある。家族の中では、ふつう、親は子どもをさまざまな脅威から守ろうとする。だが、この親の保護は、単に脅威を漠たる不安に変えるにすぎないこともしばしばだ（たぶん官僚の場合も同じだろう）。どんな種類の情報もそうだが、脅威に関する情報は、均一に分布していることはほとんどない。たとえばチームの存廃を左右するような重大な脅威でさえ、秘密にされていることがある。リーダーは、他の意味づけや情報と同じように、脅威を明らかにすることを力の保持、自分のやり方を通す、士気を高揚させるなど、さまざまな目的に使用する。単一の私的プレイヤーを複合的で公的なプレイヤーと区別するのが、この**脅威認知の社会的分布**である。ある個人が複合プレイヤーの一人であるとすると、その人の脅威認知は他のプレイヤーによって操作され得る。公的プレイヤーの操作の力はいっそう大きい。ある種の目的（選挙に勝つ、新聞の購読部数を増やす）などのために意図的に脅威の感覚を利用する政治活動やメディアがある。脅威と負の力に関する専門家がいるのだ。

脅威においては、**負の力**が注意を集中させることがわかっている。社会学者ゲオルク・ジンメルは、このことに強い印象を受けて「全面的に原始的な敵意の必要性」を仮定した。[8] 私たちは、支持するためよりも、反対するときのほうが結集しやすい。カリフォルニアのある教育長は、生徒を対象とする無作為薬物テストの実施を提案したときに、このことを身に染みて知った。最初に提案をしたときのミーティングの出席者は二〇人で、「彼らはほとんどが提案に賛成だった」。テストの話が広まって、次のミーティングでは一五〇人が出席し、ほぼ全員が反対を表明した。[9] 革命もまた、現政権がふさわしくないという一点を除けば、ほとんど意見に共通点がない人々の連帯によって遂行される。ジンメルによれば、「一般に、多数の個人や団体を結集させる最も強力な手段の一つが、共通の敵である」。[10] たとえば、ナイジェリアのビアフラ戦争では、イボ族のばらばらの種族集合体が一つの統一的なプレイヤーに変化したのは、他のプレイヤーからの脅威にさらされた後だった。[11] 負の感情は行動の引き金となる。

言語体系を見ても、負の力は歴然としている。負の感情を表す語は、正の感情を表す語よりもはるかに多い。哲学者のロバート・ソロモンは、次のように指摘する。「敵対感情を記述する際の微妙にして細心な区別が山のようにある。憎しみ、嫌悪、軽蔑、怒り、憎悪、恨み、羨み、忌み嫌う、悪意、反感、悔しさ、苛立ち、不快、むかつき、遺恨、軽視、あるいはもっとひどい「軽蔑にも値しない」。ところが、正の感情の区別は、ほとんどの場合、わずか二つ、「好き」か「愛する」かだけだ。[12]」負には詩がある。

政治学の研究者は繰り返し、負の力について論じてきた。たとえば、負の情報は、正の情報よりも政治的判断においてウェイトが大きい。選挙の候補者など、他者の印象においては特にそう言える。[13]負の感情は、短期的に行動に移るための中心であり、党派など一般的な組織忠誠心をある程度打ち破りさえする。[14]たった一つの負の情報が、他のプレイヤーに対する私たちの印象を支配し、それがなければ正のものであったろう知識を汚染する。「敵」を糾弾する修辞的な力は、古くから知られている。

初期段階で人々を戦略的行動に引き込む恐怖と切迫性のダイナミクスは、所期の目的のために形成された協力関係に人々をつなぎ止める働きもする。外からの脅威は、内部の人間《インサイダー》と外部の人間《アウトサイダー》のあいだの境界線の感覚を強化する。アウトサイダーを脅威と害悪の存在として描き出す一筆ごとに、インサイダーは、善人で無垢で、互いに助け合わなければならない存在というイメージがよりいっそう強まる。便宜的な協力関係が、大切な仲間同士になる。冷戦は、この種の分極化の戦慄すべき例だ。西側諸国においては各国間の意見の相違は、国防の旗印の下に押しつぶされ、NATO諸国は一貫して異口同音であることが要求された。東側においても、ソ連は、NATOの侵略という不断の脅威があるという論議によって中欧占領の合法性を押し通した。東西両サイドとも、相手サイドは悪意のある拡張主義者で、直接的かつ危険な脅威であると見なした。脅威に直面すれば連帯が生まれるのは自然の論理である。しかし、この論理は戦略的目的のためしばしば強化された。

脅威は象徴的にエスカレートしやすく、プレイヤーの意図をはるかに超える。漠然とした脅威は、明白な脅威以上の恐怖をもたらす。つかみどころがない脅威には限界がなく、想像力によって膨れあがる。世論データを分析したデイヴィッド・シアーズとキャロライン・ファンクは、次のように結論している。「これらのケースにおいては、不確かさと強度の負の可能性が組み合わされて自己利益が姿を現した。不確かさは、人の運命についての最も脅威的な妄想を可能とするようだ。想像上の脅威は、異常なピークに達することがある。これを助長するのが遠くまで広がる噂だ。不確かさと無知の土壌で、噂はどんどん拡大する。[15]」不確かさは、戦略的相互作用をさらに強力なものにし、国と国のあいだにおいては特に強力になる（一部のメンバーが他のメンバーの恐怖を操作可能となる）。

お互いが相手にとって脅威となっているとき、たとえば軍拡競争やもつれた離婚交渉における中傷合戦では、エスカレートすると、両サイドにとって壊滅的な結果となる可能性がある。大半の戦略的状況とは違って、分別あるプレイヤーであれば、相互的脅威の状況下で敵に思案の時間を与えて、合理的な（破壊的要素の小さい）決定を促すよう導くことがある。この点で思い出されるのは、キューバのミサイル危機だ。ロバート・ケネディは言った。「［ジョン・ケネディ大統領は］大統領顧問や軍関係者多数の助言に反して、フルシチョフに時間を与えることを決断した。『彼をせっぱ詰まった行動に駆り立ててはいけない。熟考する時間を与えよう……[16]』」フルシチョフをコーナーに追い詰めるのではなく、多様な選択の余地を残しておくことが重要であった。敵を窮地に追い込むことは戦略的行動の一般的なゴールだが、この例では、コーナーには核ミサイルが控えており、誰にとっても望ましくない。

キューバ危機の例が示すように、両サイドのプレイヤーは、ときとして協力や和解の要素を組み入れるために対立を望むことがある。ある学生は外交関係について研究し、関係者すべてが敗者となる壊滅的な結果（代表的な例が第一次世界大戦）の阻止を目指す危機管理の教訓を次のようにまとめた。あらゆる選択肢が確実に考慮対象となるよう、複数の主張が確実になされるようにすること。自己の目的は可能な限り制限すること。両サイドに柔軟性の高い選択肢を確保すること。早急な意思決定を迫らないこと。敵について可能な限り深く理解すること。常に話し合いの余地を持つこと。そして軍部を統制し、彼らが自分たちのゲームを追求しないよう抑えること（もっと抽象的に言えば、自分のチームや味方を統一的な戦線として維持することだ）。[17] これらは、あなたも、そしてあなたの敵も共に、脅威を切迫したものと感じないようにすることが狙いだ。

ここで危機管理という言葉を持ち出したのは、平常のルーチンを維持する負担があまりに大きくなったとき、危機が発生するからだ。その感覚は脅威を認知したからかもしれず、戦略的な応答を促す。あるいは、戦略的相互作用の過程で、リスクがあまりに増大し、「平常の」戦略的行動はもはや不適切と思われるようになった時点で生じるかもしれない。脅威は、プレイヤーを対立に向かわせることもあるが、協力させることもある。

要するに、ほとんどの戦略的プレイヤーは、他者が（故意にか否かは別として）始めた相互作用に引き込まれる。この場合の他者とは、他のプレイヤーのこともあれば、自チームのメンバーのこともあるだろう。そこに自分の利益となるチャンスを認めることもあるだろうが、失う可能性を認めることのほうがずっと多いだろう。あなたは、何か脅かされたように感じる。反応しなければ、しかも上手に反応しなければ、何か大事なもの――評判、法的立場、物質的利益、政治家としての地位や特権、大事な味方など――を失うかもしれない。第3章では、これらをおおざっぱに、評判、満足感、世界への影響、好奇心の四つに分類し、好奇心を除く三つに対する脅威について分析する（好奇心は、必ずしも脅威につながるとは言えず、ほかの三つに比べると戦略的な面も少ない）。

侮辱

名誉は人間にとって基本的な価値の一つである。個人も組織も国家も、大事にしたい評判がある。評判を傷つける攻撃は激しい情熱を解き放つ。その犠牲者は、失われた名誉を回復することが重大で、そのためのコストはやむを得ないと思うようになる。名誉には、あらゆる侮辱をはねつけることが重要だという強いイメージがある。アメリカ開拓時代の「西部」では、若者たちは侮辱されたと感じるとすぐに腹を立て、腕力で名誉回復を図ろうとした。中世の騎士も同じように、些細な侮辱にも、一種の正義の怒りをもって応じた。（怒りのような感情は、単なる理不尽な感情の放出以上のものだ。怒りには、戦略的な意図や作用があることが少なくない）[18]。こうした名誉の文化は、産業化とともに姿を消し、それとは別の、個人の評判にかかわる要因が浮上してきた[19]。

想像上のコミュニティの集合的な評判が、個人の評判とまったく同じように重視されることがある。国家のプライドも非常に敏感で、一九世紀半ばから二〇世紀半ばにかけてナショナリズムが極致に達した時代には特にそうであった。自国の名誉が侮辱されたと受け取るや、ヨーロッパはしばしば一触即発の危機に陥った。最も血なまぐさい例が第一次世界大戦が勃発した1914年である。その前の1911年のアガディール事件も、危うく第一次世界大戦が勃発しかねないところだった。事件の舞台となったモロッコで、ヨーロッパ諸国は経済的搾取をほしいままにしていたが、特に独仏間に緊張が高まっていた。フランスによる首都フェス占領を受けて、ドイツはアガディール港に砲艦を派遣した。武力衝突には至らなかったが、独仏両国とイギリスの交渉では激しい言葉の応酬が繰り広げられた。イギリスの大蔵大臣デイヴィッド・ロイド・ジョージのスピーチは、面目を保つことに心を砕いたことをありありと示している。欧州の平和と自由に対するイギリスの貢献を賞賛し、続けて「しかし、状況やむなく、平和を守り続ける道がただ一つ……イギリスの利害が著しく侵害されようとも、各国閣僚会議でのイギリスを無視するかのごとき扱いを甘受することしかないとなれば、そのような代価と引き替えの平和は、我が国のような偉大なる国家にとっては耐えがたきものであることを強く主張するものである。[20]」ロイド・ジョージが何を言いたいかはっきり述べられてはいないが、当時の人々は皆、イギリスの「偉大さ」が何を意味するか、そして「無視される」とはいかなることかを知っていると思っていた。このスピーチに呼応して、フランスとドイツも同じような声明を出した。国家のプライドと侮辱に対する不安が鮮明に表れている。要するに「売り言葉に買い言葉」であった。このような言葉はそれ自体が威嚇的に感じられ、ドイツが声明において修辞的な言い方で撤退の意向を表明し（明らかに、外相の意図に反して皇帝が自分で決断したようだ）、1911年の時点では開戦は避けられた。だが三年後は、同じような声明や発言がはるかに悲惨な道へと導いた。

評判にはさまざまな要素があり、プレイヤーが戦略的応答の価値がある脅威とははっきり認識していないものもある。個人的な評判に対する脅威のこともあれば、自分のアイデンティティを重ねている集合体の評判に対する脅威のこともある。侮辱は、あなたやあなたの組織を悪者あるいは弱く無能な存在として描き出す。プライドの源泉——勇猛さや業績、美や知性、ペットや母親——の侮辱は、行動の引き金となる。

評判に対する攻撃が具体的な情報に基づいていることもある。その場合、侮辱ではなく暴露という形をとる。そして、相互作用を開始させる行動というより、むしろ相互作用の一部となっていることがある。ダイアン・ヴォーンはカップルについての議論で次のように指摘している。「世界中の他の誰にもできないが、［パートナーは］すべてを知っている。この親密さを伴う他者の知識は、任意の瞬間に、安全な港を危険な場所に変容せしめる可能性がある。というのは、パートナー同士は互いにそうできる情報を持っているからだ。[21]」私たちは、パートナー関係の崩壊には特に脆弱だ。元のパートナーは、非常に打撃的な情報を知っているし、それを使う動機もある。

評判に対する攻撃が、私たちを反応に駆り立てるのでなく、麻痺させることもある。恥辱は、評判を地に落とす。何かを成し遂げる能力を奪い、他人に見られたいという意欲さえ失わせる。極端な場合、社会から完全に切り捨てられたと感じると自殺にも至る。日本では、不始末をしでかした会社の幹部が自殺する。西洋では、恥による自殺はそれほど多くはないが、横領や小児性愛嗜好など不道徳と見なされている行動が暴露されたとき（暴露するぞという脅迫でさえ）、人はしばしば死を選ぶ。特定の行動についての罪悪感とは異なり、恥辱は、私たちをあたかも自分が徹底的に悪いと感じさせる。しかし、他人の行動が私たちに恥辱を感じさせるための戦略的行動であると見てとったときには、憤激のあまり行動に突進することが少なくない。[22]

ソフトな形の恥辱はときとして、プレイから外させるというよりも、戦略的行動を強く左右する。恥辱を認めず、攻撃に出ることもしばしばある。社会心理学者トム・シェフは、このダイナミクスについて多くの研究を発表しているが、カップルの争いにも物騒な国際的対立の中にも存在すると述べている。私たちは、侮辱されたときに結果として感じる恥辱を認めないことがある。侮辱に対して怒りや憤りの反応を返すかわりに、恥辱の感情をいだいたことに怒りを覚え、怒りを感じたことを恥ずかしく思う。（最初から不信や虚偽に彩られている関係の場合が特にそうだ。）シェフによると、このような感情は「非常に強い苦痛感の永久ループとなり、通常、防衛反応を呼び覚ましたもともとの恥辱よりもずっと苦痛が大きい。」[23]侮辱の仕返しや他者への攻撃という形をとることもある。復讐（他者を傷つけること）で頭がいっぱいになって、他のゴールが見えなくなってしまう。「ふつうの」恥辱もそうだが、承認されない恥辱は、しばしば、戦略的プランをゆがめてしまう。

恥辱の原因が自分自身の行動にある場合、面目を失うことも著しい侮辱になる（ふつうはそうではない）。侮辱には、文化による差があるもの――たとえば、今日の私たちにとって決闘の論理は理解しがたい――も、文化を問わず受け手にとって大きな打撃となるもの――一個の人間、社会秩序やコミュニティのメンバーたらしめている支えを奪う――もある。最大の侮辱は、人としての基本的尊厳を奪うことである。強制収容所もカーストも、一部のグループを不可触または不可視とする。もちろん、抵抗や順応は、屈辱を耐えられるものとする（多くの制度は、不平等や貧困を「ノーマライズ」することを狙いとしている）。しかし、大きな脅威は残る。屈辱は憎しみと怒りの温床となり、後に時機を得たチームやリーダーに刺激されると戦略的行動に至る。イスラエルが日常的なパレスチナ人への侮辱を続ける限り、熱狂的な殉教者の流れはやまないだろう。（殉教者を来世における報酬の計算やグループに対する利他的アイデンティティによって動機づけられていると見なす合理主義的視点は、この情緒的ダイナミクス、つまり屈辱への復讐はそれだけで満足感を与えるということを無視している。）[24]

剥奪

基本的脅威のなかには、私たちの身体的安全、さらには生命にかかわるものもある。これらは、暗がりから飛び出してきた怪しい人間に対する本能的レベルの反応から、近所に危険物が投棄され健康を冒すのではないかという認知レベルの脅威まで、さまざまだ。しかし、直接的な害は、私たちの感覚、身体的な快楽や必要に対する多種多様な脅威の極端な形にすぎない。奪われることには、自分の体を動かせなくされることだけでなく、自由に動き回ること、慣れ親しんだ趣味や娯楽を享受すること、あるいは愛する人と交わること（必ずしも肉体的なものである必要はなく、プラトニックラブでさえ生理的レベルの要素を持つ）もある。そして、愛するもの――ロイス・ギブスの場合は息子――が脅威にさらされたときには、自分たち自身が脅かされているかのごとく、あるいはもっと強く脅威を感じるのだ。

傷つけられることへの脅威は特に、興奮し混乱した行動を引き起こす感情やアドレナリンを呼び起こしがちだ。軍が敗走するとき、命をかけて逃げようとするもののエネルギーはしばしば追跡者を凌ぐ。しかし、今日の私たちの目には原始的な社会と映るが、戦士の荒々しい世界においては、肉体的な苦痛は名誉を失うおそれよりもずっと軽いのかもしれない。逃走する相手は追い詰めるべき物理的対象物になる。戦いでは、自分のエージェンシー感覚が維持される。しかし、逃走においてさえ、隠れ潜むか、再結集するか、あるいは降伏するかについての選択決定を通じて、エージェンシーを回復することができる。

恥辱が麻痺を引き起こすのと同じように、身体的なおびえも麻痺をもたらす。ある種のショックを受けると、私たちは凍り付く。脳が情報処理や迅速な決断をしなくなる。成功するためには、プレイヤーは麻痺をもたらすおびえを克服する方法を見いだす必要がある。これが、軍隊を徹底的に訓練する理由の一つだ。しかし、この極度な身体的な脅威がなければ、ふつう、私たちは行動に移る。その反応は、組織化され計算されているだろうし、遅れることも少なくないだろうが、しかし、おびえが私たちの反応の動機づけに寄与していることは紛れもない。

作用する身体的脅威によって応答もさまざまなものとなる。制度化された暴力、たとえば人々を「突然消し去る」独裁政治は、ひったくりなどの個人的な暴力に対する反応とは異なる種類の反応を要求する。暴力は、病気とは違う感情を引き起こす。発砲や自動車事故など突然の脅威は、有鉛塗料による中毒のような慢性的な脅威よりもショックが大きいだろう。人間の選択が根本にある脅威は、純粋な偶発事故に見えるものとは異なる感情的反応を引き起こす。もちろん、両方が入り交じっていることもある。危険な廃棄物の投棄は身体的脅威であるが、しかしその処分場として私たちの近所を選んだ決定は侮辱と見なされる（裕福な人の住む地区だったら、選んだだろうか）。身体的な脅威は、純粋に身体的なものであることはまれで、評判に対する攻撃と結びついていることが多い。これらの相違点の多くは、後で見ていくように、非難という概念でくくることができる。

無能

私たちは、自分がよく言われたり体の調子が良いと満たされた思いを抱くが、他に周囲に影響力を及ぼせることでも満足感を覚える。つまり、これも脅威にさらされる可能性がある。人々から選挙権を奪うなど、身の回りで起こっていることについての発言権を取り上げるとしよう。どういう反応をするか明々白々だ。初期のころの労働争議は経済的な脅威が発端となったが、彼らが最も強く求めたのは、政治における発言権と組合を結成して自分たち自身で物事を管理する権利だった。カリフォルニア大学バークレー校のフリースピーチ・ムーブメントは、比較的小さな権利、すなわちキャンパスの正門付近（門の外だが、大学の所有地）でのビラ配りを禁止されたことに対する戦略的応答の好例である。ビラ配りは当然許される行為だと思っていた学生たちは、古い禁止令が突然復活したことに憤然としたのだった[25]。

生産活動においても能力が奪われることがある。若いころのマルクスたちによると、これが疎外の本質である。工業社会のプロレタリアートはもはや、自分たちの生産物を自分たちのものとは考えない。原料から製品を作り出すことに、おそらく農民が感じるようなプライド（過去のことかもしれないが）を感じない。この創造の能力（芸術家が最たる例）は、他人の目にどう映るかという評判とならぶ、尊厳のもう一つの要素である。

どんなものであれ、ゴールを追求するときには周囲に影響を及ぼしたいと思っている。そしてその理由は、子どもを産み育て守りたい、悪を阻止し悪者を罰したい、歴史や進歩に貢献したい、生物種を保全したいなど実にさまざまだ。ほとんどの場合、目標達成には周囲の世界で行動を起こす必要がある。私たちの製品、影響力を目にすることは、私たちの多くに深い満足感をもたらす。そして、剥奪の最悪の影響の一つは、私たちのエージェンシー感覚、すなわち戦略的能力など自分の能力に対する自信を奪い取ることである。

モラル・ショック

侮辱、剥奪、無能のどのカテゴリーであれ、戦略的反応の引き金となるだけの強さを持つ認知された脅威は、「モラル・ショック」をもたらす。[26] ショックという言葉が示すように、強力な脅威は、単に新しい情報を提供するのではなく、感情と、そしてたいてい義憤の念をも掻き立てる。夫が親友と不倫した、上司が横領していた、同盟国が国防省にスパイを送り込んでいた。それを発見すると、よくもこんなことを……と憤る。世界が思っていたものと違うことが突然わかったとき、つまり私たちの基本的な仮定が間違っていたと知ったとき、その結果としての変化は単に認知上のものにとどまらない。感情的な衝撃を受け、行動に駆り立てられることもある。定義から言ってショックとは予想外のものであり、不意を打たれた驚きは前に踏み出す感情エネルギーをもたらす。ショックは、安穏な日常を動揺させる。一つのゴール、言い換えればモラル的直感が頭をもたげ、他のことを閉め出してしまう。物語論の研究者は、モラル・ショックを「誘発事象」と呼んでいる。[27]

ショックによる強い感情は、裏切られたという思いからくる。愛し信頼している人から裏切られたという思いだが、もっと深いレベルでは、すべてのケースにおいて世界にだまされたと感じられる。世界がどんなところかについて考え違いしていた。このショックは、認知シフトと感情的な反応を融合させる。なぜなら、そこには必ず、うずくような屈辱感、そしてたぶん自分自身の無知についての恥辱の思いがあるからだ。自分は、そんなにも思い違いをしていた、だまされやすかったのか。「最も根深い憎しみは、愛の破滅から生まれる」と、ゲオルク・ジンメルは言う。[28]

新しい情報からショックを受けるだけではない。自分と相手の状況、アイディア、あるいは行動を否応なく比較せざるを得ないことでもショックを受ける。長い休暇から職場に戻ったときには仕事の嫌な面を実感するし、教会に行った後にショッピングモールに足を伸ばしたときなど、自分の買い物の習慣の空しさを感じる。これは、ダイアン・ヴォーンが「リエントリー・ショック」と呼ぶものである。ヴォーンの示した例では、別れを考えている人間は、外出からパートナーのいる家に戻ったときに、このショックを感じる。「しばしば、別れを考えている側の確信の瞬間は、よそで強烈な体験をした後に、パートナーと共有する世界に戻ったときに生じる。強烈な体験とは、家族や古い友人との再会、遠くの町でのビジネス会合、愛人との密会、あるいはのんびりした一人の時間などだろう。[29]」私たちはショックを受けると、基本的な目標や価値を思い出す。自分が人生に対して「真に」求めているものは何か？　ときには、このような疑問が新しい戦略的プロジェクトを誘発する。

ショックは私たちを活動不能にすることもある。行動がとぎれたりアイデンティティを喪失したりする。憤怒の感情を引き起こすのではなく、一種のモラル崩壊や恥辱を感じる。なぜなら、悪いのは私たちだからだ。（過ちは、重大なモラル・エラーまたは戦略的失敗の可能性がある）。他のショックと同様に、私たちの世界を支える柱が蹴倒され、その上にあった一連の行動も瓦解する。しかし、新しい戦略的道筋を作るために頼れるモラル的および認知的余裕はないかもしれない。ジャック・カッツは例として、尋問で殺人者の主張が瓦解する瞬間をあげている。「マーチンは、最初、警察が証人がいると言ったことにショックを受けた。このことを聞いた彼は最初のうちは無表情で、次に言い逃れを始めた。」まもなく、マーチンは泣き出した。それまでの話や「自己」がもはや説得力を持たないとわかったのだ。「泣き出したのは、あきらめたからでも屈服したからでもない。即興で創り上げた自己保全の戦略における第三のステップであった……自分が置かれている尋問の状況について新たに全体的な理解を模索するプロセスにおいて発動した、崩壊する自己のドラマ化である。[30]」マーチンは完全にあきらめたわけではなく、別の方針を試みた。自分自身を、哀れみを受けるべき犠牲者として提示したのだ。重大な戦略的試練を受けた自分は、二度と回復しないだろうというのだ。

クリフォード・ギアツは、私たちがときおり感じる当惑——モラル・ショックからくるだけではなく、他の出来事からももたらされる——に実存主義の特徴的なひねりを与えて、戦略よりも、私たちが応答において行う認知行動が重要だという。

カオス——解釈されていないだけでなく**解釈可能性**のない出来事の錯綜した状況——が突然人を襲う、少なくとも三つのポイントがある。その人の分析能力の限界点、耐久力の限界点、そして精神的洞察力の限界点である。当惑、苦悶、そしてやっかいな倫理的矛盾はすべて、それらが強すぎたり、長く続いたりすると、生活は理解可能であり、私たちは考えることによって生活の中で自分自身の進むべき道がわかるという命題への根本的な脅威となる。[31]

ギアツは、必要な文化的修復を行うのが誰かは明らかにしていない。曖昧に、コミュニティ全体だという。

ショック、つまり世界が変化したという証拠への対応方式はさまざまだ。圧倒され、うちひしがれ、あるいはシニカルになり、運命として甘受するかもしれない。邪悪に対抗するだけの自尊心や自信がないかもしれない。あるいは、ショックそのものを軽く受け流し、特に戦略的応答をするまでもないと考えるかもしれない。ルーチンにしがみついて、脅威が過ぎ去るのをひたすら待つかもしれない。しかし、何をすべきかがわかり、行動に移す自信と資源《リソース》があるなら、そしていちばん重要な点として誰を非難すべきかがわかっていれば、ショックは戦略的行動の引き金となることが少なくない（たくさんの「もしも」付きではあるが）。モラル・ショックは、私たちのゴールをはっきりさせる上で役立ったり、自分の生活の見直しを迫ったりすることによって、行動に乗り出す決心を後押しすることもある。

ここに、敵がしばしば私たちのショックを押さえ、戦略的応答を最小限に抑えようとする理由がある。アーヴィング・ゴフマンは、これを「カモを落ち着かせる」と表現したことで有名だ。詐欺師のチームでは、カモがだまされたと気がついたときに備えて一人が背後にいるものだ。落ち着かせ役は、カモが自分の身に起こったことを解釈するのを助け、警察に通報したり、泥棒を追いかけたりする反応を抑制する。カモは、落ち着かせ役に怒りをぶつけ、事態が不確かだからと反応を遅らせ、あるいは単に一つの教訓だとしてやり過ごすことになる。組織は、これと同じようなテクニックを、不満を抱く従業員やクライアントや顧客に対して使用する。しかるべき権限を持つものに不満をぶちまけるようにさせて、新しい戦略的アリーナを作り出す動きを牽制するのだ。[32]

死は最も大きなモラル・ショックをもたらす。サミュエル・ジョンソンが言うように、死は「注意を一点に集める」。愛するものを失うこと、自分が死ぬかもしれないこと、あるいは見知らぬ人であっても悲惨な死を遂げたというニュースは、私たちを行動に駆り立てる力を持つ。確執、訴訟、戦争、さらに社会運動は、すべて、可能性のある帰結である。他のショックと同様に、死は、私たちに、人生の中で一番の価値は何かを考えさせたり、それを手に入れるためには何をなすべきかと自問させる。それは戦略的イニシアチブを発動するだけの十分な説得力を持つ状況である。今の仕事をやめて新しい道に踏み出すかもしれない、離婚したり、仕事のやり方をがらっと変えるかもしれない。誕生や性的関係と同様に、死は、人生の基本的な通過点であり、私たちの人間性を定義するのを助ける。このように、私たちの期待を脅かすものはすべて、強い感情的応答を引き起こすのである。[33]

失敗は、私たちを自己満足から追い落とし、注意力を集中させ、革新に精力的に取り組ませることができる。敗北は、おそらく学ぶ意欲や戦略的チームの変化を最も強く刺激する。人員も仕事も刷新される。失敗は、プレイヤーにとって致命的ではない限り、理性の源泉であり過ちから学ぶ能力として定義される。通常、大きな、劇的な、忘れられない失敗ほど、大きな変化をもたらす。たとえば軍隊では、敗北が技術革新の主要な源泉となっている。

モラル・ショックは感情に強く働きかけ、戦略的かかわりを始めるという決定のほとんどにかかわっている。他者と戦略的にかかわることに金銭をもらっているのでない限り（そして、その場合もしばしば）、私たちは、憤り、ショック、怒り、恐れ、その他の感情によって動く（少なくとも、そう感じる）。賭博師の戦略的選択は冷静な利害計算の結果だというのは間違いで、彼らは衝動的に感情に突き動かされることのほうがずっと多い。路上で注目を集めようとしたり、苦情を申し立てたり、あるいは友人を裏切るには、モラル的情熱が必要だ。感情は行動の背中を押す。私たちを運命のときに駆り立てるのだ。

戦略的行動だけでなく、戦略的な意図のない行動もショックを引き起こす。どちらも、モラルに反する、あるいは不快だと感じさせ、行動の引き金となり得る。侮辱が戦略的なものかどうかなどわざわざ尋ねないし、証拠もないのにそう思うことも多い。こちらがどう思うかを考えもせず、よくもこんなことができたものだ。意図的な行動に憤りを感じ、それが原動力になっていれば、私たちの対応のエネルギーも大きい。攻めるべき相手を見いだす能力が鍵を握るのだ。[34]

非難

トラブルにあったとき、そのトラブルを意識的に引き起こした誰か、つまり脅威をもたらしたとして非難する相手を見いだすことができるだろうか。会社、国、個人、あるいは他のプレイヤーを非難できるなら、戦略的応答を通じて是正を追求するだろう。しかし、不可抗力や自然現象——洪水やハリケーン——のようなものによって脅威にさらされた場合は、戦略的行動はあまり適切ではないように思われる（神が助けてくれるなら、教会にもっと頻繁に通うと誓う以外は）。ゴフマンによると、この社会的なものか自然のものかという区別は、私たちの物事のとらえ方の基本要素である。[35] 自然は戦略的行動に応答しない。ヨブは神が自分を扱うやり方に腹を立てたが、彼の戦略的な応答は不平を言うことだけだった。それ以上のことをしてもムダなのだ。（神や自然の妥協のなさは、それらを修辞学的議論における切り札にしている。それらには「理を説く」ことはできないのだ[36]）。

相手が神や自然ではなく人間ならば、「意図的スタンス」に起因すると考えることができる。これは、他人がどう思っているかを解釈する方法、他人がどう行動するかを予想する方法についての、哲学者ダニエル・デネットの用語だ。これは物理的スタンスとは異なる。物理的スタンスは、特に自然現象については、予測するに当たって素朴物理学の知識を使用する。また、設計的スタンスとも異なっている。設計的スタンスでは、ある対象物はそう働くように開発・設計されたからそう働くのであると見なし、物理的な詳細については何も知らない。組織やチームを設計されたシステムとして取り扱いたいところだが、特に、戦略的相互作用に関しては、設計的スタンスもやはり誤りを招く。そこで、意図的スタンスが出てくる。意図的スタンスは、人々の経験に基づいてゴールを想定し、「完全な合理性という理想からスタートし、状況に応じて下方修正する」。デネットが言うとおり、意図的スタンスは「ほとんどいつも人々に働く[37]」。彼らがどう出るかを予想でき、それだけでなく、彼らの行動の影響について彼らを非難することもできる。

多くの脅威は、完全に自然的なものと完全に人間的なものの中間に位置している。地球の大気汚染は私たちの肺を害するが、特定の原因を非難するのは困難だ。エコロジストたちが遠方にある発電所を酸性雨の原因だと非難するのは、すぐ近くの原発について恐怖心をあおるよりはるかに大変だ。輪郭のはっきりした目に見える脅威、醜悪なコンクリートの塊の中にある、特定の企業が所有し既知の機関に管理される脅威は、いっそうの非難と怒りを呼び起こしやすい。

意図的見方は、「最後通牒ゲーム」やその関連の実験において負の力と相互作用する。このゲームでは、第一のプレイヤーが、第二のプレイヤーとお金をどう分配するかについて決定するが、このとき、第二プレイヤーはオファーを全面的に拒む権利が与えられている。ただし、拒否したときは二人ともお金を受け取れない。[38] 金銭的に最大の利を得たい場合は、正のオファー、つまり多少ともお金の分配があるオファーを拒否すべきではない。なぜなら、拒否すれば一銭も手に入らないからだ。だが、第一プレイヤーのオファーが不公平、つまり第一プレイヤーの取り分が多すぎると感じた場合、第二プレイヤーはたいがいオファーを拒否する。不公平を回避するために「犠牲にも甘んじる」のだ。しかし、「オファー」がコンピュータによって無作為的に生成されたものの場合は、非難の対象が存在しなくなるので、たいていは不公平な分配でも受け入れる。最後通牒ゲームには、不公平なオファーの場合、公平なオファーの場合よりもプレイヤーの応答が激しいバリエーションがある。コリン・カメラーによれば、「正の相互依存は負の相互依存に比較して弱い。（現実世界と同じく、実験でも被験者は、礼状を出すよりも、攻撃を受けたと悟って反撃するときのほうが反応が素早い）」。[39]

経済的な脅威は、煽動者にとって非難の対象を求めやすく、戦略的行動が生じることも少なくない。解雇、減給、工場閉鎖、機械化で熟練労働者が不要になるなどは、人間の尊厳だけでなく身体的健康も脅かす。これらは、特に労働組合が合法化されていなかった時代や国々で、労働者の暴動の主な原因であった。労働者の要求を退ける決定を下し敢行する経営側は、自分たちの行動は国際競争によって会社が強いられた不可抗力への応答だと見せようとする。「グローバル化」はこの目的に好都合だ。[40] 非難を転嫁し、戦略的応答を弱める（または、矛先を、たとえばアンチ日本キャンペーンに振り向ける）。過去の状況を見ても、アメリカ文化は特に、この考え方に追従しやすい。生活費を稼ぐ能力はさまざまな能力が複雑に組み合わさった成果であり、それに対する脅威は、侮辱、無能、剥奪の可能性が混合している。しかも、責めるべき対象がわからないため、行動に出にくい。

複雑な技術的失敗に対する非難は、常に異論の余地がある。全面的に「自然」の責任にすることは絶対できないからだ。公的組織、特に企業は、自然のせいにするかわりに、オペレーターのエラーにしようとする。組織の構造や彼らが開発した技術にリスクがあることから注意を逸らそうとするのだ。例外は、スペースシャトルだ。これは一つには、宇宙飛行士には最初からほとんど統御できないこと、一つには十分な宇宙開発資金の流れを途絶えさせないためには宇宙飛行士はヒーローでなければならず、そのために膨大な努力がなされているからだ。つまり、NASAは宇宙飛行士に失敗の責任を負わせることはできない。いちばんいいのは、事故を彼らの反対派のせいにすることだ。たとえば、ユニオン・カーバイドは、確たる証拠なしに、1983年のインドのボパールのガス漏れ事故の原因は破壊工作にあると主張した。

どこまでを非難するかの境界線は文化的創造物であって、戦略的行動の結果として移動することが少なくない。長い時間のうちに、私たちは健康や自然や社会の安全について政府の大きな介入を期待するようになった。かつては天災と思われたものも、今日ではそうは受け取られない。しかし、論点は残っている。企業の広報担当者は、地球温暖化は自然の変動の範囲だと主張する。生産プロセスへの政府介入を退けたいからだ。一方、キリスト教原理主義者たちは、HIVの拡大は、人間の選択の結果であり、自然に広まったのではない、ゆえに病の責任は患者にあると主張する。これに対してHIV感染者は、問題の医療化（または自然化）に固執する。

責任という概念は、非難を作り出すことを伴い、二つの面を持つ。当事者はある種の脅威を引き起こした責任がある、あるいは、それを解決する責任がある。この二つの責任は、同じ当事者が負うとは限らない。現代社会においては、特に、犯罪、病気の流行や不景気まで、政府が引き起こしたのではない問題についても、その解決の責任が政府にあるとする。また、悪天候やテロリストの阻止など、数々の脅威を阻止する責任を政府に負わせ、防止できなかったことが原因だとされる。そして、なにはともあれ、後始末は政府の責任だと考える。この理由から、政府のさまざまなレベルや部門や機関は、しばしば、戦略的行動の最初の標的となる。多くの相互作用において、最重要な「第三者」なのだ（もっとも、彼らはしばしば、審判者や当該のアリーナのキーパーとしての立場にとどまらず、敵対者へと変容する）。

悪いことを是正する責任を政府に負わせるとき、私たちは無能力という脅威をもともとの脅威に追加する。政府は、民主主義国家においては、世界を統制する私たちの力を象徴している。したがって、政府が私たちの願いに応答しないとき、無能力という付加的な脅威を感じるのだ。企業など政府以外の組織についても、もっと穏やかな形でだが同じフラストレーションを感じる。しかし企業に関しては、世界を統制するための手段とは見ていないので、腹立ちが軽減されるのだ。政府機関や選挙で選ばれた公職者がプランを承認したのなら、誰が責められるべきか明らかだ。どこが公共住宅建設プロジェクトの提案をしたかはすぐにわかることで、政府は民主主義的であり、責任があり、したがって私たちの利益を保護すべきだと期待するから（ほかにも利害関係を持つ団体が存在することは忘れて）、建設による公害問題が起これば私たちの怒りはいっそう激しくなる。政府が私たちを保護しないことに、企業が自社利益を追求する以上のショックを受ける。（現代の中流階級は、少なくとも、常に政府に責任があると思っている。貧困層や被抑圧層は、そのような幻想を持たない）。

現代社会においては、災いの原因としての神や自然は影を潜め、組織が全面に出てくる。誰を非難するかは、ますます戦略的行動の面が強くなっている。アンソニー・ギデンズをはじめ他の研究者も指摘しているとおり、私たちは、ますます、専門家と専門家が作り出したシステムに頼るようになっている。なぜなら、自分たちには不可能なことだからだ。交通、通信、生産、あるいは政府も同じだ。社会学者ウィリアム・フロイデンバーグによると、「代わりに、**誰か**が必要な計算をしてくれる、しかも「信頼できる」方法で計算してくれるという期待を抱く。しかし、労働の社会分化が進んで、ますます複雑になるにしたがっていっそう問題となってきているのは、まさしくこの期待なのだ」[41]。彼は制度による失敗が増大したと考えているが、これらの失敗に対して誰が責められるべきかをめぐる戦略的軋轢も増大していると付け加えよう（企業はますます、非難の矢を避けるのに巧みになっている）。

他者に非難の矛先を向けることのもう一つの面は、戦略的プレイヤーが自分自身への非難を回避することだ。工場閉鎖の責任を市場の「自然の」プロセスに転嫁する企業と同じように、官僚主義は組織的な無責任の巨大システムとして設計されたように見える（C・ライト・ミルズは、このように評した）。企業の幹部は、過ちが表面化する以前に他に移るのが通例で、後継者が身代わりになる[42]。法廷など多くのアリーナにおいては、考え得るあらゆる過失が非難される。戦略的な場面では、誰を非難するかに多大の文化的作業が振り向けられる。それがひるがえって、結果に影響する。国家の政府も国際機関も、互いに責任をなすりつけあう。非難は、とりわけて犠牲者と悪者という、「役柄タイプ」創出の重要な一部分だ。

非難したり否定したりする修辞的作業は、その当否は別にして、行動を左右する。「真の」原因は、多岐にわたる議論の中ではほんのわずか触れられるにすぎない。興味深いことに、社会科学者たちは、戦略的プレイヤーよりも、人間ではないもの――不可抗力のようなもの――に原因を求める傾向が強い。戦略家は、脅威を認めたとき味方や支持者を動員して個人や他のプレイヤーを非難するが、非難の一端を負う市場や他の要素を隠す。彼らの非難の矛先が的はずれであったとしても、その策術の効果に変わりはない。ウィリアム・ガムソンが言うとおり、「標的が具体的に目に見えることは、たとえその標的が見当違いで、真の原因から逸れていたとしても、不正という枠をはめるための必要条件」なのだ。[43] もちろん、責められるのは、しばしば、具体的に目に見えるプレイヤーだ。

誰かを非難することは、彼らが意図的に行動した、または意図的に行動すべきであったのにそうしなかった(いわゆる過失)と主張することである。他者の行為にどの程度の意図的部分を見いだすかは、人によって千差万別だ。極端な場合、偏執狂《パラノイド》はあらゆるもの、誰の目にも無作為的で偶発的なもので動機などないと見なす行為にさえ、意図を見いだす。結果として、周囲の世界に実に容易に脅威を見てとる。他者は戦略的に行動すると考えるので、多数の戦略的相互作用に巻き込まれる。他人を容易に敵と見なすので、多くの敵を作ってしまう。いつでもかかわる準備ができていて、一部その結果として、自らを巻き込む。(**偏執狂のジレンマ**については、第4章で詳しく取り上げる。)

他人に非難の矛先を向け、戦略的相互作用を開始するにはいくつかの要素が関係している。社会学者キャンディス・クラークによると、それには他者に認知した、原因責任が含まれる。だが、それだけでなく、前から腹に据えかねていたとか、文化的資本、改悛の程度、すでに受けている罰、さらには情状酌量や緩和されるべき状況、そして裁くものと裁かれるものの親しさの度合いも関係する。[44] その人の性格も、行動と同じく重要だ。文化資本は人への非難を軽減するというクラークの知見とは対照的に、別の二人の研究者が、階層構造において権威を持つもののほうが非難されやすいという知見を得ている。彼らはまたアメリカ人と日本人の文化の差についても、日本人は人の役割の義務をより重視するとの知見を報告している[45]。

自ら戦略的行動を開始しようと決定するときには、**かかわりのジレンマ**に直面する。同様に、他者の行動に応答するか否かを決定するときにも、同じジレンマに直面する。不正が行われたと感じ、非難されるべき当事者を特定できたときでさえ、私たちは、抗議したり戦うだけの価値はないと考えるかもしれない。反撃すれば常に前線に立ち続けることになり、トラウマに陥ったり汚名を着せられたりする可能性がある。すべての戦略的プログラムがそうであるように、私たちの応答が高くつく可能性もある。同時に、仕返しは、しばしば満足感をもたらし、当初のゴールが何であったかとは無関係に、それ自体がゴールとなり得る。これを**復讐のジレンマ**と呼ぼう。**かかわりのジレンマ**の一つだ。マキャベリは述べている。「最近の利益が偉大な人々に古傷を忘れさせると考える者は、単に自分を欺いているだけだ[46]」。復讐の満足感に加えて、正義も私たちの基本的なゴールの一つであり、時間と労力をかける価値がある[47]。

脅迫

脅威はしばしば、あなたから何かを得たい他のプレイヤーの意図的な行動である場合がある。ずっと続いているかかわりの一部分であることが多いが、それがきっかけで新しい動きが生まれることがある。その明白な例が誘拐と身代金だ。しかしそれだけでなく、私たちにとって価値を持つあらゆるものが脅迫の対象となる可能性がある。脅迫は一種の約束、または言い分だが、言い分というより約束という面が強い。オファーをしたり契約を交わしている他のプレイヤーが、特定の条件下であなたの望むように動いてくれるのと同じく（ふつうはあなたの側に立った行動をする）、脅迫では彼らはあなたの望みに反する行動をする。あなたがオファーを拒否すれば、最悪だ。脅迫を無視して、その行動が実行されれば、あなたは困ることになる。[48]脅迫されたとき、あなたは選択できるが、たいてい、その一つは絶対に避けたいものだ。そうでなければ、それは「脅迫と言うにあたらない」ことになる。

脅迫はさまざまな形で表明される。その最も穏やかな形は、警告に近い。法理論家のケント・グリーナワルトは、言葉が行動の誘発を意図しているか否か、および脅迫されたプレイヤーの状況が言葉によって変化するか否かを基準に、脅迫を四種類に分けている。最も穏和な形が単なる警告である。これは、もしあなたが何かをすれば、悪いことが起こるということをお知らせします、でも、私はその害悪を引き起こすことを目論んではいません、というものだ。第二は、言っておきますが、私はあなたの行動を変えてもらおうとすることなしに――というのは、あなたを強制しようとは思わないからですが――、たぶん復讐のために、あなたに害をもたらすことになりますというものだ。第三は脅迫の警告であり、トリッキーである。つまり、お宅の庭のネズミの巣になっているゴミを片付けないなら、警察を呼ぶとか、行動に出ますよ。あなたに動いてほしいけれども、あなたの状況を変えるつもりはありません。私は警察を呼ぼうと決心していますが、あなたに、警察を呼ばなくてすむようにするチャンスを与えているのです。もう一つ、第四は、もしあなたが、私の望むとおりに動いてくれないなら私は行動に出ますよ（望み通りに動いてくれたら、行動に出るのは差し控えます）と言明すること、つまり操作的脅迫によってあなたに新しい状況を作り出すことである。私は、あなたにとって新しい問題を作りますというのだ。第三のケースでは、私はあなたの行動や状況に応答するのに対して、第四のケースでは、自分自身のゴールを追求することによって、私がある種のかかわりを開始する（たとえば恐喝）。私があなたと意思疎通できない場合、第三のケースでは私が脅されているように行動するだろうが、第四のケースではおそらく、そうはしないだろう。[49]

脅迫の構造――犠牲者が服従すれば、それ以上は手出ししないと約束する――は、興味深い問題を提起する。脅迫の犠牲者が服従を拒絶した場合、脅迫した側がどう出るかという問題だ。本当に欲しいもの、すなわち服従を手に入れることができなくなり、脅迫を敢行することは犠牲が大きいかもしれない。しかし、復讐の満足は手に入り、場合によっては言質に忠実なプレイヤーとしての評判が高まることもあるだろう。脅迫は秘密にされることが多いから、脅迫が拒否された場合にどう対応したかの評判にはあまり効用がないかもしれない（しかし、やり遂げられなかったときは、評判が傷つく）。「犠牲者が脅迫に屈服するのを拒否した場合、恐喝者は、ことを公にしてもその犠牲者から何も得られない……まっとうなビジネスでは、悪意の出る幕はない。しかし、悪意があるという印象は効果がある」と、ゴフマンは指摘している。脅迫は、脅かしが本当に実行されると犠牲者が思わなければ信憑性がない。この場合、「恐喝者は、ジレンマを持っていないかのように、自信を持って行動しなければならない」とゴフマンは締めくくっている。[50]

ゴフマンの言うジレンマは、部分的には**かかわりのジレンマ**のバリエーションである。脅迫は、脅迫された相手に戦略的応答を引き起こすに足る信憑性がなければならない。（ゴフマンは、脅迫相手が戦略的に応答するが、警察に通報したり、権力者の介入を求めるなど、要求に応じる以外の行動をする可能性については触れていない)。ゲーム理論は、トーマス・シェリングの核抑止力の分析に始まって、この脅迫の問題の説明に大いに貢献してきた。脅迫を実行するコストが高く、脅迫を実行に移した場合、脅迫側のプレイヤーの立場が悪化するような場合は、脅迫は信憑性がないと、シェリングは言う。しかし、この指摘は、感情のダイナミクス(自滅的かもしれない)だけでなく、所定の評判を維持する重要性についても無視している。

ゲーム理論では、可能性のある動きの相互作用を明らかにし、プレイヤーは代替案を比較できる。行動がコスト高となる――不合理とさえなる――にもかかわらず脅迫を信憑性あるものとする一つの方法は、壊すのが難しい、または不可能なある種のコミットメントを作ることだ。これが、「グリム・トリガー」戦略である。残念なことに、この方法で自分自身の将来を拘束しようと望む――または、そうすることが可能な――戦略的プレイヤーはほとんどいない。他のことはともかく、脅迫はコミュニケーションの一形態であり、他者に意図とゴールを示す。[51] 意図的であろうとなかろうと、それは戦略的相互作用が開始される上での主要な動きまたは認知である。

かかわりのジレンマ ⇓ 相手とかかわるとき、約束であれ、脅迫であれ、あなたの戦略的自由は狭まる。他者は、あなたが脅迫を撤回しても文句を言わないだろうが、約束を守らなかったら文句を言うだろう。かかわりは、ある種の戦略的選択をコスト高にする。何かを約束して、その約束を破ったり達成できなかった場合、あなたの評判は落ちるのだ。味方に対して行ったかかわりは、味方があなたの意に反する行動をしたときに、しばしば問題になる。そして味方が、あなたは全面的に味方に肩入れしていると信じている場合、彼らは決定するときあなたの好みを無視する（アメリカ民主党のアフリカ系アメリカ人党員に、この種のことが起こった[52]）。

※

脅威には、戦略的行動を引き起こすに十分なほど強い、あるいは不正なものもあれば、そうでないものもある。おそらく、応答するための資源、機会、アリーナがある場合とない場合があるだろう。責めるべきプレイヤーが見いだせる場合もあれば、見いだせないときもあろう。それでも、脅威の認知は、戦略的かかわりに入るための最も一般的な理由のようである。しかし、脅威の対象となり得る人間の価値の全体を理解するには、そして、すべての戦略的行動の背後にある動機を理解するには、私たちは、人間が望むものを検討する必要がある——実に多種多様だ。それらを公平に評価する単純なモデルは存在しない。

第3章　ゴール

最高の喜び、それは敵を制圧し、追い立て、彼らの財産を奪い、その家族が涙にくれるさまを目にし、彼らの馬を駆り、そして敵の娘や妻を我がものとすることだ。⇒　チンギス・カン
健康で、善良で、神の恵みを受けた人間の究極の望みは、名誉ある余暇である。⇒　キケロ
全人生を通じて、金に動かされたことは絶えてない。⇒　マイケル・ミルケン、１９９６年

私のニューヨーク大学における最後の三年間は、終身地位保証《テニュア》をめぐる戦いに明け暮れた。本来なら私自身が先頭に立つべきだったのだが、代わりに大勢のすばらしい同僚が私のために動いてくれた。私は戦略的行為者として才能があるとは言えないので（ほとんどの社会学研究者は、自分にとって不可解なものを研究対象にしていると思う）、同僚たちが取り仕切ってくれたのは正解だった。私は、これまでに論文や本の章を二〇編手がけ、三冊めの著作を完成させ、そして教師として評価されており、学部の活動にも積極的にかかわってきた。私のテニュアについて反対票は二票だけだったが、それが上層部での衝突の引き金になった。偶発的な出来事もあれば、大学当局の不手際によるものもあり、いくつかは学部が嫌いで閉鎖したいと思っているらしい学部長の行動だったし、学部で私と敵対関係にあった同僚が陰で動いているという噂もあった。（私に対する反対運動の先頭に立っていたのは、私の妻の最初の夫で、公正に評価できる立場にあるとはとても言いがたかった）。いろいろ珍妙な出来事があったが、なかでも、ニュー・

スクール・フォア・ソーシャル・リサーチの前学部長の評価書は突拍子もないもので、私の研究を無視し、社会運動を研究対象にする人間は研究者ではなくイデオロギー偏向だとご託を述べたものだった。

手短に言うとあらゆるレベルで戦いが繰り広げられたが、最終的に、教養学部のでっぷりした学部長が――企業経営者のような厳格な姿勢を示そうと――このような異論百出の案件は、いかに反対意見が個人攻撃だとしても承認することはできないと決定を下した。全国から、大学長宛てに怒りの手紙が寄せられ、学長は決定を翌年、学部長に差し戻した。学部長は、案件を同じ委員会（六人のうち五人が同じメンバー）に返したが、委員会はすでに反対という結論を出していた。別に不思議はないが、決定に異議が出たことで、自分たちの決定は間違っていなかったという委員会の決意は固いものとなった。前回と同じ結論を提出し、今度は学長も合意した（もっとも、彼はすぐに学部長を解雇した）。私の場合を含めたいくつかの類似ケースで不適格というのが理由だ。システムに不備があることを認めるよりも、過ちを犯した個人を排除するほうが簡単なのだ）。二つの苦情処理委員会が私を支持し、強く怒りを表明した意見書を提出した（メンバーの何人かは、連名の意見書のほかに、個人的にも憤激をあらわにした手紙をくれた）。だが、それらは無視された。

この長い戦いのさまざまな戦略的側面のうち、私は一つだけを取り上げたい。多種多様な要素が複雑に組み合わさった私自身の動機である（多面的な戦略的状況において、最も包括的な研究テクニックは内観法であることが多い）。最初のころの私は、学部内で反対票があったことに腹立ちを感じた。私の実績に対する評価とは無関係なことを知っていたからだ。私は、復讐するために現職にとどまりたいと思った。

もっとも、私の復讐の妄想の一部は、とどまってすべてを許すこと、つまり私は彼らが思っているような人間ではないと実証することだった。だが、敵を制圧する喜びは、私の評判や自己アイデンティティの前に膝を屈した。しかし、双方の感情を貫いていたのは、不正に対する腹立ちという一つの感情だった。底意地の悪い人間が勝利するのは許せないものだ。それに、テニュアが拒否されたという話が広まれば、状況がどうあったにせよ、私の評判は傷つく（拒否されたことはすぐに知れるが、なぜ拒否されたかという理由まではなかなか伝わらないものだ）。それ以上に私がとどまりたかったのは、仕事も、学部も、大学の場所も気に入っていたからだ。戦いが進むにつれて、別の動機が頭をもたげてきた。私のために戦ってくれている同僚たちの尽力に対する感謝の思いだ（一人の同僚は、この六ヶ月というもの、自分の研究論文よりもずっと多くの文書を私の件で作成したと言った）。彼らを失望させたくなかったから、私もより一生懸命になった。

しかし、ほとんど最初から、私は矛盾する動機を抱えていた。学問の世界での将来の不確かさに直面して、モラル・ショックの例に漏れず、私は、自分の人生で本当にしたいのは何かを見つめ直すよう迫られた。答えは、私は自分のすべての時間を執筆に当てたいということだった。何度も何度も収入の計算をし、それもできないことではないと自分（それと妻）に納得させた。そうなると、テニュアの戦いにはそれほど熱が入らなくなった。そして、執筆中の『道徳的抗議の技術（*The Art of Moral Protest*）』を完成させることと、大きな財団のコンサルティングに時間をかけた。この時点で、大学の仕事は生活費を稼ぐためのもの以上ではないという気持ちに傾いてきた。重要でなくはないが、訴訟を起こすほどの価値はない。戦いを続ける価値があるかどうかさえ疑問だ。新しいゴールが、他のすべてを圧したのだった。

ゴールの多様性

人間の行動のよくあるゴールは山ほどあるが、無限ではない。明白なゴールは、尊厳、富、自分の身を自分で処せること、保身や立身、私生活が自分の自由になること、そして漠然とした世界ではあるが、他人の理解や尊敬、グループの連帯、他人との情緒的つながり、同情や利他の心、他人の秘密を知りたいと思う心や自己顕示欲、官能的・感覚的な接触（意識変容状態を含む）、知識と理解、純粋さや正しさ、創造性、美――そしてもちろん、敵の馬を駆ること（言い換えれば復讐、またはおそらく純然たる残酷な力）などだ。これらのすべてを愛するもの、特に子どものために確保することも、別の強力なゴールだ。

哲学者は、人生の目的についてさまざまに論じてきたが、コンセンサスはほとんどない。安定、快感、安全を切望するものもいれば、リスクや変化が好きな人もいる。周囲と連帯し同じでありたいと願う人間もいれば、他人とは違っていたいという人もいる。キケロの名誉ある余暇――彼は実際に手にすることはなかったが――は、強姦や復讐に対するチンギス・カンの欲求とはかけ離れている。満足感をもたらす項目のリストは長く、個人やグループがどのように選択しランク付けするかは、心理や文化についてのケーススタディとしてしか説明できないだろう。

モラリストや政治アナリストは、すべての人間のゴールや動機を同じ尺度、ふつうは富または権力で比較することを夢見てきた。その最たるものが経済モデルで、このモデルによると政治家は得票を最大にしようとし、官僚は予算を最大限に獲得しようとすると説明される。[1] 人間が単純なゲームにおいてさまざまな見返りから容易に選択決定すると言うのであれば、あるいは、功利主義の政策立案者が最善の決定によって社会の幸福を最大にしようとするのであれば、このようなアプローチが必要だろう。この種の過剰な単純化は、合理的か非合理的かの判定には役立つ。私たちの総合的な効用、私たちの望む目的の総和が最大になることは、合理的だ。だが、このような効用関数は、ユートピア小説の中でしか機能しない。一つの主要な人間のゴール――比較可能なゴールの集合でもよい――を想定するモデルが生み出すのは、架空人間にすぎない[2]。

金銭的報酬という結果を比較しやすい単純な算術の世界でさえ、決定の原理は種々さまざまだ。コンピュータ科学者のヘンリー・ハンバーガーは、単一の支配的戦略がないゲームには四通りの選択方法があるという。一つは、可能性のあるあらゆる結果のマトリックス中で最大の報酬を見つけ出し、それを実現するために尽力するという楽観論的原則である（報酬が最大となるセルを含む行（または列）を選択し、他のプレイヤーの選択を操作できることを期待する）。これは、ゲーム理論で「マクシマックス」戦略と呼ばれている。二つめは、悪い結果の中で最も良い列を選び出す悲観論的原則で、安全なプレイをする「マクシミン」戦略だ（得られるミニマムをマクシマムにする）。この戦略は、私たちの開始する選択に対する他のプレイヤーの応答を統制できないときには有効だ。また、可能性のある結果の平均が最大となる列を選択することもできる。これは、他のプレイヤーの応答がランダムと思われるときには合理的だ。四つめとして、いちばん悔いが少なくなる選択、どんな結果もそこそこ良いという列を選択する戦略がある。ハンバーガーの見るところ、「これらの戦略原則はすべて、支配的戦略のないマトリックスにおける異なる選択につながるので、論理的に区分される[3]」。他の原則としては、最も単純な行動を選ぶ、直前と同じ行動を選ぶ、あるいはすべてのプレイヤーが（全体として）最大の満足を得られる行動を選ぶなどがある。こうした選択は、**リスクのジレンマ**だけでなく、今後の他のゲームのことを考える努力や、他のプレイヤーの行動についての私たちの読みの違いをも反映する。[4]

数理モデルでは最大の結果を求めても、現実世界ではそうはしない。現実の世界では、ある程度の条件を満たせば満足する。つまり、理想とするベストを追求し続けるのではなく、多くのゴールを見渡して許容できるレベルでよしとし、満足するのだ。ほとんどの人は多くの活動の複雑な組み合わせに囲まれているから、最大限に可能な満足のレベルという概念は、個人にとっては曖昧である。複合プレイヤーにとっても現実味は薄い。明示されたゴールが修辞学的な作り物だからだ。よしとするかどうかは、「満足がいく」基準によって、経済モデルの大規模修正のこともあるし微細な修正のこともある。この概念を発案したハーバート・サイモンは、満足することと合理的選択の説明とは整合しないと考えている。最大化は科学であり、満足することはアートなのだ。[5]

理論的には、プレイヤーは、たとえば必要事項やゴールの階層表を作ることで、満足するための体系的方法を見つけ出すかもしれない。最初に最も重要な項目を満足させる――多くの場合は存続することだ。次に二番めの重要項目、さらに三番めというふうに進む。政府にとっては、権力維持が最大の重要項目であり、イデオロギーの面は二の次、そしてそれらがある程度満たされてはじめて、国民にとっての実際的便益に目を向ける。政治学者リチャード・ローズクランスは、この階層表を「タマネギ・モデル」と名付けた。外側から一枚ずつ皮をむかなくてはならないという意味だ。[6] しかし、何千ものサブプレイヤーが無数のゴールを同時に（順番にではなく）追求する国家の例を見てみれば、タマネギ・モデルがあまりにも単純すぎることは明白だ。環境省は戦時にはある種の規制を緩めるだろうが、自ら全面的に戦争に取り組みはしないだろう（たぶん、あまり役に立たないから）。ほとんどのプレイヤーは、複合的であれ単一であれ、同時に多数のプロジェクトと取り組んでいる。

ある種の満足は、リターンが小さくなる。そうでないものもある。官能の喜びはある時点で飽きがくるが、それがいつかは十人十色だ。名声や富を重視する人は満足することがないようだが、これはたぶん「十分」という基準が曖昧だからだろう。持てば持つほど、もっと欲しくなる。どのくらいで十分かは言いがたい。

国際関係論から企業理論まで、戦略的ゴールの研究者はほとんど、あらゆる優先事項階層表において最優先項目は、常にプレイヤーの存続だと仮定している。プレイヤーがいなければ、他のゴールの追求もないというわけだが、ちょっと考えれば、これが間違いだとわかる。ここでは、プレイヤーは自己本位で統一的な、一種の組織体と仮定されている。しかし組織体も、特に人間から構成されるそれは、ときにはチーム全体のため、あるいは理想のために自身を犠牲にする。複合プレイヤーは、しばしば、その構成メンバーのために崩壊したり解散する。望みがかなった抵抗勢力は解散し、利益の出ないビジネスは切り捨てられる。もっとも、組織の多くは解散すべきとき、新しい目的や組織形態を見つけて「解散」しないのも事実だ。しかしジレンマとなる可能性は常に存在する。

存続 対 成功 ⇓ ゲームに参加することとゲームに勝つことは別物だ。ふつう、これは直接的なジレンマではない。勝つためにはゲームに参加しなければならないからだ。しかし、成功のない、単なる存続は価値が乏しい。成功するためには存続する必要があるが、十分ではない。そして、私たちは短期的には大成功だが長期的には衰亡するという偶発的リスクに遭遇する。もっと一般的には、一つのゲームからの撤退（または一人のプレイヤーの消滅）は、他のゲームでの成功や他のプレイヤーにとっての成功の可能性を高める。古典的な例が、自己利益のために会社を食い物にし、結果として長期的には会社を弱体化させる経営者である。（経済学や社会学の研究者たちは、企業理論におけるこのジレンマに別の角度から取り組んできた。経済学では利益すなわち成功の追求であり、社会学では安定と存続に関心があるとされる。[7]）

悪貨のジレンマ　⇓　存続と成功のあいだの緊張関係は、しばしばプレイヤーに、それまでのかかわりの損失を回避するための時間、注意、そして資源の投入を迫る。悪貨を取り戻そうと良貨をつぎ込み、ますます深みにはまるのだ。かかわりを終了することは確実な損失であるのに対し、継続することは成功のチャンスをいくぶんか（ふつうは小さいが）残すことを意味する。同時に、より大きな損失のおそれもある。ジョンソン政権にとってのこのジレンマがベトナムだった。通常は、このような状況で固執することは誤った判断だと断言できるが、ときとして、特に既存の損失を認めることがそれに伴う象徴的・感情的な悪影響によって壊滅的な結果となるような場合には、重大ジレンマとなる。たとえば、プレイヤーとしての存続がかかっているとき、持てる良貨をすべてつぎ込むことも意味がないわけではない。

満足することにとって、文化を基盤とした比較が決定的に重要だ。それによって、今より良くなりそうな道を選んだり、目標とするグループのレベルに到達しようと努力する。前者の場合は、自分が得られるはずの満足について基準となる印象を持っている。基準があるから、そこに達しないと不満足なのだ。後者の場合は、他者をモデルとし、自分の場合と比較する。自分自身の過去と未来を比較することも、他の個人やグループと比較することもある。いずれの場合も、文化的伝統が、満足できるという定義を左右する[8]。

前出のリストはすべて個人が価値を置きそうなものだが、グループ、集合体、組織にとってゴールとなりそうなものもある。富、評判、地位などだ。しかしこれらも、つまるところは、その所有または使用がその組織の構成メンバーに満足を与えるか否かに左右される。組織は、ゴールを公式に表明できるが、動機は持てない。また、組織には満足感もない。満足するのもしないのも個人なのだ。この点は、戦略的行動の目的を理解する上で重要である。つまり、複合プレイヤーを取り上げるときに忘れてはならないこと、それは、複合プレイヤーとは、自分自身の動機を持ち、グループの公式ゴールからの逸脱もできる単一プレイヤーから構成されるということだ。

ふつう、自分が相互作用を開始するのか、それとも他者に応答するのかによって、ゴールは違ってくる。先手を打つ人間は、現状を変えたいと思っている。目指すもの、実現したい状態がわかっている。一方応答する人間は、とりわけ脅威を認知して応答する場合には、状況が悪化しないよう現状維持したいと思っているのが一般的だ。第2章で取り上げた基本的な人間の安全についての指摘が正しいとすると、自己保存は、注目、計画、資源の維持という理由からだけでも一連の行動を迫り、変革を仕掛ける行動以上に活動を刺激する。(もちろん、長期安定のために短期的な変化を意図することもある。エリートたちの譲歩は、常にこのためだ。政治の世界では、改革と呼ばれる)。

マックス・ウェーバーは、戦略的チームについて、ゴールが無限に多様であることを指摘した。「生活保障の提供から芸術の後援まで、古今東西の政治団体が**追求しなかった**目的などない。そして、個人の保護から司法行政まで、**万人が認めたもの**もない[9]。」

この無尽蔵のゴールを分類する方法はあるだろうか。歴史家は、戦争について分類を試みてきた。伝統的に、戦争のゴールの一つは栄光、他者を征服し戦闘を通じて自分を証明する能力であった。栄光は名誉につながり、英雄として伝説や叙事詩に詠われる。もう一つの誘因が財宝であった。今日の市場社会・物質主義社会においては、資源の掌握は対立の基本テーマである。富は評判を高め、愉悦をもたらし、世界への影響力を与える。イデオロギーも場合によっては外国への介入の動力源となる。これも一種の栄光だ。宗教イデオロギーの場合は、神の栄光があまたの戦争を引き起こした(特に、キリスト教やイスラム教などイデオロギー宗教の台頭以後[10])。イデオロギーの要点は、ある種の考えに従って世界を形作ることだ。

これらのゴールは、おおまかに三つの基本グループに分かれる。自他双方にとっての**評判**、愛することと愛されることを含む直接的な**快楽**感覚、そして、周囲の世界への**影響力**である(ホッブズだったら、名誉、富、指揮権と言うだろう)。もっと規模の小さいプロジェクトの動力源も、同じようなゴールだと思う。たとえば、押し込み強盗についての研究によれば、彼らがいちばん重視しているのは金銭だが、次が(強盗仲間での）評判と強盗という行為のスリルである。[11] この三つの古典的なゴールに、私は、四つめとして知識を追加したい。知識は、プレイヤーを戦略的相互作用に巻き込むことが滅多にないので、見過ごされるのだ。

評判

「評判、評判、評判！　ああ、評判をなくしてしまった。私の不滅の部分が失われたのだ。残るのは獣の部分だけだ」――この『オセロ』のカッシオの台詞には、私たちは失ったばかりのものを特に貴重に思うことがはっきり表れている。[12] 他人にどう思われているか。これは、古今東西、人が最も気にかけることである。栄光や名誉、地位や特権、尊敬や賞賛、恥辱や誇り、その他さまざまな形で分析されてきたが、煎じ詰めれば、遠近を問わない他者のあいだの評判と言える。（歴史的に、女性は近しい間柄での評判を、男性は広い世間の評判を気にする傾向が強い）。**評判**には、伝統的に、これらの判断のモラルとしての質全般が含まれる（**名声**に対して、もっと限定された意味を持つ）。「評判に上らない」ということは「たいした人物ではない」ということを意味する。

個人のアイデンティティの最も基本的な感覚は、他者からの認知に左右される。外からの確認があってはじめて、自分はタフだ、ひょうきんだ、思いやりがあると思える。私たちは恥辱や誇りを伴うグループやカテゴリーに属している。たとえば地位の高い職業、あるいは多数の社会学論文などだ。国家の誇りは現代史における戦争の主因となった。国のリーダーが、諸国から見くびられたと感じたのだ。同様に、個人的な侮辱は、あらゆる戦略的行動の原因であった。戦略的チームが生まれると、集合的評判が育つ。そして、評判に対するチームの感度――他人の言葉や行動の中に表れる（と想像する）――が、チームの行動を左右する。このことは、チームが生まれた目的とは無関係だ。

尊敬や尊厳は、私たちがチーム、部族、社会、コミュニティの正規メンバーとしての自己アイデンティティを形作る基本材料だ。広大な功利主義的市場社会に生きる現代人にとって、ゴールとしての尊厳の中心性を認めることは、往々にして難しい。多くの行動は、「背後の」、つまり物質的な動機なしに尊厳を確立することが意図されている。たとえば、人々は勝てると思わない限り抗議行動には参加しないにしても、抗議行動そのものは――負けると知っている大義のためでも――参加者に尊厳をもたらす。これは、社会運動に関する研究で「真理」として認められている。[13] 1943年のワルシャワのユダヤ人蜂起で、彼らは本当にナチを打倒できると思ったわけではない。だが、尊厳ある死を選んだのだ。

尊厳は、一種の「内的評判」である。他者の見方と同じく、自己の見方だ。尊厳の反対の恥辱も同じで、他人に知られていなくても自分の行為を恥じることがある。他人がどう反応するかを想像するのだ。哲学者ジョン・エルスターは、評判という感情は恥辱、罪悪、誇りの感情と同じように社会生活における規範の担い手であると考え、恥辱と怒りのあいだの微細な区別について論じている。誰かが意図的に自分に恥**をかかせよう**としていると感じたとき、尊厳が、怒りをもって立ち向かえと命じる。恥をかかせることが戦略として機能するのは、それが計算された戦略ではなく、自然で率直なものとして見なされる場合だけだ。（第4章で、**率直さのジレンマ**として取り上げる。[14]）

独断的だが、好意と注目を評判の下位にグループ化しよう。この二つは、他人があなたをどう思っているかと関係があるからだ。愛されたい（または愛したい）、注目されたいという望みは、人間の基本的なゴールだ。注目は見知らぬ他人からのことも（名望）、近しい人たちからのこと（愛情表現）もある。アーサー・ミラーは『セールスマンの死』でウィリー・ローマンは「注目されることを必要とする」と書いている。ランドール・コリンズは、「社会的注目空間は少数の参加者のための余地しかなく、その中に自分の場を得るための暗黙の争いがある」と述べている。この空間で生成された感情エネルギーは、人間の基本的なゴールの一つであり、コリンズによれば抗議行動グループなどの複合プレイヤーだけでなく、単一プレイヤーにとっても力の源泉だ。[15]

注目は、栄光の影の薄いいとこだ。栄光は、今日の私たちにとっては理解しがたいゴールだ。政治リーダーは、後世の歴史家にどう判断されるかを気にするが、前近代のリーダーたちは現世の畏怖や威厳のほうをずっと重視していた。北米先住民の慣習ポトラッチで、リーダーは、自分の富を客をもてなす能力として誇示する。古代ローマでは、富者や権力者（両者は分かちがたい）は公共事業に資金を出し娯楽を提供したが、これは貧者を手なずけるだけでなく、自らの偉大さを高めるためだった（もっとも、現代人のシニカルな視点からすると、どうしても、政治的支持と人心安定が彼らの「真の」ゴールだったと勘ぐってしまう）。

評判に関するゴールがすべて賞賛に値するとは限らない。私たちは、しょっちゅう自分と他人を比較する。周囲から羨ましがられたいし、羨望を感じれば行動に駆られる。ソースタイン・ヴェブレンの有名な指摘に、所有物の獲得と人目を引く消費は、周囲に羨望と尊敬を引き起こしたいという私たちの願望のゆえだというものがある。私たちは、自分の成功を顕示するだけでなく、ときとして他人の成功は過小評価する。たいていは、権力者の失墜など他人の失敗に満足感を感じるだけだが、ときにはそれらを引き起こすために戦略的行動に走ることがある。純粋な悪意から他人を傷つけようとすることが許容されている社会もあるが、ほとんどの現代社会ではそうした行動は秘密にしようとする。(自分自身にすら隠そうとすることが少なくない。)

ゴールはすべてそうだが、評判の場合も関心の度合いが千差万別である。この点は、ゴールとしての評判そのものも、今後の行動の能力としての評判も変わらない。関心がさまざまな理由は、第一に類似のゴールに比して直面する聴衆の人数が多く、その各人の評価に注意しなければならないからだ。その上、特にどう評価されているかが気になる聴衆もいる。単一プレイヤーのあいだでは、評判をどの程度気にするかは個人の性格にもよる。企業の場合も、「ブランド」という形での評判に対する関心は、顧客が消費者か他企業かに大きく左右される(企業が顧客の場合、評判の源泉は別のところにある)。フォードやナイキやシェルといった企業は評判をひどく気にする。他社製品への鞍替えを振りかざす抗議行動に対して脆弱だ。圧力団体に、勝手にしろとは言えないからだ。

しばしば持ち出すジョークだが、男の行動は、昔の恋人や将来の恋人に自分を印象づけんがためのものがほとんどだ。昔の恋人にどう思われるか気になるし、将来の恋人に関してはそういう評判から官能的な満足を引き出したいからだ。だが、このために、別の種類のゴールが生まれる。

官能とつながりの感覚

直接的な身体的快楽、触覚などの感覚は幼少期から生涯続く。これらは、楽しむのに文化という荷物や認知プロセスはほとんど要らない――もっとも、それらは快楽を高めてはくれる。食べ物やセックスや視覚・聴覚的な好みは十人十色だが、これらの満足をまったく得られないなら、まったくもって剥奪された人間ということになる。苦痛は、おそらく快楽よりも強力だ。自分の身体を統制する能力、つまり人質にされず、拷問されず、強姦されないことは、最も基本的な人権である。健康で苦痛がないことは基本的なゴールであり、苦しんでいたり弱っていると、他のゴールは影が薄くなる。疲労、空腹、情欲は、諸事から抜きん出る。[16] ニーズの階層表で、身体はトップに位置する。

芸術など美のもたらす歓びは、幼児が味わい得る快楽とはずいぶん異なる。私たちの感覚を通じて得る多種多様な愉悦の中で最も崇高なものだ。すべての文化には、美とは何かというセンス、抽象的で昇華された世界の楽しみ方がある。美を理解するにはさまざまな認知作業が必要なことも多い。一部の人たちにとって、神の計画あるいは宇宙は究極の美である。

崇拝など、世界とのつながりの感覚は、さまざまな源泉から発する。集団に属しているとき、愛する人を得たとき、自分の居場所が見つかったとき、私たちは同様の拡大された感覚を得る。このような喜びは、直接身体的であるとは限らないが、**直接的で身体的なように**感じられる。愛着は、鼓動を高め、胸を熱くし、皮膚をぞくぞくさせる。それが引き起こす感情は非常に身体的に感じられる。

人間には連続感もある。連続感は、あらゆる生命と不思議な結びつきをしていると感じられるので、感覚的快楽の下位に分類しよう。この連続感ゆえに、人は自分亡き後も社会は存続し続けるとわかっている。自分が解雇されたら、代わりの人間が雇われることを知っている。離婚した相手が、別の伴侶を見つけるだろうこともわかっている。こうした連続感による理解は、常に喜ばしいとは限らないが、私たちに深く根ざしている。外の世界には独自の法則があり、私たちがいなくなっても存続することを知っている。死と永遠は、宗教儀式にあるように、私たちの臓腑を掴むなぞめいた概念だ。物語が満足感を与えるのは、一つには、この連続感ゆえだ。サミュエル・ベケットなら、「もうだめだ。だが、進まなくては」と言うところだ。この連続感は達成しがたいが、すべての宗教の中心的メッセージであり、ゴールであると思う。

帰属感はそれ自体がゴールだが、他のゴールにも影響を及ぼす。それらには、直接自分のためではなく集団のためのものもある（自分も利益を得る場合でさえ）。帰属集団が変わると、ゴールも変化する。別の集団に連帯感を感じるようになると、今までの集団からは離れる。階級連帯感がこのように遷移するのはよく知られており、戦略的に除外されてきた職業を取り込んだり、逆に排除したりする。家族という集団には、祖先や子孫も含まれる。構成員であるという満足感を超えて、組織の評判、快楽、掌握を望む。集合的アイデンティティは、私たちのあらゆるゴールを作り直すことさえある。

人は、社会的関係の崩壊を回避または修復することに一生懸命になる。社会的関係の崩壊は、おそらく戦略的脅威の最も頻繁に見られる形だ。ニール・スメルサーの試練の感覚には、この人間関係がとらえられている。「最も明白な試練は、失業、公民権剥奪、追放、除名のように、構成員（および報酬）が完全に切り離されたときにやってくる」。失業のように、減給や左遷に私たちがショックを受ける理由の一部は、収入が減るだけでなく、人間関係を変えるからであるとスメルサーは言う。[17]

他者の私たちに対する感情という視点から好意を評判の下位に置いたが、他者に対する私たちの好意は、ここで述べたような身体的願望（快楽も苦痛も）を伴うことがある。好意の性愛面にはよく当てはまるし、子どもに対する親の愛もそうだ。親に対する子どもの愛情はそうではない――たぶん、親に依存している幼い時期は別にして。彼らにとっては感覚的必要であり、私たちにとっては快楽（または苦痛）だ。子どもへの愛はたいてい、子どものために何をしてやれるかということだ。子どもが小さいときは保護し食べさせること、成長すれば子どものゴールや幸福の実現が重要になる。ジェシー・ジャクソン、フランソワ・ミッテラン、ジェシー・ヘルムズ、それぞれ立場のまったく異なる政治家だが、（臆面もなく離党し）露骨なやり方で、子ども（嫡出子もそうでない子も）に仕事、投資、コネを与える能力を実証した。

誰のゴールかのジレンマ ⇓　社会的つながりは重要な戦略的選択を提起する。ゴールはどのくらい包括的であるべきか。自分の個人的ゴールを満たすことを目指すべきか。家族のゴールについてはどうだろう。またコミュニティ、宗教、国家、仕事のゴール、人類全体または地球上の全生命体のゴールはどうなのか。ほとんどの人には重要な利害がいくつかあるが、それらは千差万別だ。バランスの取り方は個人の性格や文化によるところが大きいし、もちろん状況によって変わる。この種のトレードオフは、**チキンのジレンマ**、**信頼のジレンマ**、**囚人のジレンマ**など古典的な「社会的ジレンマ」ゲームにおいてゲーム理論の核心をなす。[18] ふつう想定されるのは、二つの可能性、すなわち個人にとっての狭義の合理性と集団に益する広義の合理性だけだ。しかし、集団といってもサイズはいろいろだ。（最も有名なゲーム、囚人のジレンマの中でさえ、囚人は、共犯者、他の囚人、自分の人種、自分の家族の評判、その他もろもろを、選択にあたって考えに入れるだろう)。すなわち、個人と一つの集団のあいだの単純なトレードオフは、このような多種多様な利害の広義のジレンマの特殊な事例なのだ。集団のゴールおよび集団の利害(と私たちが認識するもの)は、私たちの集団の構成要素としての意識の程度に応じて、私たちのゴールや利害となる。選択とは、単に個人のゴールか集合体のゴールかではなく、多数の潜在的集合体のゴールのバランスをとることなのだ[19]。

影響力

私たちにとって価値あるもののもう一つの基本的カテゴリーは、周囲の世界に影響を与える能力である。多くの場合、要点は評判や快楽を高めることに尽きるが、それはしばしば目的そのものとなる。ちょっとした一言が真に受けられるのは楽しい。イデオロギーに基づく青写真に沿って世界が作り直されるのも同じだ。世界を改良することは、一部の宗教では天国に上ることだが、この現世においても目的そのものとなる。

世界への影響力を持つという快楽の一部は、エージェンシー感覚、自己意識、目的、そして行動にある。この自己能力の感覚にはいくつかの要素がある。一つは**創造力**である。人は絶えず没頭できる新しいものを考え出す。新しい通信方法、新しい快楽、昔からの快楽の新しい楽しみ方、新しいシンボルや芸術作品、あらゆる種類の新しいプロジェクト、ストーリーやイメージを考案し他者に伝える純粋な能力である。戦略的行動には独特の技巧的快楽がある。**プロジェクト**は、このエージェンシー感覚のもう一つの側面だ。人間の寿命もおおよそ長さの見当がつく。だからプランが立てられる。短期間のプロジェクトもあれば、長い年月にわたるものもある。進み方を見るのは楽しい。プロジェクトでは、特定のゴールと、ときには手段が組み合わされる。三つめは**省察性**だ。聞き慣れない言葉だが、私たちは、いつもではないが、自分が何をしているかに注意を払い、楽しくない、あるいは求める結果が得られないと思えば変更するということだ。創造力と前進について考えてみよう。省察的モニタリングの一形態は自己にかかわっている。自分がどんな人間で、どんな人間になりたいかという感覚を持っている。この**アイデンティティ**感覚は複雑で、多くの源泉から発している。たとえば、個人のアイデンティティは、あらゆる種類の集合的アイデンティティに左右される。

能力を発揮して何をするかも重要だが、世界に対して影響する可能性も同様に重要だ。アマルティア・センは、人間が行動に関して気にかけることとして「能力」と「自由」をあげている。この二つは、手段であると同時に目的でもある。重要なのは、自分がそれをやれるということだ。たとえば、健康の維持、拷問や不当な監禁を受けない、もちろん働くこと、政治に参加することなどもそうだとセンは言う。それらの一部は、親しい人間関係を築けることなどの結果の中に包括されるが、すべてそれ自体が満足をもたらす。禁欲していても、セックス**を楽しむ能力がある**ということが重要なのだ。[20]

心理学では、統制は基本的な人間のニーズとして重視されてきた。フロイトにとっては、エージェンシーは人が追求する満足を得るための手段としての重要性しか持たなかったが、それ以後の精神分析学者は統制に独立したニーズを認めている。D・W・ウィニコットによれば、幼児は主観的全能を経験し、それは後に現実に直面して色あせるものの、世界との相互作用を形作る。ハインツ・コフートは、フロイト派の性的・攻撃欲動への伝統的関心に従うかわりに、創造性、機能的調和、内的能力や一貫性の中心性を研究した。人間の発達とは、人生の中で望みやゴールを拡大することだ。人は皆、「自分なりの行動プログラムを実現する」ために自己を形成する。[21] 統制の欲求は非常に強いため、たとえばサイコロの目やカードの出方を左右できると考えるなど、統制できない場合でさえできると想像することもしばしばだ。[22]

ゲーム自体が目的となることも、この統制に対する人間の関心という観点に立つと説明しやすい。フロー［訳注　心理学者のミハイ・チクセントミハイが提唱した、物事に熱中しているときの精神状態］や没頭の感覚は戦略的相互作用を引き起こし、ストレスもあるが大いなる満足をもたらす。工場の機械オペレーターは、自分の仕事はゲームで自分は経営者と遊んでいるんだと考えることで、仕事をおもしろくする。稼ぎを最大にしようとするのではなく、仕事のペースを統制し、それを上司ひいては時間管理コンサルタントに押しつけることが重要なのだ。[23] 戦略的相互作用は、すべて独自の満足（フラストレーションも）もたらす。それは、「目的」とされるものとは無関係だ。

知識と好奇心

最後の種類の人間のゴールは、私の提示した三部構成にうまく適合しない。知識、信条、知的活動は、第四のカテゴリーにしたほうがよいだろう。それらの背後の動機である好奇心は、物事がどのように展開するかを知る驚きを含むので、エージェンシーよりも気づきと関連が強い。レベルこそ違え、誰しも何かに興味を持っている。異国の文化や慣習を知ることに楽しみを見いだす人もいれば、物理法則の世界に分け入るのが楽しい人もいる。トランプのカードの出方に興味を抱く人もいれば、ソープオペラ『オール・マイ・チルドレン』の成り行き（エリカ・ケーンは、今度は誰と結婚するのだろう？）が知りたくてたまらない人もいる。選挙戦略、中傷合戦、投票結果に釘付けになる政治狂もいる。未知なるものの解明も、特に学究の世界において基本的ゴールの一つだ。しかし、**好奇心**という言葉は、表面的すぎるかもしれない。エドワード・シルズの真理に対する「認知的情熱」という表現のほうが、活動の潜在力を適切に表している。[24] もっとも、どう呼ぶにせよ、評判、官能、影響力ほどには、人を戦略的行動に引き込む力はないと思われる。

目標

私たちは基本的なゴールのほかに、目標を設定する。目標は、戦略的相互作用の一部として重要な中間ゴールと言える。ゲーム、あるいはその一回戦に勝つことなど、それ自体が満足をもたらす。それだけでなく、少なくとも潜在的に、他の長期的ゴールの実現に寄与する。金儲けがゴールという人もいるが、ほとんどの人にとっては、金儲けは他のゴール、たとえばBMWを手に入れる、カリスマシェフ、ジャン・ジョルジュ・ヴォンゲリヒテンのディナーを楽しむなど、に近づくための目標だ。戦争では特定の山の攻略や重要な戦闘に勝つことが、最終的な勝利につながる目標だ。

しかし、ゴールと目標の違いは相対的なもので、本質的な区別があるわけではない。目標は手に入った後は他のゴールに到達するための手段となる。ゴールと目標の違いは、戦略と戦術の違いのようなものだ。軍隊では、たとえば将軍は戦略を、それより下位の士官が戦術を担当するというふうに、戦略と戦術はランクによって割り当てられているから、容易に区別できる。任意の階層の中で、上位のものが戦略を、それより下位のものが戦略を成功させるために役立つ戦術を受け持つ。打つ手は、広義の戦略の中でのみ戦術となる。「ある人間の戦略は他の人間の戦術」なのだ。[25] クラウゼヴィッツが指摘したとおり、戦争に勝つことでさえ単なる目標、つまり繁栄、通商、あるいは平和といったより大きな政治的ゴールの下僕の場合がある。[26] 視座によって区別されるのだ。

すべての戦略は戦術または実行に細分される。ジョージ・ウィルは野球に関する著作で「スポーツは、目標という点では複雑ではない。だが、実行においては複雑でニュアンスに満ちている」と述べている。[27] スポーツでは、勝つためには「ゴール」を達成しなければならず、順位や得点だけが勝者を決する。実に単純であり、人間生活の他の多くの分野のメタファーとしては誤解を招きやすい。戦争でさえ、複数のゴールが絡む。ウィルが言うように、スポーツのゴールはシンプルで恣意的であり、すべての行動はゴールに至るためだ。見方によっては、戦略は常に実行にかかわるとも言える。

ゴールと同じく目標も、限定的であったりなかったりさまざまだ。ポーランド制圧は、世界征服の試みとは異なる。人質をとるのは、権力の駆け引きよりもずっと限定されている。際限のない目標を持つプレイヤーは、他のプレイヤーをおびえさせるのは必定だから、そのことを認めたがらない。しかし逆に、相手が限定的な目標で永遠に満足すると信じることも滅多にない。もっと大きな野望があるに違いないと疑う。ゴールにせよ目標にせよ一般的になるほど、納得できるように限定するのは難しくなる。離婚調停で、相手がもっと出せることがわかっているのにどうして5万ドルで満足しなければならないのか？　大半のゴールを実現するための手段として資源を獲得することは、特に満足するのが難しい目標だ。加えて、手段は目的を、目標はゴールを押しのける可能性がある。

汚い手のジレンマ　⇓　多くの手段は、価値ある目的を達成するための必要悪と見なされている。極端な例では、汚い手段はそれを使用するものを汚染すると思われている。たとえば、屠殺人や死刑執行人には烙印が押される。それゆえ、「汚れ仕事」には他人を雇い、自分の代わりをさせるのだ。内通者は、ふつう自身も犯罪の世界に属しており、犯罪との戦いにおける微妙な部分をなす（検察が内通者に法廷で証言させることが少ないのは、このためだ）。元ナチやバース党幹部でなければ知らない情報がある。汚れ仕事を自分でしなければならないときは、自分を二つの部分に分割しようとする。平日は退屈な仕事をしのび、週末はゆったり趣味に生きるのだ。あるいは、強制収容所の医師は、自らを「ナチそのもの」とは区別する。[28]逆に、最も高貴な目的が、悪魔と手を結んだ人間によってのみ達成できるということもある。破壊的なシステムの内側にいてこそ、それを打倒できる。モラルとしては純潔であるが無力なアウトサイダーにすぎないことと、どちらを選択すべきか。[29]ウェーバーなら、このジレンマを目的の合理性と価値の合理性のあいだの対立と言うだろう。

9・11事件は、**汚い手のジレンマ**にかかわる多くの選択を必要とした。数多くのアメリカの自由が、自由という名の下に、ひどく侵害されたのだ。すぐに思い出すのが、アルカイダの活動家たちが、さらなる攻撃計画について何か知っていると思われ、拘束されたことだ。西側の警察は、法律という枠によって被疑者にも礼儀を保つのが常だが、このような緊急時には情報を引き出すために、特にそれが人命を救うことにつながるのであれば、容疑者を拷問すべきだろうか。被告側弁護士アラン・ダーショウィッツは、これを「時限爆弾」シナリオと呼び、時限爆弾が仕掛けられた場合のような尋常でないケースでは、判事は限定的「拷問認可」を発行する権限を持つべきだと主張した。司法関係者の多くは、これを「滑りやすい坂＝危険な道」と見た。警察は、あまりにも簡単にこの坂を滑り降りるだろうというのだ。これは、多くのジレンマについての重要な観察である。いったん先例ができれば、**後戻りは難しい**。後戻りには急坂を上り返さねばならないのだ。

汚い手のジレンマの別の側面として、手段に注意が向きすぎると――たとえモラル的に中立な手段でも――ゴールが堕落したと見られることがある。急進派は穏健派を、ゴールが到達しやすくなるよう「骨抜きにしている」、つまり可能な手段にゴールを合わせていると厳しく非難する。社会学者マイケル・ヤングは、1830年代の急進的奴隷解放主義者について、彼らは「人種的憎悪を断固として認めないことへの感情的転換を通じて、アフリカ系アメリカ人に関する民衆の感情を広く恒久的に改革しようとした。ご都合主義は微塵もない」と述べている。[30] 手段は必ずしも汚いとは限らないが、ゴールから目を逸らさせてしまう。極端な例では、手段が目的になり、**魔法使いの弟子のジレンマ**となる（第4章）。

現代社会では、金銭は普遍的とも言える目標だ。功利主義的伝統が、モデルに数学的精密さを与えるための方法としてつけいったのだ。金を稼いで貯め込むことは、特に金持ちにとってはそれ自体が目的だが、ほとんどの人にとって、金銭は何かを買えるから価値がある。多くの、実に多くのゴールを達成するための手段なのだ。貨幣経済では、誰もが金銭を必要とする。同時に、ある種のものは「金では買えない」ことも私たちは知っている。さらに、お金はある種の価値、たとえば精神的単純さなどを積極的に堕落させる力が強い。お金に堕落させられなくても、注意を逸らされる。こうしてみると、お金は普遍的な価値の尺度としては機能していない。[31]

金銭の呪い ⇓ **金銭は、汚い手のジレンマ**の特殊なケースだ。貨幣経済では、どんな組織もお金を必要とする。学校、劇場、教会、病院、抗議団体、軍、そして個人も、生き続け、使命を果たすために資金が必要だ。しかし、合法的に、基本的に金儲けをするものとして認識される存在は、営利企業という一種類のプレイヤーだけだ。他のプレイヤーはすべて、金銭を追求するなら主な、または「真の」ゴールを見失うというリスクを背負っている。環境保護団体は、もっぱら資金集めしかしていないと見られるようになったら、支持者を失うだろう。お金にしか興味がない人間からは、家族も友人も離れていくだろう。芸術家でさえ、あまり儲けると汚名を付される（そして、金持ちのパトロンを気にかけていれば、自らの芸術を破滅させるだろう）。ふつう、お金は手段であって目的ではないと思われている。目的になったら、他の重要なゴールを押しのけてしまう。政治理論家のマイケル・ウァルザーが言うよう

に、「普遍的な欲望の仲介業者」なのだ。[32] これらの問題については、第4章で詳しく取り上げる。

社会構造の変革を望むものは、しばしば、この**金銭の呪い**のゆえに、**汚い手のジレンマ**に直面する。変革を実現するために、フェミニストは男性の持つ権力を必要とし、労働者階級は会社の資源を必要とする。革命派は、しばしば議会民主主義を必要とする。リスクは、既成制度を使用するとそれが強化され、自分の主要なゴールが弱体化することだ。例をあげよう。南アフリカで、ＨＩＶ感染を防ぐために女性の力を高めようとしている活動家は、地元のボスたち――活動家が覆したいと思っている家父長制そのもの――の力を借りなければならないことを実感する。[33]

ゴール間の関係

ソフトボールが趣味の友人によると、正選手、特に誰がピッチャーになるかをめぐって果てしない口論があるそうだ。多くの場合、口論に参加するのはあまりうまくない人間で、腕のいいメンバーは静観しているという。このような状況、つまりゲームのゴール――相手チームより高い得点を出すこと――が明白なときは、ゴールを達成するチャンスが最大の人間が選手になるべきだと、ふつうは考えそうだ。だが、それは甘いのだ。優秀なプレイヤーには親友がいて、その親友はあまり上手ではないのだが、親友を外すなら自分も出ないと優秀なプレイヤーが言うかもしれない。もっと根源的な部分で、このリーグのチームにはブロードウェイのショーのスポンサーが付いていて、隠されたゴールの一つは、仕事仲間の親睦を図ることかもしれない――つまり、才能はあってもアウトサイダーは後回しになる。要するに、勝つことがすべてではないのだ。

目的は相互に結びついており、その結びつき方は千差万別だ。すでに見てきたとおり、優先順位が付けられるゴールもある。または、経済の世界のように、金銭価値を付すことで、「売買」や「交換」ができるようになる。プラスの関係、すなわち一つの達成が他の達成につながる関係もある。もちろん、合理的な関係づけや比較ができないものもあり、私たちは複数のゴールを同時に追求するために自分自身のやり方を工夫する。金銭のように広義の目標は、多くのゴールの達成に役立つはずだが、この望みは、**汚い手のジレンマ**によって制限される。

ゴール相互の対立が生じる可能性は、個人プレイヤーの場合よりも複合プレイヤーの場合にずっと大きい。数を考えてみればすぐにわかることだ。各自が一〇個の主要ゴールを持っているとすると、百人から構成される集団の主要ゴールは千個にもなる。当然、重複も多いだろう。特に組織の明示的なミッションは構成員がプレイヤーとして協力することに合意する基盤となっているはずだから。彼らは、他のゴールを後回しにすることに合意している。だが、実際にそうするとは限らない。集合体にとってのゴールが二〇個に絞られたとしても、百人のメンバーがいれば、それらのランク付けのしかたは手に負えないほど膨大な数に上る。

経済学者マイケル・ポーターはビジネス戦略の分析において、ゴールとポリシーの整合性を評価する次のようないくつかの質問を提案している。内部整合性があるか？　これは、ゴール同士に矛盾がなく、ポリシーはそれらに対応しており、ポリシー同士に矛盾がないということだ。ゴールとポリシーは現実に、外的環境や会社の利用可能な資源と適合しているか？　従業員に伝わり、彼らが実践できるか？　たとえば、「コミットメントが確実になるよう、ゴールとポリシー、そして実践の中心となる人間の価値観が十分に合致しているか？」。この分析は、行動が脱線しないよう対処が必要なトレードオフを明らかにすることが主な狙いである。[34]

ゴールにはさまざまなレベルがあり、それらのあいだにはトレードオフがある。そのため、複数のゴールへの注意の配分のしかたを決める価値づけが必要になる。いずれ身体を引き締めたいが、差し当たってはジムに行くより家でテレビを見ていたい。自分自身に対処するための戦略も考案する。あるいは、私たちの一部分が、別の部分を強制するための戦略を練る。エアロビクスを楽しむためにジムでの自分の動きを周囲と比べ、帰宅の途中で自分への褒美にアイスクリームを買ったりする。

表面的な価値と「深い」価値、あるいは短期的ゴールと長期的ゴールがかみ合わず、衝突することがある。耽溺、性欲、それからある種の「強い感情」は、特に、達成の瞬間は満足しても、後で振り返ると間違っていたように感じる。エルスターをはじめとする合理主義者は、短期的ゴールと長期的ゴールのトレードオフを詳しく分析し、一定の合理性の欠如を見いだした。人は、トレードオフを減らすためにさまざまな策を講じる。たとえば、教育や習慣によって好みを変える。セクシーな同僚と一緒に泊まりがけの出張に行くなど、後で悔やみそうな状況は避ける。[35] 禁煙すると周囲に公言する。守れなかったら恥ずかしいから、がんばるだろうという目算がある。これから、こうした**今日か明日かのジレンマ**における行動を見ていこう。

ゴールが多種多様であることからも、人はふつう同時にたくさんのゲームをプレイしていることが明らかだ。金儲けのゲームは滅多に地位向上にはつながらないし（幾分は富が地位をもたらすが）、利他的な願望も満たされないだろう。もっとも、利益を別のゲームに投じることは可能だ。ジャンクボンド（高リスク高利回りの債券）がらみで有罪判決を受けたマイケル・ミルケンは、たぶん強欲という評判を打ち消そうとして、ビジネスの儲けを慈善活動に寄付した。このような葛藤では、別の聴衆から別の報酬を得たいと思う。ここに、個人が突然（または部分的に）チームを離れる理由がある。チームの集合的ゴールより個人的報酬が重要になるのだ。

ゴールを変更する

ゴールになるものは実に数多いから、優先順位を変更したり、注目するゴールを切り替えたり、どれかのために他のを犠牲にしたりもしばしばだ。ゴールの仕切り直しは、戦略の決定的に重要な部分である。よくある手の一つは、**他の**プレイヤーのゴールを、自分のゴールと（同じではなくても）整合するように変えようとすることだ。後の章で述べるが、私たちは他のプレイヤーに、彼らの隠れている真のゴールをはっきり示したり、あるいは彼らが優先順位を変更するのを手伝おうとする。ここでは、プレイヤーが**自分自身の**ゴールを変更するときに用いる、それほど明白ではないプロセスを取り上げる。戦略的行動において、個人も団体も同時に多数のゴールを追求する。ふつう、優先順位ははっきりしなかったり、変化したりする。ゴールとその関連事項は、それらを手に入れるための相互作用のあいだに——かつ、その結果として——変化する。ある種のゴールは、相互作用のあいだに阻止される。したがって、手に入れやすいものに集中するのが安全策だろう。ゴールは、機会と相互作用する。

ゴール変更のジレンマ ⇓ 一般にゴール到達のための正しい手段を見いだすことが戦略だとしたら、手段を探すかわりにゴールを変更——しばしば手段にゴールを適応させることで——すべきときは、どうやってそれと知るのだろうか。日和見主義になって以前のゴールは捨て、最初のゴールの追求に戦略的能力をムダに投入するよりも戦略的能力の増強を目指すこともできる。言い換えると、手段には固有の価値があり、私たちはそれを高めたいと望む。あるいは、ゴールを精巧にし、明白にし、解釈してみるかもしれない。そうするときは基本的ゴールへの忠実さは失わず、ただギャップを埋め、論理的な意味を引き出し、またはまったく新しいゴールとして「再解釈」するが、しばしばそうしているという事実は隠す。解釈学的プロセスは、手段と目的のあいだの重要な相互調整（「合理化」）を可能とする。

利得を増やすためにゴールを拡大したり、損失を減らすためにゴールを縮小することができる。たとえば、遊んでいる最中にいじめっ子に会ってしまったら、一瞬のうちに、叩かれないことが主なゴールに変わる。戦争で負けそうになったら、主な目標は生き延びることに縮小する。飢饉や強制収容所など過酷な状況では、ゴールは差し迫ったニーズのはるか後ろに追いやられる。攻めの戦略がうまくいかなかったら、

捨て身の防衛戦略に切り替える。状況が悪化することもある。セクハラ的な法律と闘っていたフランスのフェミニストは、大西洋の対岸で、アニタ・ヒルとクラレンス・トーマス［訳注　アメリカの連邦最高裁判事の候補となったクラレンス・トーマスに対する上院の承認を前に、アニタ・ヒルによるセクハラの告訴がなされ、衆目を集めた］がこれはアメリカのピューリタニズムが引き起こしたばかげた問題だという世間の疑念を強化したため、要求を大幅に縮小せざるを得なくなった。フェミニストの計画を全面的に進めるのは、突然にして非現実的になったのだ。[36]防御の観点からは、譲歩は持っているものを最大限に保持し、同時にもっと大きな損失を回避する方法だ。ゴールの階層に関するタマネギ・モデルが示すところとは異なり、単に過去の状況によるだけでなく、戦略的状況によってもさまざまなゴールが前面に押し出されてくる。

プラグマティストは明白なゴールを強く否定し、ゴールに関して意識的な言葉を発する以前にすでに行動に巻き込まれていると主張する。デューイが言うように、ゴールは活動の過程における里程標であって、目的でも始点でもない。[37]これは、はっきりした終点があり得点を集計できるゲームモデルへの良い警告だ。私たちは成り行きに従って新しいゴールを学ぶ。または明白にすることを学ぶと言ったほうが適切かもしれない。ルーチン行動でさえ、ときにはゴール、ひいては目的ある行動をもたらす。行動は、緊急のゴールによって針路が変わることもある。

教育のパラドックス ⇓　個人レベルでは、長期ゴールの変化はしばしば、教育や教養と結びついている。奥の深いレジャーを好むようになり、複雑な公共政策を追求するようになる。学ぶ過程で別の人間になるのだ。古い殻から押し出され、新しい器に引き入れられる。人員削減で会社を辞めた人がコンサルタント業に新しい道を見いだすようなものだ。[38] 教育を受けていない人に対して、教育への投資を納得させるのは困難だ。ゴールを変化させるという目的のための手段としての教育を評価できるのは、その目的を堪能できる人間、つまりゴールの変化による恩恵を受けた人間のみだ。音楽を学んだことのない、ベートーベンなんて全然おもしろくないという学生に、後期の四重奏は学ぶ価値があると説得できるだろうか。この学生は、他の人はなぜおもしろいと思うのだろうと好奇心を持つかもしれない。ただし、この「他の人」が尊敬できる人、専門バカではない人間ならばだ。彼らの嗜好を信用して、あるいは断れなくて、学ぶことになるかもしれない。教育は義務（社会的にであれ、法的にであれ）でなければならない。さもないと、ほとんどの人は見向きもしないだろう。ウィリアム・カウパーが『雑談（*Table Talk*）』で記しているとおり、

自由にはあまたの魅力があるが、
いかに満足していようと、奴隷には決して知り得ない

教育は長ければいいというものでもない。長いか短いかは、後で述べるとおり、単にトレードオフの問題だ。[39]

社会科学の古典的な「高まる期待」モデルは、ゴールとそれに到達するチャンスを明白に関連づける。アレクシス・ド・トクヴィルが主張したように、直感に反して、革命は状況が悪化しているときよりも改善しているときのほうが可能性が高い。「何らかの不正が糺されると他の不正にも注目が集まり、いっそう忌まわしいものに感じられる」[40]。願望は強くなるのがふつうだし、経済的利益にはそれに付随すると期待されるほどには政治的利益や地位の利益が伴わないかもしれない。さらに、ゴール追求のための新しい資源が得られる場合もある。

ゴール変更のジレンマを手段と目的の緊張関係として述べたが、プレイヤーのアイデンティティとゴールの拮抗という見方もできる。プレイヤーが変わらなくても、ゴールが変化することがある。企業は、ときにはまったく異なる業種の企業に変身する。財団は新しい慈善プログラムを始める。複合プレイヤーが方向を変えたとき、一部に離脱（正式な場合も非公式な場合もある）が生じるが、プレイヤーの公的アイデンティティは残る。個人も、気持ちが変わる。本当はカウンセリングを受けたかったのではなく離婚したいのだ、と気づく。私の場合も、フルタイムの大学の仕事をそれほど望んでいるわけではないことがわかった。リチャード・スコットに言わせると、このジレンマは、公的組織の二つの定義――特定のゴールに基づいたものと、公的構造に基づいたもの――の葛藤であり、どちらも変化する[41]。

複合プレイヤーにとって、ゴールは内的理由と外的理由の双方のため、新しいゴールが突出してくる。内的理由はたとえば新しいリーダーや組織再編だ。新しいゴールとプログラムでリーダーの無能力から注意を逸らしたり、新しいリーダーや派閥の地歩が固まり、内的問題が解決することがある。（ジョージ・ブッシュの2003年のイラク侵攻は、この双方を満たした）。生存が突然脅かされる危機など、外的状況がプレイヤーに新しい優先事項を強いることもある。プレイヤーは、所定のゴールと象徴的に結びつけて自分を他者と差異化し、そのことで自己の利益を増強することもある。ハワード・ディーンは、誰よりも平和を強く主張することで、２００３年の大統領選で民主党の最有力候補にのし上がった。明白なゴールによって抜きん出ることができたのだ。

現在のゴールがわかっていても、それを言明するかしないかを決めねばならない。自分の願望を他のプレイヤーに知らせることが役立つと思うこともあれば、秘密にしておくことが最上に感じられることもある。ブライアン・ハレットによれば、「一般に考えられているのとは違い、開戦を宣言する力は戦争を開始する力とはまったく別物だ。文章を作る力、文書に組み立てる力、非難を表現する力だ[42]」。言葉は行動だ。この例では、他者が理解できるようにゴールを定義することである。強いられた戦争なら開戦宣言は必要ない。宣言しないほうが利が大きい。しかし、多面的戦略の一つと思われるなら、その主旨を明確にすべき理由がある。開戦宣言によって、実際の戦争突入が回避できるかもしれない。終戦を発表することも、開戦が宣言されているから可能になる。しかし、正式な宣言は、事前に戦争のゴールを確定することになり、柔軟に目的を手段に合わせること、ゴールをその達成可能性にかなうよう調整するのを難しくする。ゴールを明言することで勝利の可能性が生まれる。だが、敗北の可能性も同じだ。その中間はない。双方が勝利を宣言することはできない。双方が結果に満足し、面目を失わずに後戻りする余地はない。もちろん、戦略的ゴールの公的言明は戦争宣言だけではない。離婚申請やサービス契約の署名も同じだ。周囲にダイエットするぞと宣言することも、戦略的ではないかもしれないが（周囲に助けてもらおうという気持ちがあれば、戦略的と言える）、ある種の行動を約束することになる。

ゴールを明確にすることで、あなたは自分のチームに責任を負うことになり、あなたの成功についてのチームの判断が方向付けされる。9・11事件後のアメリカ政府の政策は、達成できそうなゴールを見つけようとする努力を反映している。オサマ・ビン・ラディンを司法の場に引き出すのは、タリバン打倒に道を譲り、それから安定したアフガン政権を打ち立てることになり、それもイラク侵攻の陰に後退した。ジョージ・ブッシュは国内外に自分のプランを正当化しようとし、それに応じてイラク侵攻の理由は毎週のようにコロコロ変わった。注意深い目にこのゴールの変転は偽善に見えたが、ブッシュはついに、達成と言えるものに行き着いた。（そのあいだ、初期の対テロ闘争は、次の三つの陳腐な言葉に縮小した。2003年4月の新聞に載った政府広告で、国土安全保障長官トム・リッジはこう書いた。「『テロの脅威から自己防衛するのに、何かできることがあるのだろうか？』といぶかしく思われるかもしれないが、答えはこうである。ステップ1　緊急備品キットを確保する……ステップ2　家族の連絡法を決める……ステップ3　情報に注意する。[43]」）

明言のジレンマ　⇓　自分のゴールを明言することで、あなたのチームは自分たちが何に向かっているのかを知り、いつゴールが達成されたのかがわかる。ちょっとした逸脱も目につきやすくなる。他者との交渉もはかどるだろう。あなたの願望がどのような代償をもたらすか、彼らが判断できるからだ。一方、あなたのゴールは他者を怒らせるかもしれない。不意打ち行動のメリットも減る。あなたのゴールに脅威を感じたら、もちろん阻止しようとするだろう。ゴールは、それを追求している人間にもわかりにくいこともある。明言できるゴールは少数であり、したがって他者との交渉の対象となる（国際外交は、すべてのゴールや目標を明らかにできたら、ずっと簡単だろう）。隠れていたゴールが、折悪しく露呈し、相手が裏切られた、だまされたと感じるかもしれない。ゴールを明言したら、状況の変化に応じて変更することが難しくなるだろう。

ゴールが細かに定義されていればいるほど、その追求に使用できる手段は制約される。チャンスを活用するには、ときとしてゴールの切り替えが必要だ。チャンスが最大と思われるゴールに変更するのだ。願望を縮小したり拡大したりすることもある。狩猟採集社会は、この種の日和見主義に生きていた。獲物を追っていて、もっと新しい（つまり有望性の高い）足跡に出会ったら、新しいほうに鞍替えする。偶然、いいもの――たとえば薬草とか蜂蜜とか――を見つけたら、狩猟者から採集者に変身する。ゴールも手段も変化するので、多くの戦略的行動には一種の空虚さがあらわになる。これを私は空の芯と呼んでいる。この点、ほとんどの戦略モデルも同じで、戦略的であるとはどういうことか、特段何も教えてくれない。そういうわけで、アーヴィング・ゴフマンの著作のあらゆる戦略的手練手管や自己提示にもかかわらず、その中心に確たるゴールを持つ自己を見いだすことはできない。

明白なゴールは、敵に目標を提供するから、私たちの戦略的立場を弱くする。私たちが欲するものを、敵は阻止しようとするだろう。敵は、私たちの愛する人を人質にとるかもしれない。誘拐事件の身代金要求は、その文字通りの例だ。夫婦げんかの真っ最中に、相手の大事にしている花瓶を壁に投げつけてやると脅かしたら、それもまた身代金要求に等しい。私たちの愛する存在と敵が親しい場合は、もっと微妙だ。敵を傷つけると、私たちの愛する人も同時に傷つくことになるかもしれない。これらの極端な例の中間では、脅威は暗示的であるにすぎない。たとえば、徳川将軍は大名に対して、半年は首都で、残る半年は故郷で（妻と子どもは首都に残したまま）暮らすよう義務づけた。孫子にあるように、自軍にとって状況が思わしくないときは、「敵の愛するものを手に入れることだ。そうすれば敵は聞く耳を持つ」。ここでのポイントは、人でもモノでも、あなたにとって重要なものが、敵にとってはそれほど重要でないとき、敵はそれらを破壊するのにいっそう熱心になるということだ。この価値意識の差は、敵にとってメリットなのだ。

複合プレイヤーの場合、ゴールは特に複雑に絡まっている。グループ全体として何をすべきかについて、グループ内の個人や派閥が各自の意見を持ち、それらの相互作用が全体のポリシーを左右する。このため、ゴールの公表は、外部に意図を知らせるだけでなく、チーム全体を協働に向けて結集させる狙いもある。ゴールが公に確認された後も、不賛成の一派は独自のゴールを追求することが少なくない。全体の足並みが大きく乱れることになる。支配権を持つ派閥が変わると、プレイヤーのゴールも変化するだろう。

この考察をもう少しはっきりさせよう。ゴールは無限に変化できるわけではない。私たちはしばしばゴールに優先順位を付ける。基本になるのはふつう生存だ。加えて、ある面ではゴールはアリーナによって定まる。起業するのは金儲けのためだし、選挙に勝つことを目指して立候補するのだが、「ふつうは」とか「ある面では」という条件付きであることに注目する必要がある。自分の主張を通したいから公職選挙に出馬し（ラルフ・ネーダー）、家族を養うために会社を興すのかもしれない。基本的ゴールは、仮定事項としてモデルに組み込むよりも、実証的研究を通じて見定めるほうがよい。

行為と結果

ある種の行動は、結果の如何にかかわらず、それ自体が満足となる。たとえば、モラル行為、ウェーバーの「信条倫理」——行為は正しいか間違っているかのどちらかである義務論的カテゴリー——に該当する行為だ。私たちは、成長したらヒトラーのようになるだろう人でも、脳死状態の人でも、殺したりしない。(明らかに、このような原理原則が社会における全面的忠誠を見込めることは滅多にない)。

他の直接的な満足となる行動は、一般に「激情」に駆られてと思われるものだ。いつも意地悪するいじめっ子を、つい殴ってしまう。後で、もっといじめられることがわかっているのにだ(いじめっ子は懲りないから)。別居中の配偶者に無慈悲にも裁判を起こす。長い法廷闘争の後、どちらにも何も残らないことはわかっているのにだ。自国の名誉を保つために開戦を宣言する——自国の経済が破綻し、敗北が大きくなるのがわかっていてもだ。革命に加担する。謀反人は磔に処せられると知っていてもだ。ふつう、こうした行為は、感情的にもモラル的にも満足をもたらす。

第三の行動カテゴリーは、それ自体が喜びであって、手段に見えても実際にはその行動自体が目的だ。人は、毎日の活動から名声、喜び、成果を得ており、目的のための単なる手段であることはほとんどない。(禅は、この喜びを芸術にまで高めている)。しかし、ほとんどの学術モデルは、仕事と政治を、報酬を狙いとした手段的行動と見なしている。古典的なゲーム理論では、人間は行動そのものに喜びを感じることはなく、報酬という目的のために黙々と働く存在だ。これは、最も極端な快楽主義者というべきだ。夜のご馳走のために、一日中、おもしろくもない仕事をせっせとこなすというのだから。社会運動の政治プロセス理論では、排除されている人間にとっての主たる動機は政治の中に入ること、つまり権力の行使が主たる誘因であると仮定している（もっとも、権力を蓄財の手段と見なすこともできる）。同じように、国家関係論も、政府官僚はせっせと権力を蓄えるという原動力に動かされると見なしている。ジャーナリストのジェームズ・ファローズが、新しいメディアは政治を単なる競馬のように扱い、政治の「真の」意味を無視していると批判したとき、彼は外見の裏にある政治の「真実の」目的をとらえようとして、人間活動の一元的な見方を露呈した。[44]

ゲームにはまる楽しみは――結果とは反対に――、結果よりも（または結果に加えて）行為が重要だという例だろう。プレイし勝利する楽しみには、結果についての好奇心と達成感、そしてときには官能的悦楽が結びついている。（以前それを統制の感覚と結びつけたが、目的に関する私の図式とぴったりしないことは認める。）目新しさを好む気持ちも同様に、手段と目的を曖昧にする。合理的選択という視点からは、これは明らかに道理に反する結果だ。ジョン・エルスターが指摘するとおり、「いくつか選択した後では、ゴールの手持ちは最初よりも減っている[45]」。取引そのものが楽しみなら、たとえその日は結果が損であっても幸福感は得たはずだ。富や権力の分配に関する効果は別にして、活動における効用は部分的なものでしかない。

こうした満足できる行動の多くは、「長期的な」利害に反する場合、ふつう、コスト、または不合理と見られる。（モラル的要素が強い行動は、より賞賛され、ときとして「非合理的」と言われる。一方、明らかにもっと感情的な面が強いものは「不合理」だとして非難する。）しかし、これはしばしば、批評家が当事者の優先順位に賛成しない、または誤解しているということにすぎない。

基本的な価値の中には、私たちにとって非常に重要なため、他のあらゆるゴールに優先されるものもある。宗教的救済が、この例となる場合がある。殉教者は、自分の命を犠牲にすることもいとわない基本的価値を持っている。哲学者チャールズ・テイラーの言う「超越的善」である。超越的善は、文化的に認められた利害計算を頓挫させ、「それ」をかくも深く信じる者がいることを受け入れがたい敵を驚愕させる。このような信念は、長々とした計算をショートカットし、モラルに基づく直接的行動を起こさせる。

私たちに最も深く根ざした願望の多くは、形式的ゲームには適合しにくい。多くのゲーム理論家は、合理的選択理論は手段に当てはまるのであって、目的には当てはまらないと言うが、手段と目的を分離する意味がないこともある。誰でも、予想する楽しさや実現に伴う失望を知っている。実際、プロジェクトが人間中心のものであるほど、努力が重要だ。本を書いていることやヨットレースをしていることが、本能的な楽しみを与えてくれる。それに比べると、出版やゴールラインを超えることは、重要かもしれないしそうでないかもしれない。アラスデア・マッキンタイアは、本質的な楽しみのために追求する一群の行動――彼の呼び方では「プラクティス」――について、こう述べている。「社会的に制度化されたいかなる人間の協力行動の複雑で一貫した形態も、その活動形態に適切で、部分的にそれによって限定されもする優れた水準を達成しようとする過程においてその活動形式に内在的な善なるものを実現し、人間の達成力のすばらしさと、そこに含まれる目的と善なるものについての理解を培い、体系的に拡大される。」[46]。チェスや絵画が良い例だ。「目的」を理解するだけでは固有の楽しみは得られないし、その追求における人間の能力もとらえられない。

多くの行為／結果の問題は、誰もが直面する現在と未来のあいだのトレードオフを反映する。現在の千ドルは、十年後の千ドルよりも価値がある。インフレで目減りするかもしれないというほかに、十年後には生きていないかもしれないからだ。ある経済学者はこの点について、将来の不確かさのため、将来の価値は何パーセントか「割引」されると述べている。割引率の大小は、ある選択肢を現在より重要とし、他の選択肢を後で重要にする。（いくら貯金するかが、良い例だ）。現在良さそうな行動と後に良いと思われるだろう行動のあいだでも、同じトレードオフに直面する。有り金をはたいて訴訟を起こし別れた相手に復讐しようとして、十年後に貯金がゼロだったら後悔するだろう。しかし、復讐という現在の甘い蜜に、将来の快楽が大幅に割引になっても良いと思うかもしれない。

何が割引率を左右するのだろうか。あるものは未来と関係がある。余命、宿命論へのスタンス、真の危険への直面（戦争に巻き込まれる）、そのほかさまざまな事態が起きるだろう（遺産が転がり込むかもしれない）。現在のスタンスと関係する要素もある。これらは性格に織り込まれていることが多い。憤りや怒りの感じ方、文化の中での復讐の重要さ、どんな犠牲を払っても維持すべき名誉心、そのためには命も投げ出すという価値観。現在の行動がモラル面や感情面で重要であれば、遠い将来の結果を割引にしてもいいと思うだろう。このように、一つの行動が一種のゴールとなり、結果にかかわらずそれ自体満足をもたらすものとなる。これはまさに、「正しい」答えがないジレンマだ。

今日か明日かのジレンマ ⇓ 間近の目標を考えるのと遠いゴールを考えるのとでは、しばしば過程が異なる。その追求のための行動も同様だ。これは、経済学の古典的なジレンマだ。今日の楽しみは明日の喜びを台無しにするかもしれない、明白な例が貯蓄と投資、アリとキリギリスの寓話だ。だが、長期的な合理性が短期的合理性よりも優れていると実証することは不可能だ。単に、別物なのだ。短期は必ずしも「不合理」な時間枠とは限らない。直ちに得られる満足が、長期の無為に勝ることだってある。見方を変えて、短期はルーチン行動から構成されているとしよう。ジェームズ・マーチとハーバート・サイモンの「計画のグレシャムの法則」によれば、「ルーチンは計画を駆逐する」[47]。しかし、毎日のルーチンが、**正しい**結果をもたらすこともある。

個人も組織も、いつ短期的衝動に身を任せてよく、いつ（そしてどのくらい）自制すべきかについてルールを作って、このトレードオフのバランスをとっている。私たちのアイデンティティは、このルールに覆われている。一つには、過去の行動を自分という人間を判断する手がかりにしているからだ。しかし、ルールが強迫的に融通がきかなくなって、それ以上、どう短期と長期のゴールのバランスを調整するかの判断ができなくなるかもしれない。ケチになったり働き中毒になったりするかもしれない。第4章の**魔法使いの弟子のジレンマ**で述べるとおり、下僕であるべき手段が目的を押しのけるかもしれない[48]。

※

誰もが皆、チンギス・カンのように敵の馬を駆ることが最大の楽しみと思うわけではない。毎日を馬の背で過ごし、夜はテントで眠った人間に、ほかにどんな楽しみがあっただろう。人生を征服することに費やしたチンギス・カンだが、その孫フビライ（1215〜94）は、上都に夏の宮殿ザナドゥを建設し、祖父が集めた富を費消したことで有名だ。二人のゴールには天と地の違いがあった。

1951年に韓国から戻ったダグラス・マッカーサー将軍は、「勝利の代わりとなるものは何もない」と議会で述べた。しかし、勝利は常に定義しやすいとは限らない。多くの結果は、ゴール次第で成功だとも宣言できる。そしてゴールは、ふつう複数であり、変化する。プレイヤーのゴールがわからなければ戦略的行動を理解できないし、ましてその成否を判断することは不可能だ。これまで戦略的相互作用につながりそうな状況、さらに追求したいと思う柔軟性の高いゴールを多数見てきた。今度は、他者を操作する能力について見ていこう。ここでも、私たちは手段に適合するようゴールをしばしば修正するという点を忘れてはならない。

付録　願望をめぐる用語

私は、価値、動機、ゴールはほぼ同じもの、あるいは少なくとも密接な関連があると考える。もっとも、これらの違いについての哲学的議論は無尽蔵だ。これらは、人が人生で望み、可能ならば入手したいと思うものだ。すべての行動が特定のゴールを見据えているわけではないが、ほとんどの戦略的行動はゴールに動機づけられている。価値があり欲しいものという意味でのゴールではなくても、最終的にそのゴール到達を可能にするだろう短期的目標に動機づけられている。価値は人生で良いものとして定義される。私たちは良いものはたくさん持とうとする。ゴールは、価値あるものの具体的な体現であり、戦略的行動を通じて追求できる。政治権力に価値を置くなら、選挙で選ばれ高い地位を得ることは適切なゴールだ。動機と動機づけは、私たちをこれらのゴールや価値に向かう行動に駆り立てる。それらを得たいという願望がエネルギー源となる。

私には**ゴール**という用語が好ましい。語源は曖昧だが、古英語のもともとの用法も、たぶん、現代の意味とそう違わない。ゲーム場の中のラインや場所で、そこに到達することが得点になる。ゴールはまた、今日の多くのゲームにおいては、「得点」の別称だ。もっと一般化すると、明白なプラスの結果であり、私たちが到達しようと目指すものだ。ゴールに向かって進むことは、自分の基本的価値が機能できるようにすることだ。私たちは、それらの追求に理由を与えることができる。ゲームでは、全員がゴールに合意している。すべてのゴールが明確に定義されており合意されているわけではない（そして、文字通りのゲームを除くと、関係者のゴールは同じではないかもしれない）が、ゴールという用語は、行動の「目的」を表す最適な言葉だと思う。私たちは非公式のゴールも追求するが、ほとんどの戦略的アリーナはゴールと関連している。

動機や動機づけという表現は、ゴールという概念に新たな視点を与える（もっとも、私の辞書では、「ゴール」は「動機」の定義の一つだ）。ゴールが人を引き付けるとすれば、動機は人の背中を押す――外的な場合もあれば、内的な場合もある。動機は、フランス語やラテン語の動きを意味する言葉が語源で、フロイトの欲求と遠からずだ。人間の本質から生じている。自分自身でも気づかない動機を隠れた動機と言うが、ゴールについてはそうは言わない。ゴールは明白で、言明され、公的なもののこともある。ゴールは、動機よりも明示しやすいし適切に表現できる。情欲が動機なら、セックスはゴールだ。好奇心は動機で、知識はゴールだ。動機は、私たちのゴール追求には心理メカニズムが介入することに気づかせる。役者は自分の役柄の「動機づけ」について、あたかも悲劇的人物は高慢のような支配的衝動を持つべきであるかのように話すかもしれない。しかし、現実と虚構は別だ。芝居の役柄は、支配的特性（情欲、嫉妬、暴飲暴食）に駆り立てられていれば、より説得力があるしわかりやすい。現実の人間がそのような人物であることは滅多にない。もっとも、自分自身を戯画化している人はいる。私はゴールという表現に固執するが、人間は自分を行動に駆り立てるが往々にして表現しがたい曖昧な切迫感も抱いていることを認める。

「願望」は、内側と外側の仲介をする。私たちは、自分の内部に外部のモノやゴールに対する願望を感じる。何かを願望することは、願い、求め、渇望することだ。動機づけと同じく、願望は、ときに身体を通じて意思に反することをさせる。願望と比べると、ゴールは、しばしば相互作用のアリーナによる定義がはっきりしている。ゴールは行動の（潜在的な）終点としてより明白で、ゴールに到達した時点で消失する。極端な場合、願望は情欲などの「強い感情」であり、私たちを自分自身の意思とは別に突き動かしさえする。[49] **願望**は、内部の動機と外部のゴールという区別を融解するゆえに、最も一般的な用語だ。そして、まさにその理由ゆえに曖昧なものだ。[50]

利益という用語は、私たちにとって客観的に良い何か、気づいているか否かは別として私たちの「幸福」に寄与する何かを示す。もともと利益は、財産における法的な、そして後には金銭的な儲けをさした。動物にとっては、きちんと処遇されることに利益（interest）がある。たとえ、彼らはそのことに「興味（interested）がない」にしてもだ（この二つの用法には、言葉の進化が表れている）。利益は、行為者の視点を考慮することを避けたい構造主義者やゲーム理論家にとって有用だ。アナリストは、通常、人々の利害を本人以上に知っていると主張するが、疑わしい。

嗜好は、経済学者が好む用語で、行為者の視点を取り込んでいる。ふつう、想像できる選択肢の比較、最終的にはいくつかの可能性のランク付けを意味している。これは値段が、物によってはうまく機能する。同じ基準単位となるからだ。これが、経済学者に好まれる理由だ。物相互のトレードオフを記述でき、合算し、最大化について述べることも可能だ。しかし、多くのゴールは、きわめて不自然な方法を除けば、比較できない。

動機が曖昧だとすれば、「利益」も「嗜好」も客観性または明白性を強調しすぎる。**ゴール**は、私たちが望む結果のあいだの特定の相互関係を意味しない。きわめてランダムであり得る。一方、何かを嗜好することは他のものよりもそれを選ぶことだ。だがこの言葉は仮定が多すぎる。私のゴールのほとんどは、相互にまったく、またはほとんど関係しない。時間や金の配分など、ある種の状況ではそれらの中からの選択が必要になるが、そうでない場合もある。自分の娘に幸せになってほしいし、自分ではレクサスの新車が欲しい。複数のゴールを同時に追求できる。金を儲け、楽しい時を過ごし、仲間に自分を誇示し、民主党の勝利に貢献するなどだ。多くの場合、ゴールが整合性があるかないかという問いは無意味だ。私の基本的カテゴリー、評判、快楽、影響、そして知識からして、すでにさまざまなゴールがどれほど本質的に異なるかを示している。

これらの用語はすべて、ある種の実用性を持つ。特に、動機とゴール、推進するものと引っ張るものを考慮するときに役立つ。これらは、戦略的行動にも人間の自由にも決定的に重要だ。サルトルが言うように「理由、動機、そして目的は、その可能性に向かって自らを投企し、それらの可能性によって自らを定義する自由で活気ある意識の、分離しがたい三つの言葉」なのだ[51]。状況主義者は、動機づけもゴールもないルーチン行動を重視する、あるいは、双方を状況設定に縮減する。ちょうど、選択崇拝者がすべての行動を意図的と見るのと同じだ[52]。どちらも、他方の優れたパラダイムではない。

ゲーム理論家が計算を容易にするために認識するゴールを制限しすぎるとしたら、状況主義者はゴールをまったく認識しない。たとえばクリスチャン・スミスは、社会学者は動機づけに対する考慮を放棄したと批判した。しかし、彼は動機づけを道徳性に還元し、そしてもっと悪いことに、パーソンズの言う価値を道徳性のモデルとして復活させようとした[53]。動機づけはあまりに重要な問題であり、社会科学の雑で過剰な単純化では対処しきれないのだ。

第4章　能力

黄金は至高のもの。財宝となり、この世の望みをすべてかなえ、魂を天国に連れて行く。

⇓　クリストファー・コロンブス

［シェリー酒のおかげで］カッとほてると、たちまち五臓六腑から四肢五体まで駆けめぐり、顔にパッと火をともす、こいつは人間という小王国の各地方に「起《た》て」と命じる合図のかがり火だ、するとたちまち遠隔地の活力という平民たちや近郊の元気という小市民たちがこぞって御《おん》大将の心臓のもとへ馳《は》せ参じる、御大将もこう部下どもにとり巻かれると得意満面、意気揚々、どんな勇敢な行為でもやってのけるってわけだ。つまり、勇気の根源はシェリー酒にありだ。武芸だって酒がなけりゃあ無芸とおんなじだ、武器を動かすのは酒なんだから。学問だってそのままじゃあ悪魔が隠している金の山とおんなじだ、酒がそいつを掘り出して活用するまではな。⇓　シェイクスピア、ヘンリーⅣ世、第2部［小田島雄志訳『ヘンリー四世』白水Uブックス、1983より］

アメリカの公民権運動はモンゴメリー・バスボイコット事件が端緒となった。1955年12月1日、ローザ・パークスはかの有名な決心をした。NAACP（全米有色人地位向上協会）支部の書記だったパークスは、バスの中央部分で座席を譲ることを拒絶するとどうなるかわかっていた。この部分の座席はどちらの人種の専用ともされていないとはいえ、白人が立っていたら黒人は席を譲るものとされており、つい数週間前に拒んだアフリカ系アメリカ人女性が逮捕されたばかりだった。前年の春にも同じような事件が起こっていた。だが、地元の公民権運動の活動家たちは、静かな尊厳と申し分ない人柄のパークスが待望のテストケースになると見た。パークスをインタビューしたジャーナリストは、きっと彼女に共感するだろう[1]。

1955年当時、モンゴメリーの黒人コミュニティは貧しかった。だが、戦略的な言葉と行動によって、新たにモンゴメリー改善協会（MIA）を組織し、必要な資源集めが可能になっていた。一二ヶ月に及んだバスのボイコット運動に対して、白人権力側は、MIAが続々と手にした新しい資源の価値を減じる策に出た。まず警察は、ボイコット運動が頼りとしていた黒人タクシー・ドライバー（運賃を大幅割引していた）を、法定料金より安い運賃で営業したかどで逮捕すると脅しをかけた。MIAが相乗り通勤という手段を工夫すると、市側は車の運転手やボイコット運動のリーダーにでっち上げの罪を被せてきた。この市の動きをMIAは速やかに逆手にとった。公聴会には世界中から百人を超えるリポーターが詰めかけ、共感した全米の市民から寄付が寄せられた。この寄付を資金源にMIAが車を数台購入すると、市は無免許での公共交通営業だとして車を差し押さえた。MIAは最後の手段に出た。自分の足で歩くのだ。モンゴメリーのアフリカ系アメリカ人は、ほぼ全員、毎日歩いて通勤した。五週間後、彼らはついに勝利を手にした。

MIAが物的・金銭的な資源を引き付けることができたのは、一つには、二人のメンバーの人柄によるところが大きい。パークスは不平等の犠牲になったアメリカ人のシンボル、帰宅のバスで疲れた足を休めたかっただけの信心深いお針子だった。（パークスに席を譲るよう要求したのが男性だったため、世間の騎士道精神から騒ぎが大きくなったこともある）。もう一人は目立たない新人、MIAがリーダーに選んだ二六歳の牧師だった。マーティン・ルーサー・キング・ジュニアである。キング師は急速にスターダムに押し上げられ、ボイコット運動が勝利に終わるとタイムズ誌の表紙も飾った。彼は、アメリカ全国民の目に、礼儀正しいが断固とした公民権運動の精神そのものとして映った。

キングと同志たちは、いわゆる「倫理の魅力」を持っていた。その徳性、正義という大義、そして明らかに被害者であることが、全米の人々の心を動かした。こうしたさまざまな魅力が資源集めに活用できた。人柄や知的な戦略的選択が、初期の公民権運動に欠けていた具体的な資源に代わるものとなった——あるいはそれらを引き付けた。一方に物的資源、そして他方に魅力、スキル、知性が合わさると、戦略行動に必要な基本的能力が生じる。

行動の手段

戦略は、物理的資源を土台とするものと知力を土台にするものの二種類に分けられる。強制や支払いには資源が必要だ。説得は知力の一形態である。腕力も一種の資源だ、遊び場で身体が大きく強いことは有利だ。勝つために必要な資金があること、高性能の武器を備えた大軍を保有することも資源だ。「体重四五〇キログラムのゴリラは戦略を必要としない」と言ったのはスティーヴン・ケルマンだが、この場合の戦略とは慎重なプランまたは知力を指す[2]。つまり四五〇キログラムの肉体がないのなら頭を使うことだ。

おとぎ話では、小男が巨人を手玉にとり、新奇な不意打ち作戦で敵を驚かせ混乱させる。ダヴィデとゴリアテの戦いだ。ギリシア人にとってはオデュッセウスとアキレスである。古代スカンジナビアでは、知恵者オーディンと愚者トール（大地の息子）のうち、オーディンが戦神に選ばれる。少年同士ではこの区別は早くから始まる。小柄な子は、大柄な仲間からパンチを浴びないよう、利口者あるいはおどけものになる。ほとんどの場合、身体的資源——私の用語では力《パワー》——で上回るものが、勝利を得る。[3]

しかし、力は自己満足、ときには愚の温床にもなり、知恵やスキルを持つものがつけ込む隙ができる。ニーチェは言う。「力があると気持ちが添わなくなる……強さは愚者を作る」。これについて、ベント・フライヴビェルグは「理性的主張は、あまり影響力のない者が依然として持つ、数少ない力の一形態である。合理性は弱者の力の一部だ[4]」。ときとして知力が資源に勝ることがなければ、負け犬は永久に勝てない。小兵の軍は決して参戦せず、常にエリートが再生産され続けるだろう。資源と知力をジレンマと見ることもできるが、まず選択できることはない。持てるもの、引き付けられるものを使うまでだ。ナポレオンが認めたように、「軍が数において劣っているとき、騎馬も大砲も少ないとき、総力戦は避けるのが基本だ。数の少なさは迅速な動きで、大砲の不足は機動力で補う。そして、騎馬の少なさは陣の選択で補う。このような状況では、兵の士気が重要になる[5]」。

兵法の大家であった孫子は不意打ちと偽装に焦点を当て、クラウゼヴィッツは凶暴な力を重視した。この二人の考え方は、今なお東洋と西洋の戦争の形に受け継がれている。古代ギリシアの装甲兵以来、戦争の「西洋風スタイル」は圧倒的な兵力だったと、歴史家ヴィクター・ハンソンは言う。[6]ダグラス・マッカーサーのような偉大な指揮官でさえ、朝鮮戦争で中国軍が悟られることなく山岳地帯を尾根づたいに長距離行軍し、突如としてアメリカ軍と韓国軍の側方に現れたときは驚愕した。知の偽装に強大な軍は膠着を余儀なくされ、休戦状態が以来半世紀も続いている。

資源には汎用的なものもあれば、特定のアリーナや戦略にのみ役立つものもある。汎用的な資源として有名なのは金銭だ。売買の対象とされるほぼあらゆる物理的能力を入手可能にする。人間の性質についての知識は共有可能だが、アリーナのルールについての知識は伝えにくい。ほとんどの場合、**汎用的な能力は柔軟性を与え、特定の能力は効率を生み出す**。[7] たとえば、エドワード・ルトワクは、狭義の戦争技術と広義の戦争技術のあいだのトレードオフについて検討している。非常に特定的な武器は弱点をつき得るが、汎用的な資源はたいていそれを封じる。ルトワクは小型魚雷艇を例に引いている。この兵器は、百年前に、戦艦は喫水より上は堅固に装甲しているが水面下は無防備である点を衝いて考案された。しかし、戦艦には膨大な資源が搭載されており、その一部をこの新たな脅威への対処に割くことが可能だった。サーチライトで魚雷艇の接近を探知し、小口径の火器で攻撃し、鋼鉄製ネットを張って魚雷艇が船体から安全な距離で爆発するようにした。限定された資源、それにおそらく限定的なスキルは、短期的には大きなメリットを持ち得る。しかし、**長い目で見ると広大な資源に軍配が上がりやすい**。[8]

スキルも資源も、戦略的行動の開始以前にあったものと、行動中に（しばしば行動を通じて）手に入れたものという観点からの分類も可能だ。代表的な例として、どんな行動をとるかはどんな能力を持つかの認識によって輪郭が定まるし、そもそも戦略的行動を開始するか否かを決定することもある。離婚訴訟で弁護士を雇うのもカウンセリングに通うのも、お金がなければ手が出ない。利益を前進させるための抗議活動を組織化するために仕事をやめるのも経済基盤があってこそだ。[9] 資源やスキルが豊富であれば、行動プログラムを開始することが、たとえ「必要性」がそれほど大きくなくても、楽に感じられるのがふつうだ。資源というクッションは、行動がうまくいかなかったときの保護となり、**リスクのジレンマ**に陥るのを防ぐ働きもする。

資源とスキルという二種類の能力の分布は、戦略的相互作用の過程で変化する。経験を通じて新しい知識を獲得し、新しい資源を調達したり生産、または発明さえする。独創的な新しいスキルや資源の登場で、古いスキルや資源が廃れることもある。たとえば、戦車は騎兵にとってかわった（そして、塹壕は防衛手段としては時代遅れになった）。しかしほとんどの場合、戦略的相互作用そのものが能力の分布を再調整する。相互作用は、好意を求め、仲間を募り、あるいは敵の能力を把握する（最善策だ）ことによって、能力を動員しようとする努力をもたらす（人知よりも資源に端的に表れると認めざるを得ない）。

特定の資源やスキルが欠けていると、敵につけ込まれるおそれが生じる。多くの戦略は、こうした弱点を見つけ出して利用することだ。（もう一種類の重要な弱点は、戦略ミスが原因で生じる。これは必ずしも知力の欠落ではない）。

資源と知力の違いは実はそれほど確固たるものではない。ほとんどの資源は、活用するには能力が必要だ。能力がなければ宝の持ち腐れになる。高性能ジェット機も優秀なパイロットがいなければ無用の長物だ。逆に、スキルは頭の中に鎮座するものではない。行動に投入すべきもので、資源を必要とする。敵側面への展開作戦を実施するには、歩兵隊や機甲部隊や戦車隊が要る。資源と能力は、ある程度交換可能だ。資源を持つ者は、その資源を売って、必要なスキルを持つ者を雇用することができる。スキルを持つ者は、それを利用して必要な資源を蓄えられる。ＭＩＡがモンゴメリーで成し遂げたことを思い出してほしい。

資源と知力の違いは、現実の二つの側面の分析の違いという部分もあるが、それは一部分にすぎない。多くの戦略的動きは、どちらか一方により重心がかかっている。

資源や知力は、アリーナによる違いもある。スコット・ブールマンは、中国共産党の蜂起を古代囲碁の1922年バージョンとして分析し、ゲームは身体力または機敏性、戦略的選択、そして偶然性の影響を受けるという。しかし、囲碁やチェスなどのゲームでは、偶然性（トランプの場合）や身体力（テニスの場合）は出番がない。[10] 司法体系も同じく、偶然性と身体力を排除することを目指しているが、検察側の調査資源や被告側の弁護士雇用資源は千差万別であるため、目的は達せられていない。マックス・ウェーバーによると、起業家のあいだの競争ではふつう資源（資本）はスキルに勝つ。しかし、両方とも強さの源泉であるとは認識していた。[11] 標準的なゲームは、こうした点に制限を課すルールがあるため、一般的とは言えないのだ。

資源

資源は、戦略的相互作用で用いる道具であり原材料でもある。何かを実行する身体的能力も購入資金も資源だ。資源は、生活の物質的次元と関連がある。もちろん、文化的メッセージを伝え、他の次元に影響を与えもする。常態的な力の源泉が一つあるとするならば、それは資源であり、特に、力の基礎としてのエネルギーのメタファーを受け入れるならそうである。強制（直接的な身体的力）と金銭（必要な材料を購入する能力）も、共に資源の一種だ。キングスリー・デイヴィスは、かつて、一国の潜在的な軍事力および外交力は、国民の機能とその生産効率の積だと述べた。すなわち、国が生産できる物質的資源である[12]。

戦争では、人間そのものが資源であり、この点で馬や銃器と大差ないことも多い。意思決定者にとって単なる身体的能力にすぎないのだ。フットボールでフロントラインを守るように、兵を配置し攻撃させる。もちろん、失敗するかもしれない。この点もテクノロジーと同じだ。(兵の不成功率は、おそらくテクノロジーの失敗率と同じだ。兵士は、足が止まったり、逃げたりする。ライフル銃はときとして不発になる)。もちろん、これは理念的なイメージであり、指揮官は、兵士は抵抗や離脱の能力を持つ戦略的行為者でもあるという事実を見過ごしてしまう。**人間は資源のように扱える。だが、完全に資源のように行動することはない。**

消耗品のジレンマ ⇓ レベルを問わず、リーダーは追随者を資源と見るかプレイヤーと見るかで苦しむ。必要に応じて動員する身体力と見るべきか、それとも相互作用の相手となる戦略的行為者ととらえるべきか。これは、もちろん極端な二分論で、どちらか一方ということは、まずない。リーダーは、この二通りの視点のあいだで行きつ戻りつするだろう。生存兵はほとんどいないだろうことを知りつつ、勝つ見込みのない戦闘に次々と部隊を送り込む同じ将軍が、戦いを前に兵士を激励する。人間を資源として機械的に扱うと、彼らは単なる機械ではないことを思い知らされることになる。敵軍の兵士たちは大砲の餌食にすぎないと思うほうが楽だから、できるだけそう考える。彼らの戦略的選択を見くび

ると、ときとして足下をすくわれる。（逆に、敵の戦略的意識に訴えることで、敵兵が自軍のリーダーを見限るようしむけることもある）[13]。

消耗品のジレンマの一例が、戦争における興奮剤の使用だ。いわゆるシェイクスピアのサック酒［訳注 アルコール度の高い白葡萄酒］からアンフェタミンまで、第二次世界大戦以来の戦争では「兵士たち」、特にパイロットにふんだんに配られた。シェイクスピアはともかく、興奮剤はアルコールよりも効果的だ。アルコールは抑鬱作用があるだけでなく、運動協調を鈍らせるからだ。アンフェタミンは身体エネルギーを高めて攻撃的にするが、真の疲労を隠蔽するため決断を損なう。言い換えると、サック酒のように、デキストリンは使い捨ての兵には良いが、意思決定者には向かない。

選択可能な戦略とアリーナは、利用できる資源によって制限される。資源不足は、戦略的行動の開始、あるいは応答さえも阻むことがある。**かかわりのジレンマ**に陥るのだ。多くのアリーナでは、ゲームするためには所定の資源が必要だ。敵よりもある資源を多く持っている（たとえば、グループの軍資金は乏しいが、無償で助言してくれる弁護士がメンバーに加わっている）とき、手持ちの資源が最も価値を発揮するアリーナで相互作用すべく移動しようと試みるのは自然だ。資金力はあるがモラル面で説得力にかける企業は、公開の議論よりも、裏のロビー活動や、あからさまな賄賂でなくても選挙資金提供のほうを好む。

物理的機器も資源であるが、使用するには文化的意味やノウハウが必要だ。新しいファックスの操作マニュアルを読めるだけではだめで、効果的な文書を作成でき、送り先のファックス番号を知っており、何よりファックス連絡網ができていなければならない。集めた資金の使い道を知っていること、優秀な弁護士の雇い方を知っており、裁判で役立つ記録を付けていることも同じだ。資源は必要だが、それを使うためのノウハウもまた重要なのだ。

資源はシンボルでもある。赤の広場のミサイル・パレードはソ連の最新鋭軍事力の誇示であったし、サムライの刀は身分の証だった。法律事務所の図書室は象徴的存在としても役立っている。多くの資源は見せるためのものだ。実際、資源の最大の用途はおそらく威圧や保証であり、実際に使用されるのはこうした機能が失敗したときだけだ。戦車を保有することと、街頭に出動させることは別物だ（もっとも、発砲とは違って、街頭に出動させるのも誇示である）。バングラディシュの村で、人類学者ベス・ロイは、大勢の村人が剣と盾を手にしているさまに驚いた。ふつうは祖先が地元の領袖の戦士であったことの思い出として祭りに使用されるのだが、現実に対立が起こったときにも取り出されるのだった。[14]

新しい資源を発明しテストするには知力も必要だ。故障しない銃が欲しい、少なくともどのくらいの頻度で弾が出ないかを知りたいと思う。この問題について、米陸軍は1861年に最初の「試射場」を設けた。技術史は数々の大失敗で彩られている。たとえば、寒冷気候での動作試験のために戦車を特別な検査場で出入りさせたところ、低温では旋回できないことが実証された。新種の剖検証拠を法定に持ち出すときは、反対尋問で突っ込まれる弱点を知っておきたいと思うだろう（明かさないでおくか、それとも自分から持ち出すか）。

プレイヤーの身体的特徴も資源になることがある。子どものケンカでは、身体が大きいことは有利だ。海に囲まれた島国は隣国の侵略を受けにくい。自分または敵が実際にとることができる行動に影響するという点で、このようなメリットは資源になる。野球などのスポーツでも、せいぜい間接的なレベルだが、身体の大小は重要だ。通説によると、1927年のワールドシリーズで、伝説的なヤンキーズのウォーミングアップを見たパイレーツの「リトル・ポイズン」ウェイナーの口から、悲痛な叫びが漏れた。「なんと、どいつもこいつも大男じゃないか」。パイレーツは四試合ストレート負けした。身体のサイズは野球では決定的に重要ではない。ほとんどの屋外スポーツのアリーナでも同じだ。だが、スーパープレイヤーの神話にさらなる威光を添えることがある。複合プレイヤーの場合も同様だ。大企業が市場を独占し、大国は他国を威圧する。資源は、使用しないでも脅威となり得る。(資源の**潜在的**使用と**実際の**使用について検討すると、**かかわりのジレンマ**の問題に戻る。かかわりのリスクの一つは、資源、つまり指揮官の愛するピカピカの戦車や戦闘機が破壊されることだ)。

ほとんどの資源は、それが使用される相互作用の種類に特定的なものである。腕力は殴り合いには有利だが、口げんかでは役に立たない。最高のナイフも銃の前では無力だ。弁舌の立つ弁護士を雇う金があっても、弁護士なしの少額裁判所に提訴されたらどうしようもない。人類は、だんだんと暴力的要素の少ないアリーナでのかかわりへと移行してきた。一般に、多くのアリーナで、武力に代わって金銭が主要資源になった。現代世界の民主化の一部だ。コロンブスが考えたようにお金が天国への道をも開いてくれるとしたら、お金にできないことはないだろう。それはさておき、お金は優れた多目的資源である。だが万能ではない。これについては、**汚い手のジレンマ**で取り上げた。

資源は、それらが一方の側に偏っているときでも、ルールなどアリーナの他の要素と混同しないよう注意が必要だ。たとえば、ライバル他社が存在しなければ、市場独占は合法的だ。相続争いで男性は女性より有利なことがある。攻撃より防衛に適した地形もある。資源とルールの相互作用はさまざまだ。アメリカの刑事裁判では、人員も含めて、両サイドが決定的な捜査のための資源を持たず、互いにケチの付け合いになりそうなとき、陪審は合理的な疑いを理由に「無罪」評決を出さねばならない。一般に、へまは弁護側に有利に働く。資源は財産の一形態でもあり、現代社会は、信託、非営利法人、免税寄付など、ルール（法律）が蜘蛛の巣のようにびっしりと私財の使用や譲渡を縛っている。資源は、アリーナや文化的使用から価値を受け取るが、アリーナや意味と同じではない[15]。

戦車の例で見たように、資源を持つこと（構造的要素）と、それを誇示すること（威嚇のような戦略的選択）、そして実際に所期の目的に使用すること（強制的行動）は同じではない。実際の使用は、人間を身体的次元に還元することがある。銃器で殺したり、薬品で身動きできなくすることができる。この考え方は、アンソニー・ギデンズがこの種の資源が「なんであるかは、このような現象が資源になるという事実に影響しない……構造化のプロセスに組み入れられてはじめて「影響するのである」」と述べたとき、このことを言っていたのだ[16]。つまり、資源としての価値は、それらがどのように使用され、理解されるかに依存するのだ。

最初に資源がどう分配されているかが戦略的行動を左右するが、戦略的行動の大部分は適切な資源の収集である。腕時計、テープレコーダー、盗聴器、航空会社、中性子爆弾、何であれ必要と思われるありとあらゆるものを調達する。手紙作戦にファックスが必要なら、ファックス購入のための資金集めをする。最終的に、金があれば必要な物理的能力は手に入る。そしてお金を無尽蔵に持つ人間はいない。政府でさえ徴税能力には限界がある。政府も、資源を動員するためには私たちと同じ戦略的道具を使う必要がある。

言葉による説得、連帯感に頼る、敵を悪者にする、約束と脅かし、などだ。フランクリン・ローズベルト大統領は、全米に第二次世界大戦参戦の気運を舞い上がらせるため、これらのすべてを動員した。だが成功したのは、ようやく真珠湾攻撃に対する感情的応答が起こった後だった。

資源を増やそうとするときは、敵の資源を減らそうともする。直接的な破壊も一つの方法だが、敵から取り上げて自分で利用するのがより上策だ。もっと間接的な策は、敵の資源の価値を低下させることだ。たとえば、敵国の通貨を偽造してインフレを起こし、価値切り下げや政情不安を生み出すことは、一般的な戦時戦術だ。アメリカは、この戦術を1991年にサダム・フセインに対して使用した。十年後にはタリバーン政権に対しても用いている。第二次世界大戦中は、ナチがイギリスに対してこの策を講じようとした。強制収容所の偽金作りにポンド札を偽造させたが、噂では本物よりずっと完璧な仕上がりだった。

焦土戦術のジレンマ ⇓ 敵に没収されるかもしれないが、奪われなければ自分で利用できる、そのような資源を破壊すべきか保全すべきか？　これが、**焦土戦術のジレンマ**だ。選択は明らかに、敵と自分のどちらが資源を掌握する可能性が高いか、そして敵と自分はその掌握権によって何ができるかに左右される。資源は、チームにとって決定的に重要かもしれないし、なくてもなんとかなるものかもしれない。（これは、**ホームグラウンドのジレンマ**の一部で、**今日か明日かのジレンマ**とも重複する）。

ガチョウのジレンマ ⇓ 資源の流れの制御（**焦土戦術のジレンマ**のような差し迫って没収されるお

それがない場合）は、**ガチョウのジレンマ**を生む（金の卵を抱いたガチョウのエピソードに由来）。短期的な利益のために資源を利用しすぎて途中で台無しにしてしまうこともあろう。あるいは、永久にフローを維持するために育成することもできる。歴史家ウィリアム・マックニールが言うように、「文明の歴史のごく初期に、周到な侵略者が征服者となった……［つまり］彼らは、収穫のすべてを取り上げるのではなく、一部は農民に残すことを学んだのだ[17]」。彼らは明らかに、この寛容な選択をいっそう魅力的にする社会統制のテクニックを発見したのだ。

資源で有利に立つことは、互いのかかわりの結果、両サイドの損失がほぼ等しいとき、いわゆる**消耗戦**に勝つためには決定的に重要である。損失の補充能力が長く続くほうが勝利を得る。資源が潤沢にあれば、個々の戦いで敵よりも多くを失っても耐えられる。南北戦争でユリシーズ・グラント将軍はこの戦法で勝利を得た。経営者は、労働者より損失に耐えられる場合、しばしばストライキを消耗戦に持ち込む[18]。

長期にわたる下位レベルの対立では、勝利を手にするのは資源が豊富なほうではなく、相互作用を毎日の生活により完全に組み込めたほうだ。ベトナム戦争では、米軍は資源では勝っていたが、ベトナム解放戦線側は戦いを生活の一部とすることで長い戦いにも耐えられた。もちろん、人間を資源と見なせば、米軍ははるかに数で劣っていた（米軍はベトナム国民のほとんどすべてを敵に回していた）。保守派のランボーが言うとおり、アメリカは本当の消耗戦、一人の命を一人で購うことはしたくなかったのだ。

これまで、プレイヤーを戦略的行動にかかわらせる上で有用な資源について取り上げてきたが、資源は一種の身代金、すなわち他者に自分の望み通りに動いてもらうための報酬としても使用できる。他者の願望する何か――第3章で取り上げた満足の源泉となるもの――を統制できれば、強い影響力を持つことになる。報酬を支払うことも、子どもを助けることも、好意や賞賛を差し控えることもできる。プレイヤーが持つあらゆるゴールに関して、他者は対応する誘因をオファーできる。資源とは、物理的誘因に絞るべきだと思う。家族への援助のようなそれ以外のものは、戦略的行動だ。

魔法使いの弟子のジレンマ ⇓ 資源とスキルが必要だが、その力の源泉は何をすればどうなるかを知っていることから生まれる。習熟した行動からはなじみの結果が予想される。建設事業を遅らせるには、訴訟を起こせばいいし、建物を爆破するにはジェット燃料と農薬にトラックがあればいいと知っているとしよう。だが、自分に利用できる手段に頼りすぎるようになると、手段が目的を規定し始める。つまり、追求する目的は、手持ちの手段で得られる範囲のものとなる。手段についてのビジョンも狭まる。他の行動経路、ちょっと余分に努力すれば得られるかもしれない他の手段についてはあまり考えなくなり、自分の知っているものにしがみつく。自慢の偵察衛星があるから地上の情報提供者を使わなくなる。エキスパートを使うのが一例だ。弁護士を雇うと、彼らは自分が精通している法廷戦略を押しつけてくる。それは最も効果的な戦略とは限らない。『魔法使いの弟子』の寓話に戻ると、道具に力があるからといって、それを常に統制できるとは限らないのだ。

手段は、できることを絞り込むだけでなく、しばしば**目的そのものとなる**。自分の資源を守り、技術を開発し、あるいは組織を拡大しようとする——ハイデッガー以来、これは「道具的理由」の勝利として批判されてきた。(この第二バージョンとして、**魔法使いの弟子のジレンマ**は、**ゴール変更のジレンマ**のバリエーションである)。一つには、手段は成功のシンボルとしての価値を持つことがある。[19] また、戦略的行為者の中に統合されたとき、手段は文字通り支配的となる。たとえば、文民リーダーは、地位を維持するために軍に立ち向かうとき重大なリスクを負っている。[20] 軍備強化が他国に脅威となり、自国の安全がかえってぐらつくなど、手段への投資が追求したいゴールを損なうこともある。政治学者バリー・ブザンは、これを「防衛のジレンマ」と呼んでいる。[21]

もう一つの可能性は、あなたのチームはあなたが彼らに求めるだけの努力をゲームに注がないかもしれないことだ。これは、主役と実行者の問題で、「自分でやるジレンマ」とも言える。自分ですべてをこなすことはできないが、プランを実行するため他人を雇ったり説得するとき、統制の一部は失われる。自分のチームの監視と統制に、より多くの資源を振り向ける必要が出てくるのだ。

複合チームの場合、資源は決して直接的能力ではない。資源の利用にかかわる調整という難題に加えて、統制という問題がある。全体としてのチームが統制することは滅多にない。統制するのはサブユニットだ。多くの場合、資源の統制は新たな対立——内部対立——のアリーナとなる。個々の兵士が自分のライフルを、教師が自分のクラスを管理する。これは、「資源」つまり「素材」を引き渡すもう一つの方法だ。

知力

知力にはさまざまな形態がある。**戦略的**知力は、勝てる策を編み出し、敵を驚愕させ罠にかけ、第三者を味方にする能力だ。**エキスパート**の知力は、周囲の世界についての知識、科学的観測に基づく知識から構成される。こうした知力はふつう資源で買える。エキスパートの仕事の一部は、情報や出来事を役立つように分類し、何が最も関連があるかを見極めることだ。第三の形、自分の内的感性を**表現**する、または他者の内的感性に感情移入する能力は、しばしば、特に他者の説得において戦略的成功に貢献する。これらの三つはすべて、**組織化**の知力に貢献し、それは資源の効率的利用に役立ち、同じことをしても他者より多くを引き出すことを可能とする。資源の処理能力が高いことは「資源が豊富なこと」とはまったく意味が異なる。むしろ逆に近い。少ない資源でやり遂げる、持てるもので多くを成し遂げることを意味する。追随者を結集すること、ボランティアを集めること、他者を「動機づける」こと――キング牧師が備えていた魅力だ――は重要なスキルだ。資源が豊富なプレイヤー、たとえば体重四五〇キログラムのゴリラは、魅力的である必要はない。他の知力の形、たとえば数学や音楽の才能や心を打つ詩歌を生み出す能力は、戦略との関連性は曖昧になる。（軍隊では、知力《インテリジェンス》は単なる情報を意味する）。

そのほか、これらの知力の形から派生したと思われるスキルがある。一つは**感情移入**、他者の視点に立つ能力で、他人がどう思い、感じ、行動するかを予想するときに非常に役立つ。これと関連するスキルが、しばしば多種の情報源からのタイプや性質が異なる**情報を処理する**能力だ。多くの関連情報は、漠然としており基準もなく、処理しにくい。これらのスキルは相まって、**ミスを回避する**能力を高める。それから

創造力、つまり敵の予想をかわしたり、より効果的な手法を考案する能力もある。他者を説得する**弁舌の力**は、感情移入、創造力、情報処理の結果の面もあり、重要な戦略的知力の一つだ。

もっぱら体力を崇める戦士の文化をはじめ、資源が豊富な状況の多くにおいては、知力の能力としての価値は疑問視される。知将オデュッセウスは兵の人気が高くなかったが、重大事（辛辣なフィロクテテスをなだめて軍に復帰させるなど）には嫌な仕事をやり遂げられる唯一の人間として、皆彼を頼りとした。現代の組織も似たようなものだ。ロバート・ジャッカルによると、「優秀だという評価は、経営者評の中で最もダメージが大きい。このような評価があるということは、その人物が自分は知的だと公然と認めているということであり、他者には脅威として受け取られる」[22]。ウェズリー・クラーク［訳注　元NATO最高司令官］に対する同僚の将軍たちの評価も同じで、頭が良すぎると言うのだった。才気あふれるプレイヤーは、しばしばチームを乱す。チームから離れて自己のゴールを追求するのではないかという不安が、メンバーのあいだに生じるのだ。

ビジネスの例でも、知力についての疑念は単に腕力嗜好に基づくものではないことが明らかだ。多くの文化は、知力が基本的な人間の忠誠心をむしばみ、離脱させやすくすることを認めている。いつも計算している人間、いつも新しい方法を追っている人間は、信用できないと思われる。もしかすると、新しい仲間やパートナーを探しているかもしれないからだ。利口な人間の行動は、統制したり調整することが難しそうに思われる。（次の節では、仲間の中での望ましい二つの特質、善良な意図と最後まで従う能力、を取り上げる。切れる人間は後者に秀でている）。マキャベリは警告した。「自分以外の人間に権力を与えた人間は自滅する。なぜなら、彼が権力を得たのは狡猾さか腕力かであって、どちらも、権力を得た人間には疑わしく思われるからだ。[23]」

スキルを持つ者がすぐに離脱しないときでも、特定のスキルには——特定の資源と同じく——独自の論理がある。それらは私たちに何らかの快挙を成し遂げさせるゆえに強みだ。だが**魔法使いの弟子のジレンマ**で見たように、これらの論理は、それらにとらわれなければ追求したであろう戦略的論理と衝突することがある。

個人の能力

欲しいものを手に入れるのが他人よりうまい人がいる。何が違うのだろう。アーヴィング・ゴフマンは、対面状況での戦略的相互作用において役立つ特性をリストしている。感情の自己統制、知力の自己統制、そして情報を手に入れるための仕組みに関するテクニカルな知識である。[24]感情を統制できれば、うかつに情報を漏らしてしまうことがないし、見せかけの感情で尋問者や観察者を誘導することもできる。知力を統制できれば、過去の証言と矛盾する発言をして嘘を見抜かれずにすむ。しかし、戦略的相互作用で役立つ特性は、知識と自己統制のほかに数多くある。

一部の人が望みのものを手に入れられるのはなぜかについて、しばしば魅力という曖昧な性質があげられる。(**カリスマ**という社会学用語も同じ性質を表し、同じく曖昧だ[25])。このような性質を備えた人は、要求を明確にすることなくして、周囲の人間に行動を変化させることができるのかもしれない。多岐にわたる文化的価値をうまく引き出したり、あるいは他者の想像力をつかむ。彼らは、周囲の人間が自分もそうありたいと思う人間だ。1527年、カスティリオーネは理想の廷臣について次のように述べている。「生まれつき才能に恵まれ、人柄良く、容貌も美しい。そしてそれだけでなく、初対面のときから周囲に気だての良い愛嬌のある人物だと思わせる「雰囲気」を備えていること。」[26]ゴフマンは、「てらいのなさ」とは「人前で内気になる性向を抑え隠す能力」だと言う。これもまた循環表現だ。[27]

人間的魅力の要素は何だろう。一つは**身体的魅力**だ。視覚的に好ましい人には、何であれともかく注意が集中する（力のある目は特に重要だ）。[28]**声**の音色、大きさ、響き具合も重要な要素だ。つい耳を傾けてしまう声を持つ人がいる。**身を入れ、誠実であること**も魅力の要素だ。誰しも親身に気にかけてくれ、好意を持ってくれ、理解してくれる人と一緒にいたいと思う。身を乗り出して、目を合わせ、真剣に話を聞いてくれる相手だ。もちろん、逆のかかわり方も、ときには有効だ。茫漠としていたり距離を置く姿勢は一種の白紙状態を作り、自分の夢想を投影する余地が生まれる。ウィットは好感を増すこともあるが、相手（または自分）のモラル的意図を損なうこともある。率直さや誠実さは、物事を成し遂げるのに徳性の魅力が中心にある人には効果的だろう（上述した、知性に対する疑念を思い出してほしい）。

さらに、デール・カーネギーの『あなたを好きにさせる六つの方法』は次のように記す。「心から相手に興味を持つこと。微笑み。名前はその人物にとって耳に最も心地よく響く重要な言葉であることを忘れないこと。良い聞き手になること。相手の興味のあることを話すこと。相手に自分は重要人物だと感じさせること——そして、真剣にそうすること」[29]。戦略的メリットという目的から人に好かれようとするとき、明らかに誠実さは問題である。

誠実さのジレンマ ⇓ 見かけは重要だ。人好きがする、有能、信頼できる（あるいは、情け容赦ない、暴力的、無能）など、ある種の評判を打ち立てたいとしよう。だが、必ずしもそのように行動したり、そうある必要はない。適切なＰＲによって、他者の認知と期待を形成することができる。ときには鎧を脱いで別の面を見せることが、驚くほどの効果を上げる。迷いから覚めたラ・ロシュフコー［訳注 17世紀フランスの貴族、モラリスト。『箴言集』で有名］が言っているように、「真の切れ者は、生涯を通じて陰謀を画策しないフリをする。本当に特別な場合や大きな目的のためにとっておく」。しかし、ふつうは、自分を正しく表している評判であれば、維持するほうが容易だ。ＰＲの労力が少なくてすむからだ。[30]

関連するジレンマは、戦略的意図と善なる意図との対立である。この二つは一般に食い違うものと見られている。伝説的な編集者ダグ・ミッチェルは、自分の仕事についてこう述べている。「編集者に必要なのは友情の才、キャリアと知的労働を私に委ねてくれる人との信頼の絆を築く才能だ。自分の利益のために利用しようという気持ちは、相手に見破られる。絆は、それ自体、会話を実りあるものとし良書を上梓する名誉のためだ……ただ相手をいい気持ちにするために、お世辞を言ったり、卑屈になったりしない。[31]」編集者は著者に本を書いてもらう必要がある。だが、戦略的操作は彼の魅力を台無しにする。相手が自分のしたことに心底身震いしたというよりは、戦略的に辱めようとしたのだと思ったとき、身がすくむような恥が激しい怒りに変わることを思い出そう。

本当に魅力ある人々は、たぶん、あまり戦略的な行動はしない。魅力を戦略的に「利用する」ことを拒否するだろう。(これは、**かかわりのジレンマ**のもう一つの問題である。戦略的行動を始めることは、善意のような、それを行う能力を損なうことにもなる)。「悪い」評判は、**誠実さのジレンマ**の第一の面を提起するにとどまる。評判のとおりに悪い必要はない。あからさまに戦略的な人間は、あまり魅力的ではない。魅力の要素の一つはしばしば内気さ、他人の生活に干渉したくない気持ち、彼らに対する好奇心、そして彼らをあるがままにしておくことへの関心だ。何かを欲しがっていると見えればそれだけ、個性の一部としての魅力ではなく、何らかの目的のために魅力を発揮**しようとしている**ことになり、魅力を損なう。魅力は、攻撃的であったり目的指向的でありすぎてはならない。頻繁には戦略的に使えない。魅力をまったく意識しないときに最大の魅力が発揮されるものだ。もっとも、それは魅力を戦略的に使うことができないということでもあるが。たぶん、相手を特定の仕事にかかわらせようとするよりも、自分の情熱を周囲に伝わらせ、自分の計画に周囲を巻き込むほうが良策だ。それでも、残念ながら、精力的に戦略的な人々のほうが、魅力が乏しくても欲しいものを手に入れることが多い。

魅力のジレンマ ⇓ 一点の曇りもない善意は魅力の一部だが、戦略的効果という点ではマイナスとなることがある。つまるところ、無垢と権力のあいだの緊張関係が伝説と芸術の必須の要素だ。非常に魅力的な人たちは、ふつう、他者が何を望んでいるかを気にし、彼らのゴール達成を手助けする。自分

のゴールは達成されなくなる可能性も出てくる。しかし、自分自身の目的を重視すればするほど、その人の魅力や説得力は小さくなる。感じの良い人と思われたがっているのはわかるが、下心があるのではと勘ぐってしまう、そんな人がいる。戦略的な意識を持つ人間にとって、難しいバランス調節だ。[32]

受け身かつ攻撃的な人は、魅力のジレンマに引き裂かれる。他人と戦略的にかかわるが（攻撃的部分）、かかわらないこと（受け身の部分）の魅力を維持しようとして、これを隠そうとする。戦略的意図を隠すために魅力が使える限りは、彼らは、受け身で攻撃的と見られないですむ。しかし、そう見られるやいなや、魅力の上塗りははがれる。

多くの文化には、魅力のジレンマの内的側面と外的側面の対立関係を指す言葉があり、**かかわりのジレンマ**と関連している。イスラムの**ジハド**は、内的な自己統制も攻撃的な聖戦も意味する。**スワラジ**というヒンドゥー語は自治という意味だが、自己統制と国の自治の双方を表す。このジレンマは、受け身と攻撃のどちらか一方、あるいはその組み合わせの選択を迫る。

ゴールが共通であることを相手に納得させられれば、魅力を使う必要はない。利害が一致しているなら、あなたが全然魅力的でなくてもあなたに我慢するだろう。「呉越同舟」というわけだ。しかし、魅力的なことの一部は、共通の利害やアイデンティティ、絆の感じを生み出すことだ。

魅力に欠ける人は、プロジェクトで他者のかかわりを得るのが難しくなる。不安を感じさせる人（隠れた動機や隠していることがあるのではと思わせたり、率直さを欠いている）、気に障る体質を持つ人（ラスプーチンの脂っぽい髪や体臭のように、オーラの一部になっていることもある)、罪悪感を感じさせる人、こうした人たちはふつう、彼らの戦略的プロジェクトに他者を巻き込む能力が小さい。

しかし、魅力の対極が効果的なこともある。たとえば、畏怖や恐怖を与えたいときだ。ほとんどの人、特に中流階級の人間がなじんでいる相手は、自分の感情をかなり統制でき、敵意を抱いていても人好きのするうわべを保ち、対立や身体的強制を避ける人間だ。相手がこうした態度をたとえ一瞬でも崩したとき、私たちはどう対処すればよいかわからない。たとえば荒っぽい隣人とうまく付き合うのに効果的なボディーランゲージを知らず、そういう人たちに太刀打ちできない。短期的には、強制は有効なことが少なくない。

偏執狂のジレンマ ⇓ 魅力的な人は他者と戦略的にかかわることに控えめだとすると、偏執狂は何ごとにも他者がかかわっていると思う。他者の攻撃的な動きを常にうかがっており、火のないところにも煙を認める。近しいチームのメンバーや味方を信用せず、試そうとする。何気ない言葉に軽蔑を探し、侮辱と思ったことは忘れず許さない。戦略的かかわりに対する備えがあり、しかも、その備えそのものが戦略的かかわりの可能性を高める。他人は敵だと思い、そう対処することで、偏執狂は自ら敵を増やす。リンドン・ジョンソンやリチャード・ニクソンは並外れて優秀な戦略家だが、偏執狂の気味があった。宗教的信念もその極端な例である。悪魔の存在を信じている人は、いたるところに悪魔の手跡を見いだす。偏執狂は魅力に欠けるが、チームを支配されない限り、チームの一員としては役に立つことも

ある。常に、地平線に危険の兆候を探しているからだ[33]。

自己移入《エンパシー》は戦略的能力に貢献する。ただし限度がある。認知的自己移入、つまり他者の頭の内側に入り、彼らがどのように感じるかを理解し反応を予測する能力は、役に立つ。しかし、自己移入の感情的次元、彼らが何を感じているかを**感じ取る**能力は、同情を呼び覚まし、他者を目的そのものとして真剣に受け止めるようになる。あるいは、少なくとも彼らの目的をもっと重視するようになる。彼らを、自分の目的のための手段と割り切って利用するのは難しくなるだろう。一言で言うと、あなたは魅力的になっているのだ。多数の感情が、人間同士のあいだに義務という絆を生み出す。愛や好意、感謝、信頼と尊敬、そしてもちろん同情だ。絆で結ばれた相手そのものを目的として認知するのだ[34]。

このような「ふつうの」人間的感情が乏しい人もいる。現代精神医学で言う「反社会性人格障害」(政治家や詐欺師にはかなり見られる。必ずしも同情することなしに他者を理解することを頼みとする人間だ)は、不正直なこと、攻撃性、良心の呵責の欠如など反対の性質がかかわる。反社会性人格は魅力的に見えていることもあり、いざ彼らの戦略的動きが開始すると、圧倒的なまでに効果的だ。ラ・ロシュフコーならそう評価するだろう。どんなレッテルを貼ろうと、ある種の人格特性は、プレイヤーをより深く、熱烈に戦略的行動にかかわらせる[35]。

信頼感を抱かせることは、個人にとっても組織にとっても重要な資産だ(その信頼を乱用するのは必定としても)。信頼は、手段と目的のいずれのレベルでも働く。第一のレベルは**モラル**だ。正しい衝動を持ち、正しいことをしたいと思い、良い人間でありたいと思う人間を私たちは信頼する。キング師のような人間がかもす一種の道徳的魅力だ（そして、ウィット、シニシズム、または皮肉によって損なわれることが少なくない）。第二のレベルでは、**有能さ**のオーラを持つ人間を信頼する。有能な人間は、共通のゴールを達成する方法を知っており、成し遂げる知力や資源を持つと周囲は思う。この信頼の二つの形は、相互に対立することがある。善なる意図と有能さのバランス調整は、魅力のジレンマの一種だ。味方を求めるときは、彼らの意図と能力の**双方**を判定する。

動機づけも、他の要素に負けず劣らず戦略的成功に決定的に重要だ。これは注意の集中、努力、そして持続にかかわっている。戦略的かかわりに強い関心を持つ人は、動機づけも強い。しかし、魅力のジレンマに見るように、動機づけは裏目に出ることもある。周囲の人たちは、あなたが勝つことに執着していると感じ、脅威と受け取るかもしれない。あるいは状況によっては、あなたの熱意を場違いで気味が悪いと感じるかもしれない。一生懸命になりたいが、そうは見られたくない。「苦労している姿を人に見せるな」ということだ。戦略だけでなく、努力していることを隠したいと思うだろう。執着がないフリをすれば、失敗しても酷評されることはない[36]。もちろん例外はある。味方に強い印象を与えるために、戦略的努力を誇示する場合だ。

決意も重要な特性だ。あなたの決心を目にした者は、たとえ他の人たちの多くが飽きてやめても、続けることが（得られる利益という点で）合理的とは思われなくなっても、あなたはかかわりを続けると期待する。勝つことは他の何よりも（そして、他の誰にとってよりもあなたにとって）重要だとあなたが考えていることを周囲に納得させられれば、周囲はあなたと競うのをあきらめるかもしれず、勝てることも少なくない。これは、ローマ軍の成功の鍵だった。ローマ軍は、勝利と全滅の中間を認めなかった。この強硬姿勢は、ローマの最大の敵ハンニバルをいらつかせた。ハンニバルは戦場での勝利によって対立を終結させることができなかった[37]。このような決意は、個人的であれ集合的であれ、性格とゴールに関する明白な信号だ。強い確信も与える。

いくつかの話題のまとめになるが、私たちの身体は戦略的行動の重要部分だ。身体は、あらゆる種類の信号を伝える。強制や魅力を可能とする資源であるだけでなく、言葉や感情を表現する媒体でもある。ときとして、真の感情を隠すのにも役立つ。ときには真情を吐露することもある。単に感情を発散することもある。戦争のみならず多くのアリーナで、疲労は一つの要素である。多数の相互作用のストレスが強すぎると、心身ともに参ってしまう。覚醒剤デキセドリンの効果も無限ではない。

評判

第3章で見たとおり、評判は人間の基本的ゴールの一つだ。また、個人にとっても団体にとっても強力な戦略的道具となる。相互作用の相手についてはできるだけ知りたいが、なかなか思い通りにはいかない。それゆえ、評判を頼りに相手の出方を予想する。評判は周囲が私たちに対して抱くステレオタイプのイメージ（そして、私たちの自己イメージ）の総体だ。ステレオタイプの興味深い特徴の一つは、特性を統合する傾向があることだ。ある状況での個人や団体の信用に関する証拠から、人は他の状況における信用度を推測する。ときとして根拠もないのに、他の良い特性も持つと見なしたりする。有史以来、人間の確信とオーラ――潜在的な力――は、ベッド、戦場、そして酒をめぐるその人間の振る舞いが源泉であった。[38] 同様に悪事の証拠は、個人でも組織でも、その全体の汚点となる。

資源やスキルと同じく、評判もしばしば戦略的行動の結果である。戦略ゲームであなたがどのような行動に出るかを最も正確に予測するには、過去のゲームを見ればよい。過去の行動は、他のプレイヤーにとって情報の宝庫だ。おそらく、予想以上の量だ。これ以外の過去の状況からも予想を立てるが、根拠がないことも少なくない。あちこち旅行していれば博識だと思われるだろうし、苦労した人も――同じく根拠はないが――賢明だと思われる。**自分に起こったことから推測して共鳴するのだが、それは自分から積極的に行ったこと**とはまったく別物だ。

好もうと好むまいと、人には評判がつきまとう（象徴的相互作用の理論の基盤だ）。敵や味方が特に私たちのイメージを作り上げようとしていないときでも、相互作用の相手は、私たちの個人的特性についての空白を埋めようとする。どんな文化でも、ある種の事実や特性は別の事実や特性を暗示すると見なされている。そこから、私たちは、非常に限定された知識を土台に、他者について精巧な印象を築き上げる――明らかに普遍的な認知エラーだ。これは「暗黙の性格理論」と呼ばれている。[39] 私たちは、ヒーロー、悪人、犠牲者などと対応する特性群に従って、人を「特徴付ける」傾向がある。

評判は壊れやすい。特に、敵が彼らに都合の良い仮面《ペルソナ》をあなたに被せようとしているときなど、たった一度のミスで永久に立場をなくすこともある。結果が一種の警告となることもしばしばだ。賭に出れば負けることもある。将来を嘱望される企業幹部は、リスクの高い行動に出ただけで、すべてを台無しにすることもある（第1章のかかわりのリスクの一つ）。

評判は良いものも悪いものもあり、それぞれ戦略的に使用できる。ふつう、良い評判のほうが上位に置かれる。信用を高めるからだ。正直で信用できるという評判があれば味方を作りやすい。ゲームの最中にあなたが離反することはないと信用してもらえるからだ。しかし、悪い評判もときとして有利に働く。たとえば、威嚇戦略の土台となる。好人物と思われているより残忍という評判があるほうが、脅迫に信憑性が増す。無能の評判は、約束を完遂する能力がないと思われ、ふつうは味方作りにはマイナスだが、ときとしてプラスになる。たとえば、大学では、無能と思われていれば管理責任を押しつけられて雑事に追われることなしに、研究に没頭できる（戦略的行動の結果とは限らない）。

悪ガキか良い子か？ ⇓　誰かに何かをしてもらいたいとき、威嚇するか忠誠心に訴えるか、怖がらせるか好意を抱かせるか、方法はいくつかある。マキャベリに従えば、プリンスは畏怖され同時に愛される存在であるべきで、統治者は敵には罰を、友には褒美を与えるべきだ。だが、このような両面性を備えた評判を維持するのは難しい。たいていは、どちらか一方に傾く。選択は、自分の嗜好や性格に依存する部分と、他者に何を求めるかに左右される部分がある。特に他のプレイヤーを直接管理・監督できないときなど、長期間多方面で協力を得るには愛と忠誠が必要だ。かかわりが限定的な場合は畏怖が非常に効果的だ。長期間にわたって効果が継続する場合もある。[40] 特定の行動も広く行きわたった評判も、共に、**悪ガキか良い子かのジレンマ**に陥る。

ライバルのあいだでは悪評、その他のプレイヤーには良い評判が立ってほしいと思う場合もある。ある企業が競争相手を蹴落とすのに巨費を投じていると知れわたっている市場では、たとえ余地があっても新規参入する企業は少ない。そうするには売価が原価割れになるかもしれないが、短期の損失も、潜在的なライバルに恐怖心を与えて参入を拒めれば長期的には利益を得るだろう。新規参入を阻止するには、一、三の不愉快なケンカをすればよい。しかも、顧客やサプライヤーのあいだでの自社の評判はダメージを受けない。

普遍的に役立つ特性や評判の側面というものはおそらく存在しない。評判の作用は、聴衆、戦略的相互作用の形、あなたの過去の行動つまり他者の期待、そして間違いなく、それ以上の要素に左右される。全体に通用する評判というものはなく、評判とは必ず特定の聴衆のあいだに存在する。自分がどう見えるかを把握しようと「一般化された他者」を夢想することもあるが、重大な戦略的思考では、常に特定のプレイヤーからどのように思われているかが重要になる。プレイヤーによって、特に友人と敵では異なる評判を打ち立てるのも戦略の一部だ。

悪ガキの行動――ほとんどのプレイヤーが不賛成という行動――は、素早く決定的な勝利を得られるなら元がとれる。だが、かかわりが長引けば評判が低下するだろう。他者に恐怖心を与えれば素早く譲歩を引き出せるが、リスクもある。強力なプレイヤーや味方があなたのそのような行為を罰しようと思うだろう。

プレイヤーは何であれ、評判を打ち立てることに努力する。信用でき説得力のあるＰＲ活動は、特に評判が危機にさらされたり攻撃されたときは重要だ。病気という噂が立ったリーダーは、テレビに出演して健康な姿をアピールする。ジョギングしたり、(毛沢東が車いすになってもそうしたように)揚子江で泳ぐ姿を見せつける。産業事故が発生したとき、企業の広報担当者は、自社の信用回復と一般イメージ維持のために速やかに反応する必要がある。あらゆる戦略的行為者にとって、「素早さ」は重要だ。聴衆が全国民ではなく、義母だけという場合でも、それは変わらない。ふつうのとき、つまり傍観者の注目を浴びていないときは振る舞いは穏当でよい。「成功している政治リーダーは、他のリーダー以上の行動をしているわけではない。自分の行動の政治的定義、歴史における自分の立場が理解される言葉を統制しているのだ」と、スティーヴン・スコウロネクは述べている。[41]

確信とエージェンシー

いみじくも、ジョージ・バーナード・ショーは言った。「地獄へは流れのままに落ちていくが、天国に至るには舵取りが必要だ。」勝利を目指すプレイヤーは確信を持っている。確信はしばしば評判から生じる。あなたの勝利を周囲が信じていれば、あなた自身もそう思うようになる。実際、あなたは自信があると敵が見ているとしたら、敵は自分にあまり自信がないのだ。確信があれば、成功の予感から、さまざまなことに取り組もうとするし、熱意も高まる。火がつくのだ。魔力の加護で無敵だと信じている戦士は、より勇猛果敢になる。みんなの期待を自分に有利なように形作ることができれば、期待は自己達成する。(第2章で見たように、多くの脅威は反応を刺激するが、制止できないと見られている行為者からの脅威は反応を抑制する)。

運命論や臆病さは、確信の対極にあり、人を無力にし行動の範囲を狭める。運命論的仮定は、あなたの行動は結果には影響しないと言う。もっとも、心強いことに、他のプレイヤーの有効性についての疑念も生じる。臆病さは、認知レベルでチャンスと思われても追求するのを阻む。人任せにするのだ。運命論とは、人間味を欠いた確信のなさだ。臆病は個人的なものだ。確信の欠如は、ゴールを追求する時間も資源もないという以外にさしたる理由がないときでも、成功のチャンスを消し去る。かかわりを避け、受け身のままにとどまる。

プレイヤーの確信は性格や文化など根深い要素に左右されるが、最大の影響力を及ぼすのは経験だ。勝利によって確信が強まり、敗北で弱まる。勝ち負けの結果がなくても、何かをすること、行動すること自体が、少なくとも自分には行動できると請け合うことになる。行動はエージェンシーを育む。新任のCEOは組織を再編する。投資家や従業員、そして自分自身に対しても、自分がリーダーであることを示すため、そしてリーダーシップがあるという評判を打ち立てるためだ。フットボールゲームでは早いうちに、クォーターバックは「確信ビルダー」としてショートパスを数回出す。このような行動の結果は、将来の目的のための手段として、すぐさまの報酬よりずっと重要だ。小さな成果を通じて弾みがつく。[42] この対極の場合は、無力感に覆われ、行動する能力に壊滅的な影響が生じる。[43]

戦略的相互作用は確率論的な性質を持つ。つまり、結果は何一つ確実なものはない。しかし、勝算に**ついての私たちの評価が勝ち目を変化させる**。確信があれば行動が違ってくるもので、結果も違ってくるだろう。プロになりたいと思っている大学の陸上選手を例にとろう。見込みが薄いことはわかっている。別の道に進むには学業に真剣に取り組む必要があるが、そうするとトレーニングの時間がなくなり、プロになるという夢はいっそう遠くなる。厳密には戦略的選択ではないが、この陸上選手が**バスケットのジレンマ**（第6章を参照）をどのように解決するかは、プロになるという小さなチャンスにどのくらい重きを置くかだけでなく、どのくらい自信があるかにもかかっている。

自信のあるプレイヤーは、自分の行動について**不可避**の感覚を紡ぎ、自分のプランが最も抵抗の少ない道と思えるようにする。この方法をとったのがジョージ・ブッシュで、2000年の大統領選の数ヶ月前から一ヶ月後まで、自分の当選は当然だったという口調だった。仮にゴアが勝っていたら、何か汚いやり方をしたんじゃないか――実際には、まったく逆だったとしても――と思われかねなかった。不可解なのは、ブッシュがメディアにどうやって自分の勝利は絶対だと信じさせたかだ。ときとして、この勢いは力によって定義される。片方の力が高まり、無敵になると、もう片方は弱く優柔不断で不安そうに見えてくる。1930年代、ヒトラーは、この高まる力の側の存在として世界に自分をアピールした。アレクサンダー大王は勇猛の評判が高かったため、多くの城壁都市は大王が攻め入ってくると（そのほうが結果的に厚遇されると期待して）城門を開いたのだった。歴史の変化の側に立っているという物語を持つことも、無敵に感じ、そう見える方法の一つだ。共産主義は、何十年もこのメリット（そのほかにもいくつか）を持っていた。このため、冷戦中の小さな戦いはすべて、歴史的趨勢の兆候と解釈された。確信を持つプレイヤーは、撤退の可能性など逃げ道を断つことで、自分のチームに果敢な行動を強いる。たとえば、スペインの武将コルテスはメキシコに上陸した後、船を焼き払った。崖や川を背に背水の陣を敷いた将軍の例もある。

幸運——純粋な偶発事ではなく、揺るぎない個人的属性として——も、確信の一要素になる。戦略的プレイヤーは、一般に、自分の成功はスキルのせいだと考えるが、周囲は幸運だったと見ていることが少なくない。誰も皆「幸運な」人間でありたいと思う。効き目のあるお守りを持ちたいと思うようなものだ。近いところでは、ビル・クリントンが良い例だ。数々のスキャンダルを個人的カリスマでなんとか切り抜けた。多くの国民が彼に好感を抱き同情した。謙虚さや熱意など共感を呼ぶ特性とならんで、クリントンの身振り、表情、そして言葉が幸運を呼ぶことができたのだ。幸運のかたまりのような人がいるが、これは、属性を通じて評判を打ち立てる一つの方法の良い例である。[44]

確信は**エージェンシー**感覚を付与する。つまり、世界は自分の行動に応答する、自分は事態を統制しているという信念だ。マキャベリの助言を思い出してみよう。人に嫌なことをさせられそうになったなら自分から実行せよ。恋人に振られそうになったら、呼びつけて自分から別れ話を持ち出せ。統制の感覚、尊厳、エージェンシー感覚が維持され、犠牲者とならずにすむ。この有能さの感覚は、第3章でも見たとおり人間の基本的な資質だが、行動に必要な前提条件でもある。発達心理学者は、この始まりを非常に幼い時期に見いだしている。幼児は（エリクソンの言葉を借りると）「外的に予測可能となっただけでなく内的な確かさとなったために、母親の姿が見えなくなっても、むやみに不安になったり憤りを感じたりしない」ことを学ぶ。[45] 世界は徐々に予測可能で管理可能になっていくのだ。

ストレスの強い相互作用を続ける人たち——プロのスポーツ選手、あるいは兵士など——は、自信を与えてくれるお守りを身につけたり縁起を担ぐ。どこまでが魔法で、どこからが合理的な情報や学習か判別しがたいこともある。一例は、プロ野球のマネージャが収集するデータだ。リーグ内の全選手について、バッティング、守備、ピッチングの実に詳細なデータを集めている。選手の生来の能力と比べると、データが勝利にどのくらい貢献するか疑わしいという見方もある。勝負を左右するというより、選手（コーチも）の精神を安定させる効果があるのだろう。掌握しているというオーラを発揮するお守りのようなものかもしれない。個々のバッターにどんなピッチングをし、どういうふうに守ればよいかに集中させてくれる。たしかに、他のチームがそのような情報を集めていれば、自分も確信を持つために同じように情報を集めなくてはと思う。（すべてのチームが情報収集していれば、結局、差はなくなってしまうだろう。だが、情報収集をやめるチームが出れば、差が生まれるだろう）[46]。同じように、自分自身を安心させるには、あらゆる物や行動が使える。社会学者ジョン・エルスターは喫煙について、「経験の際だつ面を強調し、事象の混沌たる泥沼に構造を与えるための儀式であって……喫煙は万事を手中にしている、物事に振り回されているのではなく自分が手綱をとっていると感じさせてくれる」と述べている[47]。

統計データを手にした野球のコーチは、別の一面を見せてくれる。リーダーが自信のほどをチームメンバーに見せる必要性だ。伝説によると、アレクサンダー大王はペルシャ王ダリウスとの決戦場となったガウガメラの戦いの前夜、ぐっすり眠ったという。彼の自信たっぷりの無頓着さを見せつけたのだ。エドワード・ゴンザレスは言う。フィデル・カストロは十分な自信を持っていたので、数々の組織の非力さを克服し、革命を成功させることができた[48]。カストロのアプローチには、軍事独裁者の反抗的個人主義、障害物もリスクも現実も、さらに計画や組織化や調整の必要性も否定する一種のヒロイズムが認められる。賢明なリーダーは、不運を幸運に変えることさえできる。ローマ内乱の有名な事件だが、ジュリアス・シーザーはアフリカに上陸したとき、足がもつれて倒れ、顔から地面に突っ込んだ。そのとき、シーザーは見事にも両腕を広げ、征服のシンボルとして大地を抱きしめた。不吉な失敗の兆を勝利の前兆に変え、シーザーは勝利を手にした[49]。

戦略的ゲームをプレイすると、将来同じゲームをするときに強くなるだけでなく、将来の相互作用に役立つさまざまな方法で自分を強化することになる。明らかにスキルや直感が発達するほか、かかわりによってプレイヤーは、行為者の集合的アイデンティティである**プレイヤー**としての感覚を育む。初期の近代国家は、戦争や外交を通じて自国民のあいだの評判を必死に高めた。国民は重い負担にあえいでおり、国民が誇りとすることができる新しい国家アイデンティティを作り出すため、国は行為者になったのだ。この方法で、国内の動員が可能になった[50]。

確信の中心となる便益は**エネルギー**を増大し、活動レベルを高めることである。反動は、一種の**疲労**である。疲労は、文字通り身体的な消耗である場合も、現在の一連の行動に倦む場合もある。後者は一種の退屈であり、行動の足かせとなる。程度の差はあれ、一種の鬱であることが多い。

確信はスキルや資源についての評価を過大に作り上げ、自分を過大評価し、敵を過小評価する。（確信がないときは、その逆だ）。こういうお守りは結局、槍や連発銃からは守ってくれない。自信**過剰**は重大な問題で、向こう見ずな行動に駆り立てる。大胆さが成功することもあるが、難題すぎて失敗することもある。私たちは自分の知識に確信を持ちすぎる傾向がある。これは、特に専門職業を持つ中流階級の弱点だ。特別なトレーニングを受けて、自分の専門分野のあらゆる問題を解決できると考える。リスクアナリスト、エンジニア、外科医、軍事顧問、いずれも例外ではない。世界は自分の統制下にあると考える思考の「帰属エラー」は広く見いだされる。相手が自分と同じスキルや知識を持っている戦略的場面では、非常にまずい仮定だ。[51] ラ・ロシュフコーによれば、「自分は相手より狡猾だと考えるのは、相手の術にはまる最も確実な道だ」。

戦略的相互作用では、世界の一部はあなたの手中に**落ちない**よう苦心している。統制権を張り合うプレイヤーの数が多いほど、そのうちの**一人の**プレイヤーの支配下に入る可能性のある世界の部分は小さくなる。六チームのあいだの戦略的対立があり、一チームは他チームより強大であるとしよう。誰も統制できない部分が三〇パーセントあり、五チームは各自一〇パーセントを統制できるとすると、強大な一チーム――当然状況を統制できると思い込む――の影響力はわずか二〇パーセントにすぎないのだ。

巨人《タイタン》の思い上がり ⇓ 資源でも人員でも、強大になるほど確信も大きくなる。しかし、確信が高まると、ガードが少し甘くなりがちだ。言い換えれば、自信過剰に陥る。世界で最優秀の船だから、救命具は全員分は要らないと思う。あるいは、深い壕や厚い壁を頼みとして受け身になる。強みが弱みになる。これが、「強者の病」だ。[52] 敵が「通り抜けられるはずのない」密林や山岳地帯から突然姿を現したとき、多くの軍隊が敗れ去った。これは、ジレンマである以上にリスクだ。うまくいっているときは、手法に欠点がないか、やり方を変えるべきかなど、ほとんど考えない。エドワード・ラトワクが言うように、「勝利は道を誤らせ、敗北は教訓となる」[53]。もっと悪いことは、私たちのまさに強みが、相手に恐怖や羨望を引き起こし、対抗の動きへと導く可能性だ。結局のところ、思い上がりは、真の強みについてのプライドである。巨人が謙虚なことは滅多にない。

メンバーに自チームの弱点や敗北を隠し、強みや勝利だけを知らせるリーダーは、巨人の思い上がりを作り出す。結果として、チームメンバーは自分を守る手段を講じない。1945年当時の日本人が良い例で、降伏はまったく視野になかった。何年ものあいだ、ラジオは戦意高揚をあおり、栄光の戦勝報告のみを流し続けてきたからだ。ゆがめられた情報の流れが上に向かうとき——つまり上司を満足させたいためだ——も、上意下達の歪曲と同じ結果となる。

良きにつけ悪しきにつけ、行動についての考えを形作るのは感情である。士気の高い低いによって、希望を抱くこともあれば失望することもある。いずれにせよ、成功のチャンスについての評価を左右する。つまり、収集した情報のフィルターの役割を果たす。私たちはどうしても希望や支配の幻想の側に心理的に傾きがちだ。この偏りを突き崩すのは、忘れがたい敗北のみだ。評価にあたって支配の幻想に縛られないように見えるのは鬱の人のみだ。彼らは、同時に、戦略的であってもそうでなくても、行動に対する動機づけに欠けている。[54] 世界の中で行動することは、世界を気にかけることであり、結果としての感情の働きが、私たちの考えや行動を色づけする。

組織の能力

個々人のスキルは、公的組織が持つ最重要能力であろう。戦略的動きを考案し実行するのも、グループを代表して他者と対峙するのも個々の人である。しかし、それ以外の能力もある。明白なものの一つは資源で、個人と同様組織によっても、資源を蓄積し、所有し、支配することができる。組織は人々、資源、ノウハウ、そして組織がどのように行動するかについての期待の集合体と考えることができ、すべて、法律に縛られている。組織の明示的目的を理解できるゆえに、私たちは組織を、容易に、その目的を完遂しようと努める複合プレイヤーと見なすことができる。（組織を、単一プレイヤーと同じと見なすことは、一体性を過大評価し、組織に意図を持たせるという誤りを犯す）。個人間の調整は、明らかに、個人ではなくグループの特性だ。組織は能力を**持つ**と同時に、**能力でもある**。

個人の持つ重要な能力の多くは、組織でも持つことができる。それゆえ、個人は取り替えがきく。ノウハウが定式化され明示化されていれば、文書にして新人に教えることができる。知力は個人の特性だが、組織によってこの特性を奨励する能力には差がある。自由闊達な議論が進みやすいか否かは、状況に左右される。努力や決意は、最終的に個人の裡にある感情の量であるが、それらを鼓舞できるか否かは組織の状況に依存する。一般に、統制する資源の多い組織ほど、知力の開発への傾注度は小さい。

通常、組織は、さまざまなアイディアの源泉を統合することによって組織の知力を高める。内部者と外部者をミックスし、仕事とプライベートを重ね合わせ、ネットワークの（強弱両方の）つながりを利用し、多様なレパートリーを試みる。多種多様な個人と彼らの考えを、定期的かつ開放的な討議を通じて、他のメンバーの意見に耳を傾け、自分の意見を説明することによって、統合する。何が機能していて何が機能していないかのモニタリングにも注力する。経験的な結果に素早く順応できる柔軟性を持つ組織は、最も成功する戦術に集中できる。さまざまなことを試みた上で、その場、そのときに最善と思われるものを選び取る[55]。

社会的な組織は、公的組織だけではない。戦略的行動では社会的ネットワークが決定的に重要だ。味方になって支えてくれそうなのは誰か？　味方の感情的なコミットメントは、利害の共有に劣らず重要だ。どちらも、長い時間をかけてはじめて培われる忠誠心や信頼性の源泉だ。説得も必要だ。敵はあなたの味方を「離反」させようとし、そのときあなたが味方をつなぎ止めるために用いるのと同じ説得技術を使うからだ。

スキルを持つ個人は組織にとって資産だ。同じように、公的組織における地位は、個人にとって資産となり得る。地位から生じる資源、評判、コンタクトを、個人的な目的に振り向けることができるのだ。追求するゴールが組織のものであれ個人のものであれ、組織は地位を通じて個人に付加的能力を与える。しかし、組織には組織のルーチンがあり、資源の場合と同様に、組織内で働いている人の個人的ゴールを制約したり覆したりする。組織の保全が、そもそも組織を創設した目的を押しのけてしまうこともある。**魔法使いの弟子のジレンマ**の一つだ。

後三条のジレンマ　⇓　何かを手に入れるために公的な地位とルールを使うことと、個人的な特性と非公式な社会ネットワークを使うことのあいだには、しばしば緊張関係が生じる。地位か個人かの綱引きだ。個人の役割距離には大小がある。協力を得るため、人間的属性を使ったり、術策や地位という資源を使う。公式な役割に抗う人がいれば、どっぷり浸る人もいる。たとえば聖職者は、職務を遂行し信

徒に対処するにあたって個人的カリスマに頼ることも、教会の儀式を頼みとすることもできる。（この次元は、役割の相対的頑健さとはほとんど無関係だ。役割のルーチン化について、ウェーバーの雄弁な指摘がある。教区司祭の役割は、司祭自身がそれから距離をとっていても、明白に定まっている）。有能なプレイヤーは、おそらく両方を組み合わせる。だが、この二つは相互に干渉しあうことがある。古典的な一例が、一一世紀の日本の後三条天皇だ。後三条天皇は、1072年に退位して出家したが、非公式に権力を発揮し続けた。「院政」の始まりである。退位して上皇となったことで行動の自由が増したものの、同時に公式な地位と王権の象徴は失った。院政は、中心アリーナを公式アリーナから非公式アリーナに切り替えたのである。この状況は、最終的に若い天皇が公式アリーナを公式アリーナへの再切り替えに成功して、終止符が打たれた。[56] 組織のゴールを追求するか、自分自身の個人のゴールを追求するかという、個人にとってのジレンマである（目的ではなく手段についての問題）。

このジレンマの土台の上にあるのが「不可欠さ」である。組織やグループにとって自分が不可欠な存在になろうとすることは、合理的な戦略だ。どんな公的組織であろうと、局部的で非公式な知識を大量に抱えているが、これらは個人の中に蓄えられており、彼らが組織を去ると失われてしまう。個人は、自分自身を不可欠な存在とし、自分の価値を高めるために知識や資源を貯め込もうとする。ニューヨークでは、離婚を扱う弁護士がこの点で非難された例がある。彼らは、そのケースについて飲み込むと、裁判の直前に巨額の報酬を要求し、払わなければ辞めると脅かしに出るのだ。組織は個人が求める不可欠さを排除し

ようとする。個人の行動を公的なルールで統治することで、個人を取り替え可能にしておこうとするのである。

居合わせること

1969年から1971年までニクソン政権の通商代表を務めたカール・ギルバートは、就任後まもなく心臓発作に見舞われた。しかし、彼のスタッフは、通商代表部の影響力が低下するのを懸念して、ギルバートが職務を遂行できなくなったことを隠した。ギルバートに代わって署名し、ギルバートが完全に職務を続けているよう繕ったのだ。特にニクソン政権の個人主義的政策のもとでは、リーダーのいないオフィスは瀕死の瀬戸際であることをスタッフはよく知っていた。ウッディ・アレンが皮肉ったように、成功の八〇パーセントは、ただ姿を見せることにある。

軍隊のリーダーなら誰もが知っていることだが、重要なのは資源をたくさん持つことではなく、適時に適所に資源を配置することだ。戦争では、国が予備兵をどれだけ迅速に招集できるか（予備兵制度があったとして）が重要になる。近代戦の偉大な技術革新の多くは、かつては汽車、今日では航空機を用いて、部隊を高速で移動させることであった。期限内に弁論趣意書を提出し、所定の日に裁判所に出頭し、犯人が現場にいるうちにパトカーを到着させること――これらはすべて、「居合わせること」だ。酔っぱらって遅れた（数時間か数日か）ために戦略的かかわりから外された人数は、どのくらいにのぼるだろう？「利用可能性」は、個人にもそれ以外の資源にも当てはまる。リーダーは、決定を下し確信を持たせるためには、そこに居合わせなくてはならない。権力者が失脚するのは、いつも国外旅行中で、官邸や軍本部にいるときではない。今日のようにニュースが瞬時に伝わる時代においては、公的プレイヤーの広報官もまた、事態を解釈するために常時、利用可能でなければならない。１９７９年、スリーマイル島の原発事故の後、地元ハリスバーグの反原発活動家は、最悪の事態を予想して避難し、メディアが彼らの居場所をつかむまで数日かかった。放射能から身を守るには効果的だが（放射能漏れがあったとしたらだ）、良い戦略ではない。誰も彼らの主張を聞かなかった。

居合わせることについての歴史上の最も有名な教訓は、紀元前44年3月15日のシーザー暗殺後の真空状態だ。キケロは、その場に居合わせた二人の法務官ブルータスとカッシウスに、翌朝、元老院会議を招集するよう勧めた。だが手続きにこだわる二人は、代表団を送ってより大きい権限を持つ執政官を呼び戻すよう主張した。敵マルクス・アントニウスを過小評価したのだ。アントニウスは、彼らのこだわりのおかげで、自分の地歩を固める時間ができた。シーザーの遺言を都合よく解釈して未亡人から遺産をだまし取り、数日後の葬儀では追悼演説をする役目を自分のものにした。この結果、シーザーの暗殺者たちはローマで歓迎されなくなり、ほとんどは自分の領地に遁走した。事態はアントニウスのなすがままになった。

公的な地位は、居合わせることの一つの形だ。毎日のルーチンの一部として、行動の展開を見守り、参加を求められる。他のチームにエージェントを配置し、自分のエージェントとして留まらせるというのはよくある戦術だ。フランスの国営電力会社ＥｄＦに例を見ることができる。ＥｄＦは、国内の主なエネルギー計画委員会のすべてに首尾良く複数の代表を送り込んだ。代表たちがＥｄＦの味方であることは皆が知っていたから、彼らはスパイではない（もっとも、トラブルの予兆を見たらＥｄＦに報告した）。だが、彼らは委員会に居合わせた。これらの委員会のほとんどは、最終的にＥｄＦに好都合な案を採択した。（もちろん、そこに居合わせるだけでは十分ではない。対立が生じたときは他のプレイヤーの裏をかく必要があった）。業・政・官の「鉄の三角形」パターンにおいて、ビジネスは、とりわけ影響を受けるすべての委員会に（正式にしろ非公式にしろ）代表を送りたがる。この種のエージェントは勝敗に最も強く影響するので（豊富な資源も同様だ）、しばしば最も熱心な委員会メンバーとなる。[57]

そこに存在するかしないかは象徴的でもある。政治家は葬儀に参列し、被災地を見舞い、他の複合プレイヤーの無数の代表と会見する。そういうイベントや場所は、プレイヤーの琴線に触れ感情的な共鳴を呼び覚ます。不在も象徴的なメッセージを伝える。２００３年のアイオワ討論では、民主党の大統領候補ケリーとエドワーズは、衛星経由で参加した。彼らは共和党のメディケア「改革」を阻止するためワシントンを離れなかった。このことに込められたメッセージは、「二人には重要な仕事がある。国政を動かし、共和党に立ち向かわねばならない」というものだ。

身体機能を奪うことは、プレイヤーを完全に「そこから」閉め出す一つの方法だ。疲労困憊したり責め苦にあうと、人は自分の内奥深くに引き籠もる。生き延びることが最優先課題となり、他のことを押しのけてしまう。極端な場合、一種の無感動な運命論に陥る。人類学者Ｆ・Ｇ・ベイリーによると、飢饉は「ふつうに利他主義の心を持っていた人々を、仲間の裏切りや盗みを通じて、あきらめと無力の無感覚状態に突き落とす。完全な意思の喪失だ」。[58]同じく、鬱も行動や決定をできなくする。

こうした極端な場合はさておき、単に注意を払わないことは、相互作用から身を引く一つの方法だ。１９４５年、映画会社の重役デイヴィッド・セルズニックはヴィダー監督の『白昼の決闘』に忙殺されていた。セルズニックの新しい恋人ジェニファー・ジョーンズが主演していたのだ。セルズニックの関心が他所にある隙に、アルフレッド・ヒチコックは革新的な映画、『汚名』を製作した。ケリー・グラントとイングリッド・バーグマンの長い抱擁・キスシーンがあり、当時の映画検閲規則へのあからさまな挑戦だった。アーヴィング・ゴフマンによると、プレイヤーは、悲しみ、楽しみ、そしてとりわけ困惑（ゴフマンは困惑を最も一般的な形と考えていた）を含めて感情を乱すことで、相互作用から「追い出す」ことができる。[59] こうした感情は、穏やかで一時的な動揺から、致命的な恥辱や鬱まで、さまざまだ。

相互作用を最も気にかける人々が最も関心を払い、ほとんどのエネルギーを捧げ、ふつうは欲するものを手に入れる。一方で、交換理論の「最小関心の原理」によると、最も関心の低い者は相互作用から完全に抜けると脅かすことができるので、少なからぬ力を持つ。居合わせることにも不在にも、さまざまな形がある。

戦術への趣味

資源と能力は、さまざまな目的のための単なる中立的な手段ではない。私たちは、資源の使い方や戦術を成功させる方法を学ぶのに認知的投資を行うが、モラル的・感情的な愛着も持っていて、それが戦術の選択を左右する。ある種の戦術は、実際にグループのゴールの一部となる。非暴力はそれ自体が一つの目的であり、多くのグループにとっての直接民主主義も同じだ。しかしすべての戦術は、ちょっとした忠誠心を発達させがちだ。対人関係で率直という評判を築いたなら、たぶん、すべての戦略的場面で率直が良い特性だと考えるだろう。逆に、敢えて欺こうというときには、それを正当化しようとするだろう（困難な決断を迫られている、目的が手段を正当化する）。どちらの場合も、スキルを発達させるだけでなく、所定の行動方式への好みを形成する。それらはスキルの一部となるだけでなく、アイデンティティの一部となる。簡単には捨てられないものとなる。精神的・感情的に関与してきたので、それらが役立つと思いたい。それらの有効性を評価するときに、完全に冷静にはなれない。

すべての戦術は、それらを選択した者にとっての感情的・モラル的な価値を持っている。ある種の戦術を嫌悪し、それはもっぱら最後の手段にする、あるいは全然使わない。他の戦術を好み、そちらを重要なモラルの表明として見なす。比較的中立なものもある。戦術的な好みについて考える一つの方法は、戦術には異なる聴衆がいる、という側面である。内部の聴衆（味方やチームのメンバー）がある戦術に惹かれても、敵に影響力が強い戦術は別のものであることがある。これは、第5章で取り上げる**ヤヌスのジレンマ**、内部志向か外部志向かのジレンマだ。（余談だが、手段が部分的に目的そのものであるなら、ゲーム理論は、モデルに必要な報酬を正確に定義できない）。**魔法使いの弟子のジレンマ**が示すのは、私たちは実際的な投資としてだけでなく、モラル的・感情的関与という点からも自分の能力に縛られているということだ。

チームと味方は、しばしば、戦術問題をめぐって分裂する。基本的ゴールについては合意しているのだが、好む行動が別なのだ。斬新さか伝統か、合法か違法か、民主的か階級秩序か、などだ。「正しいと感じられる」戦術はさまざまだ。複合プレイヤーにとって、どんな種類の組織を作るかは基本的問題で、その問題をめぐってさまざまな趣味が頭をもたげる。リーダー、階層、そして統制権についてのジレンマから、異なる応答が引き出され、しばしば熱烈に主張しあう。チームの連続的世代《コーホート》は、彼らが参加した時期によって（そして、しばしば参加の理由によって）区別されるが、戦術の趣味が異なることも少なくない。[60] 戦術をめぐって派閥に意見の不一致があるときは、それぞれの意中の行動の主要な聴衆が異なることもしばしばだ。

※

スキルと資源は、単一プレイヤーにも複合プレイヤーにもある。このため、戦略的相互作用は、各種のプレイヤーがどのように隊列を組むかに決定的に依存する。誰がかかわっているか？　誰が自チームに属し、誰が同盟軍で、そして敵は、傍観者は誰か？　争いと協力の線引きは絶えず移り変わる。次の章では、特に、言葉と行動に対する聴衆としてのプレイヤーに焦点を当て、すべての戦略的行動の核心にある文化的解釈と感情的反応に注目する。

第5章　聴衆としてのプレイヤー

誰の代弁もしない。自分の考えを明らかにするのも難しいのだ。
⇒アルベール・カミュ

ある日、地元の住民組織の会合で議長を務めた。その日は込み入った顔ぶれだった。約二〇人の住民の他にゲストが数名いた。ニューヨーク市議でもあるメンバーの一人とその助手も出席する予定だったが、会合が始まった7時にはまだ来ていなかった。絶え間ない騒音と渋滞問題の根源である巨大オフィスビルのアシスタントマネージャは勇敢にも顔を出していた。出席するよう言われたから仕方なくであることは明らかだった。（そのビルに対する怒りの声は非常に強く、一度会合に来たことのある前任者は、名前を明かそうともしなかった。自宅に電話攻撃をかけられるのを恐れたのだろう）。地元の警察が巡査部長を送ってくれていた。はっきりとした形ではないが、その好意は重要だった。

会合には多数の「聴衆」がおり、その一人ひとりに対する私の気持ちはさまざまだった。オフィスビル、市議会議員に対する態度や、戦術の中で対抗姿勢をどの程度に明確にするかについて、隣人たちのあいだの姿勢は十人十色だった。ほとんどの人は、最近設置された排気ファンボックスの騒音がひどいとビルのマネージャに不満を突きつけた。（会合に出席しているのは、皆、何かしら不満を持つ人間だ）。しばらくのあいだは三々五々不満を述べるに任せていた。このビル開発が住民をどんなに苛立たせているか、ビルのマネージャにはっきり知らせたほうがよいと思ったからだ。それに、ビルのマネージャという職は一、二年で交代するようで、特に良好な関係を築き上げる必要もなかった。さらに、議員が来る前に住民たちが激しい感情を吐き出してしまえば、議員とは実際的な救済策について話し合えるとも期待した。

それでも、あまりに意地の悪いコメントが出たときは、議長として口を出し、ジョークに紛らせようとした。私たちが穏健な住民グループだという印象を与えることができれば、マネージャも比較的穏やかな私たちの執行委員会との対応に前向きになるだろうと思ったのだ。(会合の後、このイメージを強くするため、同情の意を表明したメモを彼に送った)。「敵」を持つことは常にグループにエネルギーを注ぎ込むが、同じ部屋で向き合っている敵を完全に悪者と見るのは難しい。気の毒なマネージャは、落ち着かず汗だくになって責めを逃れようとした。責任転嫁のため、彼は、ビルの所有者とファンを設置したテナントに関して有用な情報を漏らした。ファン設置はビルの規則に違反しているというのだ(これで私たちは、マネージャとビル所有者とテナントを三つ巴で反目させることができる)。

議員が到着し、私は話題を、ビルのマネージャが交代しても執行できる実際的な対策、この議員のオフィスが助力してくれそうな話題に絞ろうとした。私のゴールは、合意書や覚え書きだった。議員は、実際にこの会話を引き継ぎ、依然としてビルのマネージャに向けられる痛烈なコメントもうまく受け流した。だが私は、私たちが気にかけているのが小さな近隣のことだけだという印象を議員に植え付けるのは避けたかった。そこで、もっと一般的な政策や事案についてもいくつか質問を出した。私たちの団体のメンバーのほとんどがあまり興味を持たない議論の方向だった。私は、議員にこの会合で満足感を覚えてもらいたかったのだ。単に対立の仲裁者として会合に呼ばれたのではなく、政策策定にかかわる政治家として振る舞うチャンスを与えて、私たちの地区に対する好感を持ち帰ってほしかったのだ。（私自身が、いくつか全般的な政治に関する質問がしたかったこともある）。この配慮は、今すぐに役立つというものではない。

地区住民のあいだでも、会合の望ましい雰囲気について意見が分かれていた。出席者の一人が同じことばかり主張するので、困ったものだねと私に目顔で合図する人や、激高して声を荒げるメンバーを不安そうに見つめる人もいた。二人ほどは、ひたすら怒鳴っていた。私は、どのメンバーも疎外しないように慎重になる必要があった。私たちのグループはそれでなくても少人数なのだから。大声で主張するのが最良の戦術だと考えている人間と、特定の提案をまとめたい人間とのあいだを取り持つのは難しい。私は、自分がよく知っているメンバーに合わせようとしている自分に気づいた。彼らとのあいだで育んでいる友情は、会合での戦略的なおもわくに劣らず重要だった（もちろん、これらの絆は戦略の上でも役立った）。しかし何度か、長年の付き合いを頼みの綱に、敢えて挙手を無視したり発言を遮ったりもした。彼らに対しては後で自分の振る舞いを説明してわかってもらえる、感情的なしこりを残さずにすむと信じたのだ。幸い、リーダーがしばしば抱く不安、不満分子から地位を追われるのではないかという懸念は、私には無用だった。誰も、私の代わりにこの会合の議長を務めたいなどと思わないとわかっていたからだ。

一時間ほどして、ビルのマネージャに出席を感謝し、退席してもらった。戦略について、もっと率直に意見を出し合うためだ。一つには、巡査部長（私たちの地区の警察トップだ）に、私たちの側に立っていると思ってもらうためもあった。そうすれば市に規制を適用してもらいやすくなるだろう。市議会議員が行使できる付加的な圧力についても考慮していた。公式の会合が閉会した後、数人のメンバーと、警察と議員、この二人の公職者をずっと味方につけておくための最善策について話し合った。それから、興奮した隣人たちをなだめ、私たちのゴールは同じだと請け合った。これらのフォローアップだけでなく、事前準備もあった。会合の前に、さまざまなメンバーに、皆の前でいくつか問題点を提起するよう頼んでおいたのだ。

私は、戦略的プレイヤーを、お互いの行動や発言を注視し耳を傾けている聴衆として見なすことを提案する。要点は、注目と解釈を重視することだ。戦略的かかわりはプレイヤーの注意を一点に集める。加えて、彼らは、彼ら自身の行動も含めて、起こっていることを積極的に解釈する。戦略的行動は完全に文化的営みである。プレイヤーが他者を単なる物理的客体、彼らの自覚的意識は無関係だと決めつけることができるのは、ごくまれな極端なケースに限られる。ほとんど常に、私たちは彼らの心とかかわりを持つ。話術、説得術は戦略の核心だ。

複数のプレイヤー

意思決定者は、常に複数の聴衆間のバランスをとらなければならない。たとえば、チーム内部の聴衆である。ライバル、不満分子、もっとラジカルな戦術を好むメンバーや逆にあまり好まないメンバー、ただ別の戦術を求めるメンバー、退屈していたり不安や怒りを抱えているメンバーなどなど。チーム内の有給メンバーと無給メンバー、将官クラスと兵卒のあいだには、意見の不一致があるかもしれない。複合プレイヤーは、決して統一された行為者ではなく、常に完全に、または部分的に離脱可能な個人や集団の集合体だ。外部の聴衆は、もっと複雑だ。はっきりしている敵対者たち（彼ら同士が相互に敵対的にプレイする行為者の混成であることが少なくない）に加えて、味方、味方になるかもしれない者、新規メンバーになるかもしれない者、メディア、さらに数々の公的機関（警察や軍隊、公職者、裁判所、規制当局、その他）が存在する。最も個人的な相互作用、たとえば恋人同士の痴話げんかでさえ、国家による干渉を受けないとは限らない。公安を乱せば、プライベート・プレイヤーはパブリック・プレイヤーになる。どの聴衆が最大の注目を集めるか、常に予想できるとは限らない。注目の的はかかわりの最中に移動する。ふつう、ターゲットとなる聴衆が異なれば、講じる手も異なる。[1]

さまざまな聴衆を完全に分離するのは、ほとんどの場合は不可能だ。国連総会で演説する一国の首長は、自国の有権者が新聞で読むだろうし、メディアは批評を載せるだろうことを知っている。ジョージ・ブッシュが2003年9月に国連で好戦的なスピーチを行ったとき、政府高官の一人は率直にこう述べた。「少なくとも国内のことを考えれば、アメリカは依然として［イラクを］掌握していると主張しなければならないという思いがある……そろそろ選挙年を迎えるし、大統領たる者、力と権威のイメージを投射しなければならない」[2]。もう一つ、不動産開発業者の例を見てみよう。将来のビルのテナント候補だけでなく、近隣住民、地元の政治家、銀行、投資家にもプロジェクトを売り込まなければならない。プレゼンテーションで用いられる設計スケッチは重要なPR素材だが、最終的な姿とはほとんど一致しないことが少なくない。

ゲーム理論やほとんどの文字通りのゲームは敵と味方、両サイドの対立として描かれるが、現実世界の戦略的相互作用では、ふつう、それ以外のプレイヤーが無数に関係する。個人二人のあいだの戦略的相互作用でさえ、戦略上役立つと思えば、周囲を引き込もうとするだろう。演劇やスポーツのメタファーからは、プレイヤーは舞台（フィールド）上で行動し、聴衆は座席（観客席）で見物するという明確な区別があるように思われるが、これは誤りだ。傍観者がまったくかかわりを持たないとしたら、彼らは戦略的計算からは除外されるだろう。彼らがなにがしか重要だとしたら、それは、彼らが**潜在的プレイヤー**であるからだ。（演劇でさえ、聴衆は全面的に受け身のままではない）[3]。少なくとも、彼らは互いの言葉や行動を積極的に解釈し、必要とあればそれ以上の行動をしようと待っている。プレイヤーが全員聴衆だとしたら、すべての聴衆は潜在的プレイヤーなのだ。

直接行動するよう組織化されていない、最初は中立の「傍観者」である一般大衆の意見が、ときとして、選挙で選ばれる公職者など他のプレイヤーを揺さぶるのに一役買う。この一般大衆とは、同級生から地球規模のメディアの聴衆まで、実にさまざまだ。離婚など個人的相互作用では、お互いの友人たちがどう思うかを気にかけるだろう。現代の選挙戦の駆け引きでは、傍観者である一般大衆は、少なくとも修辞学的意味において、決定的に重要な力を持つようになった。アメリカ大統領は、議会の頭越しに、彼らにアピールする。ロビー活動グループは、一般大衆を動員して選挙で選ばれた公職者に電話、ファックス、eメール攻勢をかける[4]。彼らは、少なくとも自分たちよりも組織化されたプレイヤーに影響を与えることができ（より正確に言うと、組織化されたプレイヤーは必要に応じて、彼らの「意見」を参照でき）、このため関連のあるプレイヤーなのである。聴衆とプレイヤーの区別よりも、組織化レベルの高いプレイヤーと低いプレイヤーを区別するほうが有用だ。

相互作用におけるプレイヤーの範囲は、相互作用そのものから決まってくる。たとえば、私の戦略の一部として、上述の相互作用に対する付加的プレイヤーの関心を引こうとするとしよう。地元の会社への不満について、規制当局の関心を引こうとするだろう。あるいは、学部の問題を学部長に告げるかもしれない。もちろん、これらのプレイヤーは、自分の利害がかかっていると思い、共感や怒りを抱き、あるいは（たとえば、優秀なマネージャとして）自分の役割の一部だと考えれば、自分から中に入ってくるだろう。各プレイヤーがそれぞれ異なるゴール群を持ち、それらの優先順位付けも十人十色だ。

ほぼいつも、後から加わる可能性のある潜在的参加者は、誰が争いに加わると決心するかを注意深く見守っている。これらの傍観者たちは、さまざまな計算をしなければならない。かかわりにはリスクがつきまとう。最も明白なリスクは、対立のコストだ。潜在的参加者は、かかわりを持つに至る以前に、脅威を感じ、勝利を確信し（対立が自分の側に勝利をもたらすなら、大きな報酬が期待できる）、あるいはどちらの側が勝とうと自分が利益を得るチャンスを認める必要がある。最後の場合、新参者は、対立のメイン・アリーナに大半の注目が集まっているあいだに、マイナーなアリーナで勝利を得るかもしれない。ほぼすべてのかかわりにおいて、潜在的プレイヤーは注意深く見守っているのだ。

傍観者のジレンマ ⇓ 傍観者とは、相互作用をただ見守るだけの存在と定義される。だが、一般に、傍観者はもっと積極的にかかわる可能性を秘めている。傍観者は**かかわりのジレンマ**に直面する。すでにプレイヤーである人は、傍観者を引き込むべきか否かという別のジレンマを抱える。たぶん彼らが何かをしてくれるだろうとは思うが、確信は持てない。相互作用そのものが、彼らのゴールや能力を変化させるかもしれない。新たにプレイヤーが加わることで相互作用の質が変化するが、どの方向にとは予

測できない。**傍観者のジレンマ**は、彼らが何を決心すべきかではなく、傍観者**に対して**何をなすべきかというジレンマである。傍観者を引き込むべきだろうか？

もちろん、本来の意味での傍観者、オブザーバーも存在する。メディアはプロの傍観者だ。もちろん、彼らの偏見や取捨選択が情報の流れを形作り、そのことで相互作用に影響を及ぼす。平和維持軍も見守るための軍隊だ。世界が注目することが局地的な対立鎮静に役立つという考えに基づくが、ある種の行動を阻止するために介入することもある。しかし、国連の「ブルーヘルメット（休戦監視部隊）」はあまりにも非力なため、地元の最強派閥と提携せざるを得ないことがしばしばだ。あるオブザーバーによると、ブルーヘルメットは、何もしなければもっと差し迫って平和交渉に臨むであろう弱いグループを守ることになり、自然の経過に委ねるというより対立を続行させる結果になっている[5]。

プレイヤーが、自分自身の行動の聴衆として振る舞うこともある。自分が何をするかを見守り、自分の振る舞いを評価し、違うように行動するやり方がなかったかと考え、不適切な部分を補正するための対策を講じる。満足のことも不満のこともあり、結果的に自分自身に対する見方が変わったり（「自分にそんな能力があったのだ」）、決意が固まったり鈍ったりする。何より、人は経験から学ぼうとする。この聴衆としてのプレイヤーというイメージは、状況主義者の描く行動イメージによく適合する。行為者はまさに場面の一部であり、他の誰もと同じように、行動の流れを解釈し定義するのを助けている。「状況」が行動を支配する。これはストーリーの一部だが、一部にすぎない。行動に出る行為者は、その動きの知識を前もって持っているし、大きな戦略の一部としてその行動を別の視点からとらえているかもしれない。その人には他の聴衆にはない独自の文脈があり、その中に自分の動きを置いて解釈している。すべての聴衆は独自の視点、すなわち「部分的にふさがっている」座席を持っている。個々のプレイヤーを自分の行動の聴衆と見なすことで、単一プレイヤーでさえ断片化された性質を持つというカミュ（だけでないが）的洞察を得る。私たちは、一つの行動を同時に幾通りかの見方でとらえる。

特殊なケースでは、自分が自分自身の行動の最重要聴衆となる。一人で演説をリハーサルするときなど、自分が唯一の聴衆のこともある。先に述べた会合で隣人の多くは「感情をぶちまけ」たが、その最大の作用は自分自身の感情の満足で、他のプレイヤーには変化をもたらさない。不満を述べ自分の意見を言うことは、感情を表すのと同じように重要な満足感をもたらす。それだけで十分ということもある。多くの抗議活動グループは内部に向かい、共同体感覚を築く。それはメンバーに深い満足を与えるが、外界を変革しようという努力は失われる。大規模な複合プレイヤーでは、ユニットや分派が内部的にコミュニケーションし、他のユニットや分派がアウトサイダーとどのように相互作用しているか注視している。彼らはこうやってゴールやチーム内の他の部分のムードを、少なくとも直接コミュニケーションと同じ程度に正確に解釈する。

最も重要な聴衆の区分は、おそらく、インサイダーとアウトサイダーの区分だ。この境界線は、アリーナにもプレイヤーにも当てはまる。特にプレイヤーについては、区分は相対的だ。味方はある視点からはアウトサイダーだが、別の視点からはインサイダーになる。（私たちは、地区住民の会合で、あるときには議員を自チームのメンバーに含め、あるときには明白に外部の他チームのためのプレイヤーとして対抗した）。また両者の境界線は、しばしば戦略的行動の結果として移動する。企業は従業員に満足感を抱かせねばならないが、同時に投資家や消費者を喜ばせることも必要だ。大学の理事は大学を運営すると同時に、外部から資金を集める必要がある。マックス・ウェーバーが指摘したように、宗教団体は深刻な形で**ヤヌスのジレンマ**を感じている。[6]

ヤヌスのジレンマ ⇓ 戦略には、アウトサイダーを指向するものと、インサイダーに向けられるものがある（第三のカテゴリーとして、潜在的な新メンバー向けの戦略もある）。インサイダーとアウトサイダーはまったく異種の聴衆だ。アウトサイダーに対しては、チームのアイデンティティや利害や目的について、インサイダー以上に教育する必要がある（もっとも、内部でも、これらの点はしばしば話題に上る）。インサイダーは、アウトサイダーに対して投影すべきと考えられる自己イメージよりも、ずっとラジカルな自己イメージを好む。著名人や専門家は、しばしば、チームを代表したりこの二種類の聴衆を仲介するという、インサイダーには適さない役割を果たす。チームのメンバーの好意を頼みにする必要があるときは、ふつう、単に彼らに報酬を払う場合よりも、彼らに入り込むことに時間を費やす必要がある。抗議活動団体がしばしば内向的になりセクトになる一つの理由がここにある。外交政策も同様に、政府が国内選挙に勝利する必要性から、往々にして失敗する（または戦争が始まる）。このようなとき、敵と味方（またはインサイダーとアウトサイダー）についての感覚が鋭くなる。グループをまとめておくために必要なのだ。言い換えれば、チームの連帯維持と自チームの外的ゴールの追求とが対立する可能性がある。[7] ヤヌスのような、境界でもあり新たな始まりでもある神は内部を見ることも外部を見ることも可能だと教えるが、同時に両方をするのは難しい。[8]

聴衆を区別することは、学問的論争の多くをジレンマとして見直すのに役立つ。たとえば、公的な組織は自己の主体的目的の追求、たとえば商品の製造などに多くの時間を費やすだろうか、それとも、儀式や象徴を通じて自己の正統性を固めることに多くの時間を費やすだろうか？ 企業は前者で、非営利団体は後者だろうか？[9] 現実には組織は、異なる聴衆を念頭に置いて双方を追求する。どちらの聴衆も無視できない。多くの構造的制約は、戦略的トレードオフとして解釈し直すことができる。

プレイヤーを創出する

これまで述べてきたように、個人やグループが戦略的かかわりにおいてプレイヤーになるにはいくつかの方法がある。複合プレイヤーは、存続するためには、プレイヤーとしてのアイデンティティを創出し維持することに手間暇をかける必要がある。過去二〇年間、ナショナリズムを含めて政治における集合的アイデンティティについて膨大な調査研究がなされた。複合プレイヤーは、個々人の明らかな相違に通底する**統一の神話**を作り上げなければならない。建国の祖は、共有される歴史という郷愁を呼び覚ますイメージを紡ぎ、コミュニティを強く結びつける。家族は自分たちが一風変わっていると言ってジョークの種にする。政党は、自分たちを際だたせる論点を探す。近年の企業の年次報告書を見ると、「ノキアは考える……」とか「ノキアでは、最優先事項の一つは……」といった表現が目につく。あるレベルにおいて、**すべての複合プレイヤーはフィクション**だ。ここに、人々が複合プレイヤーの創出と維持に熱心にならねばならない理由がある。

個人は、天然の戦略的プレイヤーのように思える。というのも、個人は他人とは異なる利害を持っていると考えられるからだ。しかし、それでも個人は、自分にそれらを追求する権利があると思え、そしてそれらを追求する道を見いだすためには、それらの利害について学習しなければならない。また、自分の「チーム」に自分以外誰もいないというケースは滅多にない――村や国、学校や職場の人間とは共有の利害がなくても、家族とは利害を共有していると感じるのがふつうだ。これは、相互作用の規模に左右される。村人とよりも家族との連帯感が強いし、国よりも自分の村に強く連帯を感じる。この点は、第3章の「誰のゴールか？」で取り上げた。

戦略的行動にかかわるときにプレイヤーを作り出すのと同じように、相互作用の最中に利用できる戦略行動の一つは、関係する人々を変化させることだ。たとえば私たちの住民団体のように、地元の政治家や警察とかかわりを持とうとするなら、これは、相互作用の**社会的エスカレーション**であり、既存プレイヤーの感情の**心理学的エスカレーション**とは異なる。[10] チームを大きくし、敵と敵の味方を脇に押しやりたい（傍観者、あるいは自分の味方にさえする）。プレイヤーの変化は、しばしば、対立のアリーナの移動が絡む（第6章を参照）。多くのアリーナには、独自のゲートキーパーや審判者がおり、正規あるいは暗黙のルールを課してくる。アリーナの移動についていけないプレイヤーもいる。訴訟となると見合わせるグループもいるし、家族や組織のプライベートな抗争では、メディアはシャットアウトされる（少なくともそうしようとする。いったん聴衆が関与すると、聴衆を閉め出すのは増やすより難しい）[11]。

あまたの戦略的決定が「閉じたドアの背後」でなされるのには理由がある。居合わせるプレイヤーの人数が増えるほど聴衆が目立ち、気にする必要がある。三人よりも二人のあいだでのほうが率直な話ができる。三人目を引き入れるや、自分の発言が他の二人に対してどんな効果を与えるかを考え始める。最初の二人は、自分たちの行動に対する聴衆を持つことになる。関心も応答も影響力もさまざまな、もう一人の潜在的プレイヤーである。「第三者」は、最初の二人のあいだの対立を調停することもあれば、一方への肩入れに大きな代償を強要することもある。あるいは単に漁夫の利を得ることもある[12]。プレイヤーが増えることで、いっそう多くの影響が生じる。プレイヤーを制限すると、相互作用は単純になり合意を得やすくなるが、しかし、排除された人たちは、自分のゴールが考慮されていないと感じて、後々トラブルの原因となる可能性が常にある。

誰がプレイヤーかという定義は、たとえば、誰が裁判で法的地位を持つかのように、綿密な戦略的行動の主題となることが少なくない。コルシカの親族間抗争を研究したスティーヴン・ウィルソンは、抗争が始まると、家族は「どのレベルの親族までが敵かという範囲を明らかにする」ことを見いだした。このような合意は一枚岩ではあり得ず、違反や故意の誤解もふつうだ。あるケースでは、「犠牲者の親族は報復を決意し、そのために、自分たちが罰したいのは殺人者本人だけ、家族はターゲットにしないということを強調した。この虚偽の明言に、殺人者の家族はまったく予防をせず、直後に二人が暗殺された[13]。」このケースでは、「立場のルール」が、文字通り破るために作られたのだ。

プレイヤーは、しばしば、自分自身の戦略的行動へのかかわりを通じて変容する。アイデンティティやエージェンシーの感覚が強まるのだ。自分の行動を観ることで自分がどのような人間かを知り、敵と味方を区別できるようになり、自分が踏み入るアリーナについての理解を深める。私の隣人たちは、ビルのマネージャに対して憤懣をぶちまけた後に、かかわりの感覚を強くした。しかし、行動がアイデンティティをゼロから築くことは滅多にない。ほとんどの場合は、既存のアイデンティティへの付加である。私たちは、そもそも隣人同士であった。ロジャー・グールドが述べているとおり、「出来事が集合的行動の可能性を高めるとしたら、それは出来事が集合的自己理解を――新しい自己理解を作ることによってではなく、古い自己理解に新たな意味を加えることによって――結晶化させるからだ」[14]。それでも、長年にわたる出来事の積み重ねによって、新しいアイデンティティが生まれる。一つの出来事でも、戦争や革命のように非常に劇的であれば、とりわけ新しい制度を打ち立てるときは、新しい世界を生み出す。新しいプレイヤーも出現するだろう。戦争は建国には非常に好都合だ[15]。しかし、モラル・ショックはプレイヤーの世界を変容させることがある。

拡大のジレンマ ⇓ チームや味方の範囲が広がるほど、ゴール、資源、スキル、コンタクトはいずれも多彩になり、均質性が小さくなる。広く浅くなるのだ。より焦点化されたアイデンティティは目的への熱意を集中させるが、それを追求する力は小さくなる。幅広いアイデンティティは多数のゴールを同時に組み込むが、それゆえあなたのゴールは最優先ではなくなるかもしれない。たとえば、病院に新しいMRIを入れたいとしよう。事務長にかけあうために放射線部の協力を求めたら、彼らはMRIの他に、あるいはそれ以上に、いくつか欲しい機械があった。つまり信用できない味方なのだ（これは、第3章の**誰のゴールかのジレンマ**の逆の形だ。このジレンマはプレイヤーの広範なグループへのアイデンティティの問題だったが、ここでのポイントは、相互に一致していないかもしれない点だ）。加えて、ゴールの同質性は、関連するスキルや他のプレイヤーとのコンタクトの同質性でもある（したがって狭い）。対照的に、定義の幅を広げると、焦点はぼやけるが、その代わりに多様性が高まる。たとえば、軍隊の中での徴集兵の比率だ。徴兵によって大人数の兵を確保できるが、熟練度においては職業軍人にははるかに及ばない。[16] **拡大のジレンマ**には、そのほか、効率という次元がある。大人数のプレイヤーは規模の効率は高いが、調整や統制が効きにくくなる。[17] 企業理論は、数年おきにコングロマリット化とスリムなビジネスのあいだを振り子のように動く。**拡大のジレンマ**の永遠の囚人だ。プレイヤー内部の拡大も、成長による特殊化と差異化を伴うときには、**拡大のジレンマ**を引き起こす。[18] これは、チーム作りにおける**ヤヌスのジレンマ**だ。

拡大と脅威の感覚を結びつけたゲオルク・ジンメルは、「関連する要素の数と多様性が増すにつれ、それらに共通する利害の数は明らかに減る。極端な場合、共通項は、最も原始的な欲求、自己の生存のための防衛のみとなる。[19]」よく言われることだが、これが戦時の国家の連帯である。この因果関係は、たぶんどちらの向きにも働く。大幅な拡大によってチームは本質的でないゴールをふるい落とし、一方、焦点の

定まった脅威は拡大を奨励する。脅威の感情がかかわりの核心にあるように、拡大にも必須の要素である。

宗教指導者が直面する**拡大のジレンマ**は、信徒としてよい者についての厳密な規則と改宗を普遍的に受け入れることとの選択だ。前者を選んだグループのコストは高く、たとえば禁欲主義のシェーカー教徒やインドのパーシ教徒（ゾロアスター教徒）は、近年信徒数が減少の一途をたどり、「稀少宗派」になっている。[20] インサイダーとアウトサイダーのどちらを指向するかをめぐるジレンマとまったく同じように、それぞれの中での区別のジレンマも生じる。フリードリッヒ・エンゲルスは、労働騎士団［訳注 1869年フィラデルフィアで結成された労働者団体］を痛烈に批判し、過剰拡大の問題を次のように述べている。「無数の『集合体』としてアメリカの広大な部分に広がった巨大な連盟であり、労働者階級の個々人や部門のありとあらゆる意見を代表した。その全体はそれに対応した不分明な綱領を隠れ蓑として、彼らの非実際的な理念と言うより、自分たちの共通の大義のために結集するという事実自体がアメリカにおいて巨大権力であり得るという本能的な感覚によってつながっていた。[21]」

強力な味方は、重大な**拡大のジレンマ**をもたらす。これまで見てきたように、味方に対しては、**信頼できること**――あなたのゴールに忠実であること――と、**役に立つこと**――あなたがしてほしいことをやり遂げることができること――の双方を求める。しかし、彼らは強力であればあるほど、信頼できなくなる。彼ら自身のプロジェクトを追求するだろうからだ。マックス・ウェーバーをはじめとする研究者が分析しているように、封建主義の問題がここにある。この点については、池上英子がサムライの起源についての研究の中で的確に要約している。「戦士として優秀になるほど、たとえば武術に秀でていたり大軍を動かす資金力があるほど、信頼できる証は小さくなる。つまり、もっと有利な大将に鞍替えする独立性を備えているのだ。[22]」武士の名誉と忠誠というイデオロギーは、拡大のジレンマを改善はしたが、完全にではない(サムライは、文化的理想が示すほど常に忠実ではなかった)。

現代政治において、有名人は公的プレイヤーにとっての強力な味方である。1980年代初めに、政治家たちがいかに核兵器凍結のメッセージを喧伝し、かつ歪曲したかを示して、デイヴィッド・マイヤーは彼らの「窒息せんばかりの抱擁」について述べている。強力な味方による凍結メッセージの洪水だったというのだ。テッド・ケネディ上院議員は「凍結提案において意図的に曖昧な表現を使ったが、それはおそらく民主党右派を考慮して、穏健派の支持を得るためだった。[23]」ニュースメディアも同じく、メッセージを広く聴衆に伝えるという点で公的プレイヤーにとっての強力な味方になる。だが、メディアはメッセージを歪曲する可能性がある。メディアは、派手な人間や人目を引く写真を好み、真のリーダーというより有名人を作り上げる(より正確に言うと、**ヤヌスのジレンマ**を押しつける。つまり、内部よりも外部へのアピールに秀でたリーダーを助長する)[24]。味方、篤志家、有名人と同じように、メディアも役には立つが危険なツールなのだ。

チームや味方をまとめるとき、ほとんどのプレイヤーは有能さよりも信頼できることを重視するのではないだろうか。おそらく、複合プレイヤーを作り上げるプロセスの大半を通じて、支配的な要素は忠誠である。たとえばこれからビジネスを立ち上げようというチームは似通った人間が集まりがちで、多様で補完的スキルを持つ人間の集合とは言いがたいことが多い[25]。一つには、たとえチームに実務的なスキルが欠けていても、手を伸ばす相手はすでに知っている人間であるからだ。連帯はしばしばそれ自体がゴールである。

普遍主義のジレンマ ⇓ 他の人間やグループにはない何か特別な才能を持っていればこそ、人並み以上の保護や権力や権限、あるいは尊敬に値する。いつも万人向けのスピーチでは、人気は高まっても、従うべきリーダーとしての理由は曖昧になる。**普遍主義のジレンマ**は、単にグループ作りだけでなく、リーダーシップのスタイルのジレンマでもある。バジル・バーンスタインは、このジレンマを子育てのスタイルにたとえて指摘した。「親だから」という理由付けは、「兄弟の髪に火をつけてはいけないから」という理由づけとはまったく別物だ。一方は地位の権威に基づいており、他方は普遍的な行動ルールに基づいている。**普遍主義のジレンマ**は、修辞的アピールの土台にも、またグループメンバーシップの基盤にも表れる。後者の場合は、拡大のジレンマの一つのバージョンとなる。

チャンスとリスクは、さまざまな聴衆の関心の移動から生じる。ビッグ・プレイヤーが小さな諍いに目を留め、最初の当事者を犠牲にして利益になるチャンスと見なすこともある。新しい聴衆の出現は、常に、潜在的なコストと便益の関係を移動させる。たとえばアメリカ公民権運動史の研究者のほとんどは、連邦政府が要求を真摯に受け止めるようになったのは、冷戦下の「自由のための戦い」において、諸外国から偽善ではない真のモラル・リーダーシップを期待されたからだと見ている。[26] 加えて、公民権運動が全国メディアの関心を引くようになると、共感を寄せる聴衆が加わった（たとえば、第4章の冒頭のエピソード、モンゴメリーのバスボイコット事件）。弾圧を怒る全国民の視線が、時間と資金を提供した。

他のプレイヤーに、見守っている聴衆がいると思わせたいことも多い。ロビー活動する議員は、単に支持団体の意見を表明しているだけではない。その問題がいかに重要かもアピールしている。支持者が見守っているからだ。同時に、たとえば組織から促されなくても（そのような促しを秘密にしておくのは難しいが）、何千人もの人が自主的に抗議の手紙を書くくらい、その問題に関心を持っているのだと指摘することで、反対陣営に自分の行動に気づかれずに、それを十分認識していると知らせたいこともある。ロビー活動は、第三者と反対者がターゲットであるだけでなく、自分のチームにも向けられている。脅威を感じさせ行動に駆り立てる、あるいは単に自分の活動を知らせる。このように、あらゆる聴衆を同時に念頭に置くのである。優れた話術は多面的な効果を持つ。

潜在的なチームメンバーや味方の関心を引き、ゴールを共有するまとまりのあるチームを作りたい。しかし、個人のレベルより上、つまりプレイヤーが組織やグループのときは、社会学的問題が広がり、複雑になる。グループに追求すべき利害があると感じさせるにはどうしたらよいか。他の人たちをかかわらせるためのヒト、モノ、技術を調整する方法をどうやって学ぶか。グループ内部で必要な信頼のレベルは？自チームと他チームのあいだにどんな境界線を設定するか？[27] これらは、あなた自身を含めて、潜在的プレイヤーを説得するための修辞的問題である。

聴衆を分離する

理想は、重要な聴衆の個々の目標に応じて、固有の戦略や修辞法を考案することだ。同じメッセージを、急進派に対しては過激に、穏健派には穏やかな表現で伝える。内部に対してはアウトサイダーを悪者に描き、一方でアウトサイダーにはメンツを守ると約束する。だが悲しいかな、行動も言葉も常に分離して使えるわけではない。複合プレイヤーは、行動や言葉を使い分けようとして、しばしばタマネギ戦略を使う（満足を与えるメタファーのリサイクル）。行動や議論の種類ごとに新しい聴衆の層、タマネギの皮を付け加えたり剥ぎ取ったりする。私の近隣住民グループも、お互いにもっと戦略的な議論ができるようアウトサイダーに退席してもらったときにこの戦略を使った。タマネギ戦略は、プレイヤーの人数が増え、複雑になるほど使いにくくなる。分離しなければならない層が増えるのに、その方法が少なくなるからだ。

聴衆を分離するベストの方法の一つが、隠匿である。協力者について――特に彼らの秘密を守る能力について――確信が持てるなら、何が起こっているかを敵が感づかないうちに、たぶん戦略的ゲームが進行していることすら気づかないうちに、裏でいろいろ工作できる。秘密はチームを定義する上でも役立つ。インサイダーとアウトサイダーの線引きになるのだ。アーヴィング・ゴフマンは、チームのイメージとそぐわない**暗い秘密**、チームが何をするかについての**戦略的秘密**、メンバーシップを定義する**内側の秘密**、信頼の太鼓判を押す**信頼の秘密**、そして害を引き起こさずに開示できる**自由な秘密**を区別した。[28] 言い換えると、ある種のプレイヤーが聴衆に加わらないようにすることは、成功および複合プレイヤーとしてのアイデンティティにとって決定的に重要になることがある。同様に、虚偽という方法、すなわち特定の聴衆に対して誤解させるメッセージを伝えて、自分のプランの前進に彼らを役立てる方法もある。

あなたが聴衆を分離したいと思うまったく同じ理由から、敵も、あなたのメッセージを間違った聴衆に伝えようとする。内輪の会合に、敵や警察はスパイを送り込む。支持者向けのメッセージがメディアに流れ、他のアクターにも伝わるかもしれない。この行動の要点は、あなたを、何らかの虚偽を示唆する矛盾に陥れることだ。それらは、あなたの「本心」は発言とは違うと暗示する。抗議活動団体は、活動家や支持者に対しては自分をラジカルに見せたいが、一般大衆には穏健と思われたい。敵が矛盾を指摘することに熱心だと、バランスをとるのはいっそう困難になる。

聴衆分離のジレンマ ⇓ 聴衆ごとに異なるメッセージを出すことはきわめて役に立つが、二枚舌に思われるリスクがついてまわる。特に敵が対立するメッセージを逆手にとってあなたを悪者に見せようとしているときはリスクが大きい。現代世界においては、聴衆の境界は著しく危うい。聴衆を分離するには、不注意は許されない。しかも、いくら注意しても裏目に出ることもある。これは、**誠実さのジレンマ**と**明言のジレンマ**の交点にあるジレンマで、一種の**悪ガキか良い子かのジレンマ**でもある。

聴衆を分離するためのツールの一つが暗号だ。暗号を使うことで、同じコミュニケーションから異なるメッセージを受け取れる。文字通りの暗号は、戦争において軍事活動の調整に決定的に重要だ。特に通信に多種の複雑なテクノロジーが用いられる現代の戦争では、暗号解読も等しく重要だ。敵の暗号が解読でき、そしてそのことを敵に隠しておければ、敵の行動を予測できる。だが、暗号が解読されたことを敵が察知した場合、敵はそのことを秘密にしておいて、壊滅的な誤情報を流すこともできる。あらゆる言葉や行動について誰が聴衆か、それらが彼らにとってどんな意味を持つかを知っておくと有利な立場に立てる。他のことはさておき、巧妙な戦術家であるオサマ・ビン・ラディンは、公共放送に託して活動分子に秘密のメッセージを伝えていると考えられている。

これと対極的な暗号のありかただが、サブカルチャーによって暗号化された言語が異なって受け取られることがある。1970年代から80年代にかけてのアメリカ政治では、ジョージ・ウォーレスやロナルド・レーガンのような人種主義デマゴーグは、巧妙な暗号化されたスピーチに長けていた。同じ世界観を持つ聴衆に対して、「繁栄の女王」や「特別利害」といった表現は明瞭な意味を持って強い感情を掻き立てる一方、世界観の異なる人間には（最初のうちは）ほとんど意味をなさなかった。この点では、厳密には**暗号**とは言えない。それは単に、文化的意味や共鳴点が集団によって異なるということである。[29]

もう一つの可能性は、解釈が必要なメッセージを送ることだ。ある聴衆に対して、メッセージを文字通り受け取らないように、あるいは行間を読むようにという信号を出すことがある。人質にされている人が、誘拐者からメッセージを読み上げるよう強要されることがある。誘拐者を讃える文面を読み上げても、人質の声は皮肉と陰鬱の色を乗せ、人質を知っている聴衆には強制されていることが伝わる。[30] 逆に、相手方による解釈の補助が必要な、曖昧なメッセージを送ることもある。外務省発表があると、駐在国の大使は自国のためにそれを（ときには文字通り）「解釈」する。もちろん、ぼかされていることが明白であれば、疑念を引き起こすだろう。（この可能性は、**聴衆分離のジレンマ**と**明言のジレンマ**の交点にある）。

相互連絡がほとんどない複数のグループに対しては、異なるメッセージを送ることができる。グループ同士で言語が違うケースが格好の例だ。パレスティナのインティファァーダ殉教者に関するアラファトの声明は、英語文書のほうがずっと強硬な表現のことが多かった（もちろん、この指摘はアラファトの二枚舌を批判する側によるものだ）。百年前のアメリカの労働組合は、多くの企業で出身国別・言語別に組織されており、それぞれが独自の新聞を発行し居住地区も固まっていた。これらのグループに異なる情報、特に他グループの裏切りに関する情報を流すのはわけもなかった。まず相互不信の土壌が必要だし、メディアの編集者を買収する必要もあっただろう。切り札はもちろんアフリカ系アメリカ人のスト破りだった。統合された労働階級の「プレイヤー」は、出現しようもなかった。

アメリカ陸軍の大佐が、将来の軍隊の必要性について論文を書き演説するとしよう。同僚のあいだや戦争の将来についての著作がある学者の評判が、学問的にも実務的にも気になる。陸軍内の自分自身の「戦闘部隊」を賞賛し後押しもしたい。大佐は無人装甲車の擁護派かもしれない。だが、海軍が防衛予算のシェア拡大に躍起になっており、海兵隊はあらゆる戦争における水陸両用車両による上陸作戦の重要性を主張している情勢において、陸軍の利害を代表する義務も感じている。議会や一般国民を聴衆とするときには、軍隊全体のことを考え、防衛予算増額を論じもするだろう。すべての聴衆が対立の潜在的アリーナに勢揃いしているわけではない。この場合、我らが大佐は、一般国民を聴衆として、二通りのゲームを念頭に置くだろう。政府予算をめぐる三軍の競争と、アメリカと仮想敵国とのあいだの対立可能性だ。目標を定めた聴衆に対して、慎重に言葉を選ぶだろう。

この例が示すように、選択した聴衆に合わせるだけのこともしばしばだ。上例の大佐は、最もアピールしたい人々に読まれる可能性が最大になるよう、別々の雑誌に論文を書くだろう。しかし、漏洩に気づいてもいる。定期購読者以外の人間の目に触れるかもしれない。大佐の主張を崩したい人間――たとえば宿敵の海兵隊関係者かもしれない――は、矛盾点を探すだろう。聴衆を分離しやすいか否かは、社会構造的要因も影響する。現代のニュースメディアは、常に、新しいトレンドや人目を引く異論を求めて、あらゆるところに首を突っ込み、国中どころかますます世界中にメッセージをばらまいている。グループのまとまりの強さや、ネットワークの緻密さも、メッセージを目的のグループ内だけにとどめられるか否かを左右する。

行動も言葉と同じように修辞的な力を持つが、行動は「文字として」は入ってこないため、さまざまに解釈される可能性がある。行動について不利な解釈を防ぐのは難しいが、行動を言葉で――あなた自身の解釈で――補足することもできる。これらは、各種の聴衆に的を絞ったものだろう。経営陣は、労働者に事業運営における発言権を与える新しい規則を作り、同時に中間管理職に対しては新しい規則ができても彼らの権限は今までと変わらないと個人的に保証する。あるいは、メディアを通じて解釈を公にすることもできる。爆弾を仕掛けたグループは、その理由を公表する必要がある(関係する一般大衆がすでに共感を寄せているときは、非常に効果的だ)。自分の行動を**説明すること**が、**実際の行動**と同じように重要なこともある。特に、言葉と行動がそれぞれ別のプレイヤーに向けられている場合だ。他者のために、自分自身の行動を解釈するのだ。

差しでの話し合い(あるいは、私が会合の後、ビルのマネージャに送ったメモ)のように仮に聴衆を分離したとしても、その聴衆はその話を他人に伝えることに利点を見いだすかもしれない。情報は価値を持つのだ。味方が秘密を漏らすこともあり、敵は言うまでもなく危険だ。たとえば、フルシチョフはケネディとの私的な会話において、アメリカはキューバに脅威を感じると言うが、アメリカの同盟国であるイラン国王のソ連に対する脅威ほどではないだろうと文句を言ったことがある。ケネディはイラン国王と距離を置いており、国王が自国民の扱いを改めない限り、アメリカの友人にはなれないと言い返した。この率直な発言はすぐに漏れ――もちろん、尾ひれが付いて――、イラン国王はＣＩＡによるクーデターを恐れるようになったのだった。[31]

聴衆を分離できれば、操作も可能だ。たとえば、サクラの聴衆を使って、聴衆としての反応の見本を示すこともできる。警察は、良い警官／悪い警官（脅迫と同情の役割分担）のチームで容疑者を操作する。容疑者は、良い警官が、パートナーが本当に脅迫を実行するのではと不安に思っているさまを目にする。良い警官は、プレイヤーではなく聴衆のフリをするのであり、容疑者は感情的に伝染して、いっそう不安を募らせる。そのほか、本来の自分とは違うただの聴衆を装うケースもある。工作員はグループをラジカルな方向、すなわち外部の聴衆の信用を失わせたり当局の抑圧を招く方向にグループを向かわせる。ある種の戦略的プレイヤー（または非プレイヤー）と仮定される聴衆が、実はまったく別種のプレイヤー、ときには敵でさえあることが判明する。

多様な聴衆と同盟

聴衆のサイズはさまざまだ。人数が増えると、一人ひとりのプレイヤーと個別に相互作用することは不可能となる。ビジネスでは、何百ものライバル他社がいる。多くの公的プレイヤーにとって、「傍観者」の聴衆は、マスメディアによって増幅され、容易に何千、何百万に膨れあがる。このようなケースでは、戦略的行為者は彼ら一人ひとりの頭の中に入り込むことも、彼らの個々の行動を予測することもできないことは明らかだ。この場合、典型的な行動や可能性の高い行動範囲をモデル化する。これが、古典的な競争市場の経済モデルであり、競争相手に関する情報は製品の価格（ときには価格と品質）などの簡潔な信号に還元される。大勢を相手にするとき、戦略的行動は、飢饉や干ばつに対するプランを立てるのと同じレベルでのプランニングの性格を帯びる。聴衆は、戦略的行為者というよりも、自然の力に類するものとなる。多くのプレイヤーをひとまとめにした集団については予測もしやすくなる。このようなケースで、プランは、多数の行動をサポートする資源の蓄積と能力と構造と関係するものとなり、ゲームの相互作用感覚はあまり感じられなくなる。他者を、あなたの行動に応答する戦略的行為者と見なさなくなれば、戦略は操作となる。広告は、それを見る人に対して、自分が操作されていると気づかせることなく、影響を及ぼすことを意図している。

サイズのほか、聴衆の構成要素の多様性も重要だ。複合プレイヤーはすべて、多数の個人、ネットワーク、または組織から構成されており、それらのゴールや戦術の嗜好はさまざまで、絶えずチームの統一を脅かす。さまざまなレベルにおけるかかわりのあいだでエネルギーと関心は常に変化しており、しばしば、ある一つのレベルに行動が停止したり脱線したりする。複合的な聴衆は、定義により、分解でき（または分裂し）、多数の少人数の聴衆になる。**すべての複合プレイヤーは、プレイヤーであるだけでなく、アリーナでもある。**

この多様性の問題は、同盟に関しては特に深刻だ。同盟とは、特定の目的に協力することに合意するプレイヤーのグループであり、しばしば期間限定的で、そして通常は、ある種の契約によって支配されている。特に国際関係の場合など、プレイヤーがきわめて複合的な場合は、**提携**と呼んでいる。提携は同盟ほどフォーマルではなく、対立において、ときとして暗黙裏に一方の側に協力する存在を含む。実質上は味方であるが、その状態の土台となる法的取り決めは交わされていない。ほとんどの正式な同盟は、アリーナ特異的である。軍事同盟は貿易問題を対象とはしないし、貿易同盟は軍事問題にはかかわらない。しかし一部の同盟は共通のゴールによって定義され、アリーナを横断していることがある。産業ロビー団体は、メディア、裁判所、そして公選の公職者を利用して、自己利害を追求する。しかし、自チームや同盟にとって多様性が弱点となるときは、おそらく敵にとっても同じだろう。各サイドが他者の多様性を利用しようとし、潜在的な離反者を探す。この点は後で取り上げる。論理的には、同盟や提携の基本的挑戦課題は、**拡大のジレンマ**である。

勝ち馬に乗るジレンマ ⇓ 一人のプレイヤーまたは同盟が強力になったとき、他のプレイヤーは味方になってその力の恩恵にあずかるか、それとも増長させないよう対抗するかを決めなければならない。国際関係では、国家は支配国家の芽生えに対しては対抗措置をとろうとするのが常であり、力の集中が最終的に自分たちの身に降りかかる火の粉になることを知っているからだと、現実主義者は主張する。しかし、その力の中心の一部となれば、それを受ける側になるより使用する側になる可能性が高い。組織化されたシステムでは、覇者を恐れることなしに、それから自分を守ることができるかもしれない。つまり、勝ち馬に飛び乗るのだ。すべては、強大な力を持つものがどう行動するかの予想にかかってい

る。[32] 2003年のジョージ・ブッシュのイラク侵攻を受けて、諸国はそれぞれアメリカと自国の関係について計算した。これは、**拡大のジレンマ**の一種で、一人の強力な味方を持つことの特殊な問題である。[33]

特定の行動について、公的な継続的な同盟なしに一時的な連携が生まれることがある。福祉国家の設立は、立法における二〇世紀の最重要な発展の一つであり、さまざまな連携の所産であった。スカンジナビア諸国の社会政策は、労働者と農民の連携の上に成り立った。アメリカ、イギリス、カナダの老齢年金は、労働者と政策専門家の同盟が頼りだった。アメリカのニューディール政策で制定された法律は、もっと公的な、労働運動の支持を得た北部出身民主党議員の同盟の結果であった。[34] 状況主義者たちは、こうした連携を**戦略的な達成ではなく構造的条件**として描く傾向がある。しかし、多くの研究がこれを支持していない。**連携**でさえ、強すぎる表現のことがある。多くのケースでは、何かを達成するために協力するプレイヤーは、自分が集団を形成しているとはまったく考えていない。彼らは、一時的に共通の目的またはゴールのために動くが、本質的に異質なプレイヤーである。構造とはまったく異なり、一瞬の協力以上のものではない。もっとも、こうした協力の結果、将来的な協働につながる知識や良好な関係が生まれることはある。

アリーナの中には、独自の同盟パターンを持つものがある。選挙戦の駆け引きにおいては政党という同盟パターンがあり、互いの相互作用のスタイルや対立に特徴がある。イデオロギー的分裂という伝統的な特徴が非常に強く、新しい政治思想のアリーナ参入を妨げ、まさに新規プレイヤーのエントリーを阻む障壁となっていることがある。たとえば私がフランス、スウェーデン、アメリカにおける原子力エネルギーをめぐる政治について研究したとき、国内の政党間に存在するイデオロギーの相違が、国家的論争をゆがめていることに驚いたものだ。コストや危険や便益をめぐる率直な論議ではなく、共和党も民主党も政府の市場介入の問題と見なす傾向があったし、フランスの政治家たちは労働と資本の利害の戦いだととらえていた。また、スウェーデンでは、社会民主党の覇権の問題となっていた。アリーナとそこでの同盟が、問題の枠付けを変えることがあるのだ。[35]公式に同盟を強いるアリーナはわずかで、ふつうは、アリーナが構成する対立から生じる。

この問題の認知的枠付けに加えて、前からの友人や敵の同盟はしばしば、新しい戦略的イニシアチブの感情的枠組みとなる。好意を持つ人間の提案は信用するが、敵の提案は疑いのまなざしで見る――そういう感情的パターンによって引き起こされる理由とは無関係な提案でさえもだ。地方政治においては、住民はしばしば地元の巨大組織――企業や政府の官僚機構や大学のこともある――相手に戦う。対立が長引くと、大規模なプレイヤーに対して根深い不信や嫌悪が育つ。人口動態学的にも職業的にも、他の理由からも反対するとは考えられない人たちが基礎的な科学的調査に強く反対した多くのケースで、その理由は、単に大学の名を借りた研究だからというものであった。[36]

こうした認知的および感情的なダイナミクスは、同盟が必要から計算された創造物であると同時に文化的達成であることを示している。結果として、不完全な連帯をベースとした非公式な同盟は、明白な合意を通じて形成されたものと同じように、強力なものとなる可能性がある。

セキュリティのジレンマ ⇓ 大きな対立があるアリーナでは、力は相対的で、一人のプレイヤーが強力になると他のプレイヤーの力は弱くなる。あるプレイヤーにとっては防衛的に思われる動きも、他のプレイヤーの目には攻撃と映る。国際システムについての現実主義者から見ると、これはよくあることで、しばしば敵意のスパイラルを生み出す。他のプレイヤーが自己防衛に動くと、先手を打ったプレイヤーはそれを攻撃的な動きととらえ、さらにそれを他のプレイヤーは攻撃と受け止め……。ロバート・ジャービスによると、「ある国家が安全強化のために用いようとする手段の多くは、他国の安全を低下させる。[37]」多くのアリーナにおいて、一人のプレイヤーの成長は他のプレイヤーに脅威を与え、望まぬかかわりの引き金となることがある。

※

聴衆としてのプレイヤーのイメージ、相互に見守り、耳を傾ける聴衆のイメージから暗示されるのは、言葉と行動への修辞学的アプローチだ。二四〇〇年の歴史を持つ修辞学は、最も古くから連綿と続く文化と戦略の交点に関する思考である。修辞学は話者と聴衆のあいだの相互作用を扱うため、特に、戦略的枠組みにとって有用だ。たとえば、聴衆の感情的反応のほか、さまざまな聴衆と共振する枠組みやシンボルの構築を検討できる。言語（「記号論的モデル」）、対話、語り、またはアイデンティティに関する文化モデルを含めて、文化に対するいくつかのアプローチを修辞学の枠組みに取り込むことができる。話者と聴衆の役割を敢えて区別せず、誰もが聴衆であり得、すべてのプレイヤーが「話者」であり得ることを理解する限り、修辞学を戦略に適用できる。「話者」と鉤括弧でくくるのは、これは単なる言葉、しかも修辞を形成する単なる発された言葉では絶対にないからである。私たちは言葉だけでなく、行動やボディーランゲージや服装によってメッセージを伝える。沈黙が最も雄弁であることも珍しくない。

戦略は徹頭徹尾、文化的だ。私たちは自分の認知バイアスや感情的な状態で情報をフィルターにかける。ミスは、しばしば文化や性格を反映する。ゴールは文化や感情的な絆から生まれる。プレイヤーは文化的道具を用いて選択を行い、修辞を利用して他者と相互作用する。聴衆の感情を掻き立てることで彼らを説得し、動かす。最も文化的な創造物といえど、決定を行う［文化に支配されるだけではない］。

構造論的視点からは、対立の帰結を予測するために知る必要のある主な事項は、各プレイヤーの能力と同盟だ。しかし、プレイヤーの顔ぶれは一定ではなく、能力も変化する。そうでなければ、戦略的選択が問題になることはないだろう。しかし、すべての上位にあるのは、私たちは戦略的相互作用のあいだに変化する別の変数を持っているということだ。それは、行動が繰り広げられるアリーナである。次章では、このアリーナを取り上げる。アリーナは多数の制約を課し、それゆえ私たちはアリーナの中で戦略的に動いているときでさえ、アリーナを変更しようとする。自分が優位に立てるアリーナを常に探し求めるのだ。

第6章　アリーナ

イングランドの国防について思うとき、頭に浮かぶのは、もはや、ドーバーの白亜の断崖ではない。ライン川――そこにこそ、今日の我が国の前線がある。⇓　下院議員スタンリー・ボールドウィン（1934年）

私が初めて取り組んだ大きな社会調査は、ジミー・カーター政権時代のことで、マサチューセッツ州の伝統産業の二工場における苦情処理制度に関するものだった。二つのケースとも、UAW（自動車労働者組合）が義務づけているとおり、契約を履行し、経営者の勝手な措置から組合員を守るための公的な制度が存在していた。雇用主は不承不承だが、ちょっとした苦情を処理する方法として苦情処理制度を整えていた。制度は本来あるべきとおりに機能することもあった。労働者のために規則違反と思われる複雑な件についての聴聞会を開催するなどだ。資本家と労働者のあいだの戦略的抗争からある種の問題を排除することが狙いとされていたが、まったく別の用途に利用されることもあった。不満から政治的要素を取り除くのではなく、雇用主と組合のあいだのもっと大きな対立の一部になったのだ。形は依然としてあるものの、その実体が変化したのだ。新たな利害関係であった。

一つの工場は、二千人が働く自動車組み立て工場で、契約交渉が始まる数ヶ月前から苦情が広がるのだった。交渉の一部として、組合のリーダーは、クレームのほとんどを「取り下げる」よう提案する。苦情が政治的な取引の材料になるのだった。タイミングから想像されるとおり、苦情を提出した労働者も、苦情は取引材料だと見ていた。もう一つの、労働者二百人、宇宙産業のハイテクパーツを製造する工場では、苦情処理の実態はまったく違っていた。苦情件数は何年も前から着実に減っていたが、それはひとえに、過激な人事部長が苦情を提出した従業員をトラブルメーカーだとして排除してきたからだった。組合は弱く、認定を取り消されそうだった。組合も人事部長も、自己目的のために苦情処理制度を利用していた。どちらも、表向きの苦情処理制度とその実体には大きな乖離があった。

この形式と中身のコントラストは、戦略的行為者が自分により好都合なゲームを求めてゲームを切り替える方法の一つにすぎない。たとえば従業員が「規則通りに働き」仕事のペースを落とすときに、法律文言が味方する。法の精神がゴールへの到達に役立つときもある。戦略的対立の展開が一つのアリーナに収まることはほとんどない。労使関係一つをとっても、争議は、全国労働関係委員会への告発、選挙、そして任命、連邦議会、州議会、契約交渉、苦情処理、職務上の非公式な言動、メディア、世論にさえ広がっていく。状況のそれぞれで、関係するプレイヤーの顔ぶれも異なる。主なプレイヤーとなるのは、地域労働者のこともあれば、UAW、さらに組合全体とその連合組織のこともある。

先の例で、過激な人事部長は他の制度についても策を弄していたことを認めた。ふつう、昇進には筆記試験があり、経営と組合の双方の代表が同席する。人事部が受験者を昇進させたいとき、試験監督は席を離れる――たばこを吸ったり、トイレに行く――、組合の同席者が受験者に答えを教えることを承知の上でだ。（組合の代表もおそらく同じ穴の狢だ。ひいきの受験者により良い答えを教えるのだ）。どんな規則にも抜け道はある。

アリーナは、規則と資源のオープンエンドな束であり、ある種の相互作用を進行させ、公的かそうでないかは別に結果に導く。誰がプレイヤーであるかを厳密に線引きするアリーナもあれば、開放的なアリーナもある。法的であったり公的であったりする必要はなく、慣習に支配されていることもある。アリーナは出場者の振る舞いを制約することによって、彼らが相互に何を期待できるかについて限界を設定する。これが、賢明な動きがアリーナから飛び出してしまうことであることが多い理由だ。文字通りのゲームのように、アリーナの通常のルールを拡大しすぎれば、別のアリーナになってしまう（ルークを斜めに動かせば、そのゲームはチェスではなくなってしまう）。

アリーナの種類

アリーナは曖昧な言葉だが、その曖昧さが有用でもある。もともとは、古代の円形競技場の競技が繰り広げられる場所を指す言葉だが（語源は、血を吸収するために撒かれた砂を意味する）、観客も含められるようになった。すべてのかかわりに潜在的聴衆がおり、さまざまな点で直接の闘技者とは異なるが、アリーナの一部である。**フィールド**も同じような比喩で用いられているが、もっと曖昧だ。[1] アリーナもフィールドも、共に、対立とは異なる。対立は種々のアリーナへと広がり得る。**アリーナは、行動と利害によって定義され、対立は関係するプレイヤーによって定義される**。[2]

アリーナは、数々の次元において多種多様であり、それぞれに応じて相互作用が形作られる。次元の一つは、単純に**規模**または**サイズ**である。アリーナの広さはどのくらいで、そこで調整する必要のある行為者や行動の数はどのくらいかということだ。小はベッドの中のカップル（彼はその気になっているのだが、彼女は静かにマッサージしてほしいだけ）、大は宇宙の植民地化をめぐる国家間のグローバル規模の提携などだ。物理的なサイズが違うと、必要なコミュニケーションや調整の技術も違ってくる。人数が増えると社会的ダイナミクスの複雑さが生じる。アリーナ——またはいくつかのアリーナにまたがる対立——の縮小拡大は、ふつう、プレイヤーのオプションである。

ほとんどのアリーナには、誰がプレイヤーになれるかを定めるルールや伝統がある。人数や相互作用の形は、共に、プレイヤーが互いに個人的にどのくらい**知っている**かに影響し、したがって個人的な信頼や好意の履歴を左右する（もっとも信頼も好意も、よく知っているからといって、常に育まれるとは限らない）。家族は、複雑な感情の絆や細やかな神経で結ばれている。友人とのあいだにも絆があるし、隣人とのあいだにも何らかの結びつきを感じる。しかし、直で向かい合うアリーナから離れると、ふつう、二つの次元が失われる。一つは、個人的相互作用のボディーランゲージや表情であり、もう一つは長く行われてきたゲーム全般にわたる相互作用についての直接的知識だ。他のプレイヤーに関する情報は、間接的な色合いが増し、そしてしばしば公的なものとなる。これはある面で、単純プレイヤーから複合プレイヤーへの変化も伴うためだ。

アリーナによっては、規則や期待に加えて物理的な特徴を持ち、プレイヤーがアリーナにおいて何ができるか、つまり、アリーナの「機会の地平線」を左右する。対立者は面と向き合い続けることを強いられるか、それとも熱を冷ませる避難場所があるか？　直接的またはメディアを介した間接的な聴衆としての傍観者はどのくらいの人数か？　戦争では、アリーナである戦場は、最も効果的な武器の種類、車両、通信手段、その他を明らかに左右する。密林での戦いは、砂漠や市街地や塹壕での戦いとは別物だ。物理的特徴は、情報の流れや関連性、資源の価値、さらに可能な策にも影響する。

アリーナの境界線――ふつうは、規則や習慣に加えて物理的な特性でもある――は、その固定性や浸透性の点で千差万別だ。たとえば、伝統的な政治活動のアリーナでは、通常、境界線は明白で、地域的な政治制度の機能や構造と合致している。アメリカでは、ロビー活動したり、賛同できる議員や執行者に投票したり、裁判で有利な裁定を得ようとしたり、矛先を連邦・州・地方と（あるいは逆に）レベルを変えることができる。ほとんどの民主主義制度では、メディアを通じて世論に影響を与え、政治的連帯を築き（資金サポートや八百長投票や後援によって）、そしてときには住民投票を開始する。法的アリーナや法的手続きも、ふつうは確立されている。他の分野のアリーナの多くはそうではない。ゴフマンは、外界が目前のゲームに影響を及ぼす「相互作用の膜」と、と詩的に表現している。[3]

アリーナ内部の規則の密度もさまざまだ。非常にルーチン化が進んでいる状況もあれば、官僚主義的な要素がほとんどない状況もある。マックス・ウェーバーが熟知していたように、時間の経過につれて、ほぼすべてのアリーナでルールが増え、解決された問題は将来の先例となる。ルールの少ないアリーナ、たとえば家族などは、公的な取り決めの代わりに暗黙の習慣を培う。もっとも、それらの多くは明示的な駆け引きとして始まる。しかし、どんなルールや習慣も、揺さぶったり、突き崩したり、ねじ曲げたりできないほど神聖なものではない。ほとんどの場合、それらの力は、それを発動するプレイヤーと同レベルでしかない。

公式参加のジレンマ ⇓ **かかわりのジレンマ**や**後三条のジレンマ**にも通じるが、プレイヤーは、アリーナに公式の参加者として入るか、それとも間接的で非公式な（そしてしばしば密かな）チャンネルを通じて行動するかを決定しなければならない。たとえば、訴訟の原告になるのではなしに、**嘆願書**を提出したり、係争当事者の一方に密かに資金を出したりする。（後三条のジレンマは、実際にプレイヤーが使用する手段にかかわるもので、彼らが公式にゲームに属するか否かは別だ。しかし、もちろん、公式に属していない限り、公式の地位を使用することはできない）。これは、ゲートキーパーのジレンマ、プレイヤーに公式の地位を認めるか、それとも非公式なチャンネルに追いやるかというジレンマでもある。公式の地位は、権利と統制の両方をもたらす。プレイヤーが多いと新たな視点が持ち込まれ、代表されない利害は後に合意を頓挫させる可能性がある。しかしながら、合意に達するためには、プレイヤーを手に負える人数まで絞り込むのが良策のこともある。たいていは、関係するすべての利害を**知る**ほうがよいが、利害が多ければ**対処する**のは難しくなる。[4]

アリーナは、ゴール、目標、そしてアリーナに入る動機もさまざまだ。アリーナから予想できることもあれば、そうでないものもある。途中でいくつかの目標を達成する必要があるが、そうでないものもある。友人や味方を集めるのに、ふつうは訴訟を起こしたりしない。アリーナを定義し区別する上で重要な要素は「利害関係」である。

ある行動が許容できる、あるいは逸脱していると判断する行動規範もアリーナによって差があり、どんなアリーナかの定義に役立つ。判事を買収すれば合法的アリーナから逸脱し、二個人間の私的なやりとりへと踏み込む。そのアリーナでの適切な行動をめぐる争いは、よくある衝突のきっかけだ。あるプレイヤーをアリーナから締め出したり、そのプレイヤーに損害を与えるという手段に出ることもある。

アリーナはまた、避けがたさという点でも違いがある。隣家の犬がうるさいといった問題は、戦略的応答に踏み込むまでもなく、ただ無視することもできるだろう。仕事では、戦略的ゲームがひどく難儀になったら退職という手もある。だが、避けられないゲームもある。配偶者が離婚訴訟を起こしたり、誰かから訴えられた場合だ。戦争に徴集されるかもしれない。失業したら、新しい仕事を探さなければならない。この両端のケースの中間には、半強制的なかかわり——連結しているかかわりとも言えるかもしれない——がある。これは、コストと報酬が複雑に組み合わさっている。仕事のように、ゲームが嫌でも報酬が欲しいときは、ゲームに我慢することもしばしばだ。

アリーナが違えば、行為者も異なってくる。対立が新しいアリーナに流れ込んだときは、新しいプレイヤーが参加する可能性が生まれる。２０００年のブッシュ－ゴア選挙戦は予想外にフロリダの郡部までもつれ込み、地元カウンティの選挙委員会や州公務員は改めて、「投票用紙のパンチ孔の有効性」をめぐる戦いに本腰を入れることになった。新規プレイヤーは、正式にアリーナに結びついている場合もあれば（たとえば、貿易紛争における世界貿易機関の職員）、新しいアリーナで特に有用なスキルや資源を持つ味方の場合もある。

アリーナによって、プレイする（またはうまくプレイできる）のに必要な資源やスキルの種類が異なる

（敷居が高いこともある）。業界参入のために工場を建設する能力、軍の強化のための予算や徴兵制度、掛け金の高いポーカーゲームに加わるための現金――どれも必要な資源だ。スキルはふつう、ある種の専門技術が必要になる。法廷に立つには法律家の資格が必要だし、原子力規制委員会の聴聞会で証言するには、エンジニアや研究者でなければならない。組織や法律も参入障壁となる。NPOを大きくしようとしたら、寄付金が税控除されるよう法人化が必須だ――アリーナのルールなのだ。

第4章で述べたように、ほとんどのアリーナで役に立つ資源や能力もあれば、ある種のアリーナに特異的なものもある。極端な例では、ある種の（役割という形における）個人的属性は、完全にアリーナの関数になっている。秘密結社エルクス共済組合の集会で、幹部は精巧に作られた頭飾りを被る。ふだんの彼は、ちょっとオタクっぽいが中古車を販売する気さくな人間だ。「序列」はアリーナに特異的なものなのだ。少年たちのケンカも、序列ができて争う必要がなくなれば鎮まる。だが、転校したりすると、改めて自分の場所を見いださなければならない。少女のあいだの「人気」も、たぶん同じようなもので、内輪でだけ通じる評判だ。国際的な規模で見ると、ほとんどとは言わないまでも戦争の多くは、序列が曖昧なために起こっている。自国の相対的な力について二国の持つ印象が一致していなかったり、ある国が他国から軽視されていると思ったり、アリーナによって国の評判が違っていたりするのだ（たとえば、経済面より軍事面での評判が高いなど）。

資源や能力をなじみのないアリーナに持ち込むと有効なことがある。自分と同じような中流階級の人間と思っていた人物が脅かしに出る、専門家の会議でパネリストが急に立ち上がって拳を振り上げる、あるいは隣人が鼻をつきあわさんばかりに迫ってきて（酒臭いのがわかるくらいに）、「いい加減にしろよ」と怒声を張り上げたときは、驚きが先に立つ。中流階級の人間のほとんどは、力が強いだけの何でも腕ずくで片付けようとするガキ大将が好きではない。裏庭に連れ出して脅かすのは主に若者の世界でのことだし、そこにも、身体的要素の少ない脅迫もある。多くのガキ大将――個人も組織も――は、自分が強いという評判を打ち立てるためにケンカをふっかける。そうすれば、強いことを証明するために実際にケンカを**しなくてすむ**からだ。周囲から「あいつとは争いたくない」と思われたいのだ。

ある種のアリーナの中では、対立が一つの確定的な決定によって沈静される。プレイヤーは、抗議できることもできないこともある。他のアリーナ（おそらく大多数）では、それほど決定的ではない決心がたくさん生まれる。決定は、一人の人間が下すこともある。個人として複数のゲームをプレイし、何人かの聴衆のことを考え、さまざまな圧力を感じる。あるツナ缶会社の社長の話だが、消費者のボイコット運動には断固たる態度を変えなかった彼も、一二歳の娘の抗議と、娘の自我の成長を誇りに思う妻には逆らえなかった。公的アリーナでは、敵と味方の両方が存在するのがふつうだから孤立することは滅多にない。だが家族の中では、四面楚歌となることもある。

アリーナ同士の関係

トム・デューイは1944年の大統領選で、現職のフランクリン・ローズベルトを、真珠湾攻撃の暗号文書を解読したという連絡を無視したとして攻撃しようと決めた。そのことを知った陸軍最高司令官ジョージ・マーシャルは、すぐに、デューイに手紙を送った。驚くべきことだが、日本軍は暗号が解読されたことに気づいておらず、今も同じ暗号を使っている。おかげで、アメリカは貴重な情報が入手できている。デューイのプランは、太平洋戦線の諜報活動における最良の情報源を台無しにしてしまうであろう。マーシャルの進言に、デューイはプランを引っ込めた。国際アリーナにおけるゴール――そして、それを推し進める連帯――が、国内政治を制したのだ。(現代の候補者が同じように行動するかは疑問だ。[5])ほとんどの戦略的相互作用は、複数のアリーナにまたがって同時進行する。ちょうど、戦争が多数の前線から構成されるようなものだ。個々のアリーナの中で、一つの戦線での一連の戦闘のように、連続的なかかわりが繰り広げられる。どんな勝利も役に立つ、すなわち後続のかかわりにおいて別の勝利に直接結びつくから、多くの戦略家は資源を持つ限りすべてのアリーナでプレイする。だが、それが決定的なアリーナであれば、一つのアリーナにリスクを集中させることが正しい戦略のこともある。

バスケットのジレンマ ⇒ 対立の場を一つのアリーナ、あるいは一つの決定に絞り込むこと、つまり「すべてか無か」の選択を迫ることは、一つの戦略的アプローチである。これは「全部の卵を一つのバスケットに入れる」ことだ。勝てると思えば、「決定的なかかわり」に踏み込むことは意味がある。確信がないときは、対立の場を多くのアリーナに分散させるほうが賢明だ。この場合、決定的なアリーナは存在しなくなる。複数の前線での活動をうまく調整できれば、魅力的な作戦になるだろう。選択を左右するのは、どんな資源を持つかである。ゲリラ戦では、少人数の部隊を多数分散し、膨大な資源を持つ敵に兵力の分散を強いることで(あるいは、分散させて足止めすることで)、勝利を得ることがで

きる。一方、消耗戦になると、資源を多く持つほうが有利になるのがふつうだ。資源全体の大部分を投入し、したがって損失が敗北（あるいは他のゲームからの撤退）を意味するときは、決定的なかかわりの魅力は低下する。補充ができないとき、あるいは生存がかかっているときは、すべての資源を危険にさらすことは滅多にしない。[6] 科学における「決定的に重要な実験」と同じように、決定的なかかわりはしばしば、後から振り返ってのみそれとわかる。バスケットのジレンマは、明らかに**リスクのジレンマ**や**かかわりのジレンマ**と関連する。

バスケットのジレンマのもう一つのバージョンは、かかわりではなく戦術や行動に関係する。プレイヤーは、一つのことを成功させるのに集中することもできる。戦争で特定の兵器を使用する、一つのアリーナで特定の戦術を使うなどだ。または、多様な兵器に習熟することで――そのため、個々の兵器についての熟達度は犠牲になっても――柔軟性を維持することもできる。習熟であろうと資源生産であろうと、集中は、規模の経済と関係がある。しかし戦略的相互作用においては、他者は、まさにあなたが集中している戦術を阻止しようとするだろう。その戦術で迅速に勝てれば問題はない。しかし、長引けば価値は低下する。（このため、エドワード・ラトワクは、集中――彼の用語では「均質性」――は、内部活動にはよいが直接的かかわりには適さないと主張する。[7]）さらに、多様な戦略をとることで、敵の予期せぬ弱点を突き止められることもある。集中は、**魔法使いの弟子のジレンマ**と関連するもう一つのリスクである。

決定的に見えるかかわりも、実際はそうではないことがある。他の種類の変化の信号にすぎないことがしばしばだ。結果を定めるというより、原因となる真の力である他の傾向を明らかにするのだ。新しい技術やシンボルが特に強力なことが、かかわりによって実証される。ヒトラーの戦車軍団がポーランドの機甲部隊を易々と打ち破った戦闘が良い例だ。両サイドの力関係の変化も、かかわりに現れることがある。アメリカの南北戦争におけるゲッティスバーグの戦いには、北軍の工業生産と徴兵制度の準備がようやく整い、最終的に北軍に勝利をもたらすことになったことがうかがえる。ゲッティスバーグの戦いは転換点と言えるが、それはこの戦闘の結果が直接戦争全体の帰結を決したからではなく、用い得る戦力の土台が顕在化したからだ。一方、古代ギリシアのマラソンの戦いは決定的な戦闘の例と言えよう。勝敗はひっくり返っていたかもしれず、その場合はおそらく、戦争全体の結果も逆転していただろう。

すでに述べたとおり、生存がかかっているとき、プレイヤーは**バスケットのジレンマ**のすべてか無かの選択を避けるのがふつうだ。企業理論や国際関係論の多くは、存続が最重要ゴールだと想定している。しかし、これまで見てきたように、存続は唯一のゴールではないし、プレイヤーはときとして他のゴールを追求するなかで消滅する。加えて、リスク分散による存続や成功のチャンスが小さいときは、すべてか無かの選択を余儀なくされることもある。勝利の確率が小さくても、もっと小さな可能性よりもましだ。そうかと思うと、生存の危機に直面してチームからメンバーが脱落していき、すべてか無かのオプションがとれないこともある。たとえば戦史をひもといても、ほとんどの戦いは、兵は槍を手にしたまま遁走しては戻ってくる、つまり危険を避けて動き回っていたことがわかる。こうすることで、犠牲者が最小限になる。（これは、軍備に勝る敵の頭痛の種だった。古代ギリシアやローマの司令官は、常に敵のゲリラ戦についてこぼした。臆病者の振る舞いだと見ていたのだ）。

バスケットのジレンマは、集中または分散したときに自チームがどのように行動するかと、他のチームがどのように行動するか（というのは、相手は応答して集中または分散することになるから）を比較する必要を突きつける。多数の戦線を展開すると、自軍は弱体化する。だが、敵はそれ以上に弱体化するかもしれない。戦争では、敵勢を二分し、その中間に自軍が突入することで優位に立ちたいと思うだろう。しかし、敵を二分するということは、自軍が敵に挟まれることでもある。この動きは、一度に一軍と戦うときはうまくいくが、包囲されたら破局だ。（一八世紀の軍事論は、この「内側ライン」問題についての唯一の正解を見いだすことが焦点となった。あたかも、ジレンマではなく、幾何学の問題のように扱われた[8]。）

バスケットのジレンマは、部分的に、かかわりが決定的ではない（通常のケースだ）ことが判明したときに、将来的に自分をどのように位置づけるかという問題である。資源や信用が保たれれば、今のちょっとした努力が将来の力につながるかもしれない。驚くべきことに、2004年の大統領選でジョン・ケリーの選挙資金は千四百万ドル残った。後に訴訟問題が生じたときのためにとっておいたのだ。同年、アメリカ最高裁は、弁護側弁護士は、後の判決段階で信用性の主張をするためであれば、クライアントと協議することなくクライアントの有罪を認めることができると裁定した。現ラウンドで絶対に勝てると思っても、万一実現しなかったら破滅する。ルース・ベネディクトは、第二次世界大戦中の日本人捕虜にこの点を認めた。「西洋の兵士と違って、日本人は捕虜になったときに何をしゃべり、何を秘密にしておくかについて指示されていない。彼らの反応は、あらゆる面において驚くほど統率されていない。この訓練の欠如は日本軍の〝生きて虜囚の辱めを受けず〟ポリシーによるものだ。」捕虜たちはアメリカ軍によく協力した。「古参の強者、長く極右主義者だった捕虜が、日本軍の火薬庫を突き止め、軍の配置について詳しく説明し、我が軍の宣伝文を書き、爆撃機に同乗して軍事標的をガイドした。[9]」

一つの戦略的動きが、他のプレイヤーに次のラウンドや別のアリーナに目を向けざるを得なくさせる。敵をおびえさせて、現在のかかわりから資源を引き上げさせようとすることもしばしばだ。ケリーのケースはその一例だ。また、次のラウンドを予想することで、プレイヤーは現在のプレイにいっそう多くの資源をつぎ込むかもしれない。今のかかわりが他のかかわりの試金石であったり代用だったりする場合だ。たとえば、大きな仕事のために建設業者を雇用しなければならないとき、まず小さな仕事に起用して様子を見るだろう。どのくらいの技能レベルか、本当のところを知りたいときは、後に大きな仕事を委ねるかもしれないと匂わせたりしない。後に大きな仕事が控えていて、今回はその予備テストだと知らせれば、今回の仕事は通常以上の仕上がりになるだろう。だが、本命の仕事での仕事ぶりを知る手がかりにはなりにくい。(建設業の読者のために一言、これは仮定の話です)。

アリーナは自立性という点でもさまざまだ。完全に独立なものはない。他のアリーナからの影響を特に強く受けるものもある。これは、対立は複数のアリーナにまたがることが多いためだ。たとえばアメリカの地方、州、国といった複数の政治レベルで、同じ顔ぶれの関係者が対抗しあう。対立の規模が大きくなるほど、影響を受けるアリーナも増える。離婚しようとする夫婦は裁判所に訴え、友達や家族に相談する。有名人だったり派手に振る舞いたければ、メディアに告白するだろう。しかし、政治的な争いは、国際的な圧力や個人的な相互作用(友人同士、あるいは他派閥のリーダーとのあいだで)を含めて、ほぼあらゆるアリーナに門戸開放されている。

プレイヤーか獲物かのジレンマ ⇓ プレイヤーとアリーナのどちらも、戦略的相互作用の焦点になる。敵を負かしたい、友を助けたい、こうしたゴールは他のアリーナに広がっていく。アリーナから何かを獲得することが焦点となることもある――お金、領土、仕事（これはふつう、対立ではなく競争と言われる）[10]。何かを獲得するために一つのアリーナに集中するとき、あなたが相互作用するプレイヤーの重要性は小さくなり、変化することもある。目指すものが得られる限り、彼らに何が起こるか気にかけないだろう。獲物のあるアリーナに行動を集中させ、他のアリーナに入るのは、何かのついでだろう。要するに、ある特定のプレイヤーに勝ちたい、あるいは特定のゲームで勝ちたいのだ。目指す獲物は、相対的なもののことも絶対的なもののこともある。[11] プレイヤーが最も重要であれば、敵に獲物をさらわれるくらいなら獲物を殺すことも辞さないかもしれない。ふつう、プレイヤーを中心にした競争は複数のアリーナに広がり、獲物を中心にした競争は多くのプレイヤーを巻き込む。もっと複雑になると、プレイヤー指向か獲物指向かのあいだを行きつ戻りつする戦略をとることもある。

プレイヤー指向のかかわりと獲物指向のかかわりは重複もする。複数のアリーナにまたがるかかわりの他、さまざまなタイプのかかわりが、しばしば同時に起こる。一人のプレイヤーが複数のかかわりに関係することもある。インドの国家主義者は、第二次世界大戦中、イギリスがさまざまな問題を抱えているときに、特に強く独立を主張した。イギリスはインド以外の問題で手一杯だったため、インド側は自分たちのサブアリーナにおいて勝利をもぎ取ることができるのではないかと考えた。もちろん、イギリスがすべての前線を等しく重視している可能性もあった。しかしイギリスは、関心は向けていても資源を振り向けることはできないかもしれない。強力な敵が別の対立で打ち負かされ、自分たちとの戦いでも弱くなっているという希望が持てる。

友と敵という持続的パターンでは、すでに述べたとおり、プレイヤー自身が問題になることがある。イデオロギーや利権など、発端となったかかわりの影が薄れるほど互いの敵意が大きくなった場合は特にそうだ。自分自身の損得より、敵を傷つけることのほうが重要になる。この分極化は党派的な政治のアリーナだけではない。地方政治、特に企業や大学など一人のビッグ・プレイヤーがいる町の政治で、同じ現象を観察したことがある。ビッグ・プレイヤーの勢力が増大したり不当な影響力を行使すると、その周囲に亀裂が生じる。味方に加わるか、反対派に回るかのいずれかで、中庸の余地はほとんどない。この種の分極化は、焦点となる問題よりもプレイヤー間の敵意から生じる。[12]

現代の市場社会では、巨大で複雑なアリーナ同士の結びつきがますます増えている。スパイは、軍事力だけでなく経済情勢も報告する。戦争は、工業生産に強く依存するからだ。政治も、経済問題を反映する。政治リーダーは、失業率やインフレ率で判断されるからだ。法制度も、多数の戦略的相互作用のアリーナとして定着してきた。アリーナの相互従属性は、戦略的行動における資源としてのお金に対するニーズ増大を反映するだけでなく、社会生活の中での公的組織の支配の高まり――システム理論で的確に解読されている――を表している。[13]

より広大なアリーナの一部になっているアリーナもある。この入れ子式のアリーナを**サブアリーナ**と呼ぶことにしよう。アリーナの中には、個々のサブアリーナでの決定の**集合体**にほかならないものもある。戦略的バランスが比較的釣り合っていると、アリーナの中で相互作用が膠着状態になり、それまでぼんやりとしていたサブアリーナが突然くっきりしてくることがある。2000年、ゴアーブッシュ選挙戦で、突然に、フロリダ州のいくつかの郡が焦点となった。蝶型投票用紙やパンチカード式投票用紙の穿孔くずが問題になり、手作業での再集計、はては裁判にまで及んだ。投票制度や投票に関する法律をめぐって膨大な量の――混乱させるような――情報が飛び交った。一ヶ月以上にわたり、大統領選は、小さないくつかのサブアリーナが主戦場となった。

アリーナ同士が**階層**構造をなし、敗者は上の階層に上訴できる場合もある。同僚ではらちがあかないとき、学部長に話を持って行くだろう。学部長に断られたら、副学長にという具合だ。個人的なつながりがあれば、もっと上のレベルにも直訴できる。直訴は、裁判所のように公的なこともある――裁判所は、他の多くのアリーナの上に位置する一種のスーパーアリーナでもある。単に、官僚主義の階層構造における上の層のこともある。上級官庁は、管轄権がない場合には介入を拒むこともある（もっとも、権力というものはつい行使したい気に駆られるものだから、この種の抑制を働かせるのは裁判所だけというのがふつうだ。経営者は、対立が低いレベルで悪化するのを望まない）。しかし、大きな衝撃を与えるため、望みの結果を得るための方策として、拒絶が用いられることもある。ある程度の公的な組織を持つ複合プレイヤーは、**それ自体、相互作用が繰り広げられるアリーナである**ことを思い出してほしい。

アリーナによって重要性に差があると考えると、弱小国家が強大国を攻撃するなど国際問題での驚くべき選択の理由も説明がつきやすい。日本は、1904年にロシアを、1941年にはアメリカを攻撃した。

中国は、1950年10月、国連軍と米軍の合同軍——核兵器を持っていた——を相手に朝鮮戦争に踏み切った。アルゼンチンは、1982年にイギリス領のフォークランド諸島を占拠した。これらの状況において鍵となったのは、大国が本気で全面戦争を開始するにはアリーナが小さすぎるという計算のようだ。弱小国は、迅速に勝ちを収めることができれば、おそらくアリーナにとどまれるだろう。大国は別の問題で手一杯かもしれないし、戦争のコストを払ってまで小さな領土を維持する利益はないと判断するかもしれない。それに大国は何千マイルも遠くにあり、遠方の戦争を敢行できる、または望む国はほとんどない。仕掛けたほうは、大国が**かかわりのジレンマ**に直面して、この問題は付加的なゲームだから参戦しないと決断することを願っている。そして、大国が軍事力で応じたとしても、ほとんどの戦争は限定的で、はっきりした結論は出にくいものだ。大国が外交手段を越える策に出ると決めたとしても、戦争を始めた政府の転覆を謀ったり、領土を完全に奪還する手間をかけようとするだろうか。サダム・フセインが1991年に見いだしたとおり、するかもしれないししないかもしれない。(弱小プレイヤーが強大プレイヤーへの攻撃を決定するにあたっては、タイミング、文化、心理学も作用するのはもちろんだ。[14])

単純な平行関係のアリーナもある。全体的な対立やプレイヤーが同一ということだ。一つのアリーナでの決定について別のアリーナに上訴することはできないが、あるアリーナでの出来事は非公式に、他のアリーナに士気の面で**波及効果**を及ぼし、第3章で述べたように、重要な動機意識に影響することもある。しかし、一つのアリーナでの勝利が他のアリーナで反動を引き起こすこともある。調停で敗訴した労働者の職場での妨害や怠業は、倍増するだろう。一つの戦いが他の戦いに及ぼす影響は、さまざまなプレイヤーが認知的および情緒的にどのように解釈するかに左右される。人目を引く公的出来事は、多くのアリーナにおいてプレイヤーが新たな要求を出すチャンスとなる。[15] 一つのアリーナにおける成功は、士気に作用するだけでなく、他のプレイヤーへの印象づけの作用もする。全体的な評判が高まるのだ（失敗は逆に作用する）。

再び2000年の選挙戦を例に引こう。一つのアリーナにおける出来事が、決定的瞬間に、他のアリーナにおける行動にどのように影響し、頓挫させ、あるいは麻痺させるかがよくわかる。マイアミ－デード郡選挙委員会は、共和党の抗議者が集計室に乱入したとき、投票用紙の再集計の準備をしていた。警察が騒ぎをおさめたが、何人かは、蹴られたり殴られたりした。おびえた委員会は再集計を中止した。再集計すれば、ゴア票が増えると見られていた。適時の妨害は、抗議側に狙いを遂げさせることが少なくない。このように、アリーナは、別のアリーナでの出来事や活動の影響を強く受けることがある（街頭から集計室まで）。選挙委員会には、強制に対処する備えがなかった。

アリーナ同士に公的な関係はなくても、評判がアリーナをランク付けすることがある。米最高裁での弁論、マイナーリーグではなくメジャーリーグでの活躍、ニューヨークで一旗揚げるなど、ある分野で成功することは特別な名声をもたらす。荒っぽいと評判の地区の出身者とは、諍いを起こす前に考え直すものだ。この場合の波及効果は、一種の勢いというより移転可能な資産としての評判という面が強い。**あなたのアリーナの評判が、あなた自身の評判に影響する。**

多くのアリーナは独自の特殊化された言語を持っており、このことが自立性を高めている。法律は、おそらく最も公的なものであるが、外交、規制に関する公聴会、さらには広告でさえも、言語と同じように話しかけ行動する独自の方法を持っている。現代の法律専門用語も十分難解だが、五百年前のイギリスの法律家はフランス語が必須だった。確実な弁論のためにはフランス語で行う必要があったのだ（法律フランス語）。教育・学術分野でのラテン語は言うまでもない。言語が特殊化するほど、プレイヤーはアリーナでの行動に専門家を登用することが多くなる。[16] とりわけ多言語社会においては、自然言語が境界線を形作ることもある(すでに見たように、聴衆の場合も同じだ)。たとえば、イギリスのインド征服後、ヒンドゥー人は速やかに英語を学び、インドの行政関係のポストを独占した。一方、英語の習得を拒否したムスリム人たちは、重要となったアリーナに入り込めなかった。[17]

大規模なチームや連携では、サブユニットが異なるアリーナに特化することが効率的になる。右派左派を問わず、政党には、選挙や立法に集中する政治家だけでなく、必要とあれば積極的に街頭に飛び出す活動家もいる。（たとえば、共和党の活動家はデード郡の再集計を阻止するためマイアミに飛び、両派の法律家は互いにやっかいな法廷での争いに精出した）。実際、制度的チャンネルと不規則チャンネル（合法か違法かと言ってもよい）のあいだの選択は、戦略的プレイヤーにとって決定的に重要だ。しばしば、予想されるものと予想外のもの、伝統的と革新的、制度的か否か、穏健か急進かのあいだでの選択となる。別のアリーナで活動する分派があれば、戦略的オプションは増大する。しかし、同時にチームの求心的管理が弱まり、二チームに分裂することも少なくない。もちろん、良い警官と悪い警官の例のように、区別はほとんど見せかけのこともある。

急進主義のジレンマ ⇓ 急進派は、理念と行動を極限まで追求するなかで評判を培い、チームの知名度を高め、しばしば利権も得る。穏健派は、合理的な歩み寄りの相手として自己を提示し、そうすることで、他のプレイヤーから急進派の勢力を弱めるために力を得る（ただし、これらの利点を得るには、急進派とは距離を保つ必要がある）。しかし、過激主義の急進的な分派は、傍観者や聴衆には受けが良くないだろう。ときに、プレイヤー全体への許容度を狭めてしまい、他派による不利なイメージづけを許してしまうこともある。当局は、過激な分派だけでなく、急進派全体、あるいはそのシンパも含めて抑えにかかるかもしれない。当局の抑圧がなければ、成功の確率はたぶん高まるだろう。リスクもある。**急進主義のジレンマ**は**バスケットのジレンマ**と同様に、可能性のある結果が極端に良いか悪いかになることだ。

ある種のアリーナは、もっと大規模、あるいは重要性の高いアリーナの**代理**として機能する。**ウォーミングアップ**となり（練習）、**代用品**の役割を果たし（感情のはけ口）、あるいはより大きな対立のための**試行**を可能とする（情報獲得）。かつて、米ソ両国がそれぞれ後押しする小国間での「代理戦争」があった。多くのそれほど重要でない議会投票（法改正案をめぐることが多い）は、将来のもっと重要な投票の試行と見られている。駆け出しの強盗は、見知らぬ家に押し入る前に、家族や近所で練習する。

ある前線での行動は、しばしば、別の前線に予想外の結果をもたらす。ポール・ウィリスは、労働者階級の若者についての古典的な研究で、彼らは学校の規律に反抗し、その過程で一生、肉体作業以外の技術を身につけられないことになってしまうと指摘した。一つのアリーナでの抵抗戦略が、後続のアリーナで利用できるオプションを制限してしまう。今日の選択が明日の選択肢を制限するというのは特に不思議ではない。もっと驚くのは、その制限が異なる制度的状況に生じることだ[18]。

アリーナの切り替え

特に負けそうな側にとって、意思決定するアリーナを切り替えること、つまり別のゲームに移ることは一つの戦略だ。自分の言葉や行動に別の聴衆が得られ、彼らは、ずっと同情的で助けになるかもしれない。新しいアリーナで役立つ能力があると証明できるだろう。今のアリーナで負けそうなとき、しばしば、新天地を探すのは有効だ。敵が同じように考えたとしたら、彼らはもちろん、別のアリーナに移らせまいとするだろう。（さらに、今の戦略的アリーナから別のアリーナに移るのではなく、かかわりから完全に手を引きたいこともあるだろう）。

完全に自立的なアリーナは滅多にないから、切り替えは頻繁に行われる。単一の決定を特徴とするアリーナにおいてさえも、あらゆる法則や決定を解釈し実行する必要がある。つまり、常にさらなる闘争のための別のアリーナが存在する。こうしたケースでは、常に警戒しつつ動くことが必要だ。主要な戦いに勝った後もリラックスできない。フォローアップ活動は永遠に続くかもしれない。法規制履行と解釈に参与し続けることがビジネスにとって利益となる理由がここにある。企業は常に目を光らせ、ロビー活動する資源を持っている――それはビジネスの一部なのだ。ひょっとすると、敵はこの方面に手薄かもしれない[19]。

新しいアリーナは、そこにいる強力なプレイヤーが助けになるか敵対するかで、魅力的なこともあれば居心地悪いこともある。どちらになるかの予想は、要するに推測にすぎない。たとえば会社経営者は、サプライヤー、労働組合、債権者との新しい戦略的相互作用の場を作り出そうとして、破産法に則って企業再編を画策するかもしれない。だが、破産の管財人、つまり新しい支配的プレイヤーがどう行動するか確信は持てない。[20] **拡大のジレンマ**の結果として、新しいプレイヤーが純粋に味方のときでさえ、不確かさが存在する。

常のことだが、新しいアリーナには新しいチャンスと同時に新しいリスクもある。新しいアリーナでは、自分の資源の価値や能力について確信が持てない。義兄が法律家なので裁判に訴えようと決心したものの、法律家としての彼の実際の能力はわからない。練兵場では優秀な軍だが、実際の戦場での経験はない。(マキャベリは、力量や忠誠心が不確かな軍は、最優秀な軍の前方に配するように勧めている。退却するにも、最優秀軍に向かって逃げなければならないようにするのだ。) **かかわりのジレンマ**が、新しいアリーナごとに再燃する。

なじみのないアリーナについては、特に参入や展開のしやすさに関する判断を誤りやすい。数年前、私たちの住民会議に若い女性が顔を出した。地元の問題が解決した後は、一種の政治的活動グループとなって、ニューヨーク市全体の問題にも取り組むだろうと期待したようだ。私は、冷水を浴びせないよう気をつけながらも、現実をわかってもらうよう努めた。彼女は、全市的な政治アリーナでプレイするには何が必要かも、地元の問題は「解決」できないかもしれないことも、わかっていなかった。

アリーナが切り替わると、関係するプレイヤーの顔ぶれが変わり、相互作用の質も変化する。対立を鎮める方法の一つは**個人的な問題にすること**、ある種の聴衆を閉め出すことだ。多くのプレイヤー、特に現在のルーチンから利益を得ているプレイヤーは、対立の沈静化に利を認めるだろう。クラスに問題児がいるとき、一般的には、教師はその生徒をクラスメートから引き離す。聴衆である友人たちを意識する必要のない状況を作り、一対一で向き合おうとする。あるいは、クラス全体の場面転換をするかもしれない。教室で手に負えなくなったら、体育館に移ってバスケットに汗を流させる。[21]

逆に、新しい聴衆を加え新しい対立を作り出して、**公的な問題にする**ことを望む場合もあるだろう。ほとんどの社会運動は、個人的な問題を公的な問題に転換することが核心にある。新しい聴衆、葛藤、議論へと拡大するのだ。中絶問題は古典的な例の一つだ。反対派は、これは公的なモラルの問題であり、個人の選択ではないと主張する。中絶容認を求める運動家たちは、最初は通常の政治活動に取り組み、代議員、公聴会、あるいは裁判を通して関心を引く（または結果を得る）ことができなかったときに、初めて街頭に出る。彼らはしばしば、ニュースメディアの注目を集めようとし、メディアを通じて広く一般の関心を引こうとする。ときとして、現状維持のコストを高めることで、企業や政府に直接圧力をかけ、政治変革に向かわせようとする。しかし、ほとんどの社会運動はいくつかのアリーナに的を絞り、個人的な説得、公的活動、および制度内での政治的ロビー活動のあいだを行きつ戻りつするのがふつうだ。

戦略的行為者は、しばしば試行錯誤によって、彼らが最も効果的に動けるアリーナを模索する。1970年代の反原発グループにとって、これは、専門家が証言する公聴会を開くこと、設計上の欠陥があるとメディアに警鐘を鳴らすこと、世論という形で立法者に圧力をかけること、規制当局に彼らが表明している客観性の規準について言行一致を求めることなどであった。国によって争いの場は異なった。フランスでは専門家公聴会に反原発活動家は参加できなかったが、国境の近くに多数の原子炉が建設されたことから国際問題として問題提起することに成功した。[22]国の政治構造などで定まる一部のアリーナは最初から回避不能だが、ほとんどのプレイヤーは試行錯誤を通じて自分たちが有利な立場に立てるアリーナを使用する。チャンスの可能性が小さいアリーナもあるが、それでもプレイヤーは動く余地がある。

アリーナの封鎖は、アリーナ切り替えの強力な誘因だ。告発者は、たいてい、最初は自分の組織内で上司に告発する。上司が（報復しないまでも）共感を示さないときにはじめて、組織の外に出なくてはおさまらないと感じ、規制当局、メディア、政治家に向かう。これは決定的な、つまり個人的アリーナから公的アリーナへの切り替えであり、告発者にとっては通常キャリアの進路変更を伴う（多くは解雇されるし、ほとんどの場合、報復措置を被る）。公的アリーナに移行するという決定の一部は、従業員の怒り、組織内での扱われ方に対する憤懣にある。対処すべき問題の存在を知らされて喜ぶだろうという予想に反して、上司の対応が敵対的であったことで、問題は全社的、組織固有、解決不能だと考えるようになる。憤慨に駆られて、もっと思い切った行動が必要だ、そうするのが正しいと感じるのだ。[23]

地域的な危険に抗議するグループのメンバーは、アリーナをどこまで広げるかを決定しなければならない。彼らの最も自己本位のベースは近隣住民から構成され、彼らの言い分は、嫌なものはどこかに行ってくれという意図のもと、彼らだけが不当に犠牲になっていることを強調する。急進派と同じように、彼らは非常にまとまりがあり、動機づけも高い。古典的な「他所なら構わないが、自分のところは嫌」集団である。しかし金持ちや権力者（あるいは権力者にコネがある人間）がいるとかでない限り、近隣住民団体には、おそらく自力で迷惑施設を阻止したり排除したりすることは不可能だ。広く地域全体の活動団体とリンクする必要がある。たとえば、地域環境グループや全国的な政党、あるいは国の史跡保護団体などだ。

地元の問題を、自分たちが反対する「悪しきもの」の象徴ととらえる組織が見つかれば好都合だ。しかし、広域的なグループと連携し、新しいアリーナに入ると、地元グループの特定的なゴールは拡散したり変容したりするだろう。連携する能力は、本来の問題への集中を犠牲にする。新しいアリーナや新しい味方につきまとう、**拡大のジレンマ**に直面する。[24]

　よりグローバルな論理を用いれば、新しい聴衆を獲得しやすくなるかもしれないが、古くからの聴衆を失うリスクがある。一方、自己本位的でない普遍的な主張は、その主張の価値を判断する人に対しては説得力を持つ。しかし、大きなアリーナの聴衆にアピールする論理は、隣人には受け入れられないだろう。隣人には隣人にアピールできる論理を使うべきだ。地球温暖化には関心がなくても、不動産の価値には敏感に反応するかもしれない。ローカル団体のリーダーが全国的なグループの活動家になるかもしれないが、そうなるとローカル団体は解体する。このリーダーは、一つの戦略的ゲームから別のゲームに移ったのだ。田舎の貧しい地区に押しつけて近隣への焼却施設建設を阻止するほうが、建設を全面的に阻止するよりも容易だ。（1960年代の原発をめぐる運動は、まさにこれだった。多数の市町村が地元への計画を阻止したが、それは他所に建設することにほかならなかった。）

　もう一つ、ケンカの絶えないカップルの例を見よう。彼のほうはカウンセリングを受けるのは良い考えだと思っている。カウンセラーは専門家だから実際的な助言が得られるだろうし、それだけではなく、カウンセラーという新しい聴衆が得られることでうまく振る舞えると思っている。アウトサイダーの前ではパートナーも無茶を言ったり、自己中心的になりすぎたり要求が強すぎたりしないかもしれない。（もちろん、多くの場合、カップルの双方がセラピストのサポートを期待する。）新しい聴衆が一種の味方になるだろうと彼は考えている。

このカップルの例は、アリーナ切り替えのもう一つの理由を示してくれる。相互作用や対立の重大性を知らせることだ。ダイアン・ヴォーンは、カップルが外部の助けを求める大きな理由がこれだという。外に出たいという不満を、パートナーはまじめに受け止めない。「専門家のアドバイスを求めるということになれば、パートナーもことの重大さに気づかないではいないだろう。[25]」新しいアリーナへの移行、特に見知らぬ人間が聴衆となるようなアリーナへの移行は、注意を喚起する。DVでは、虐待されているほうが警察に駆け込むまで、ときには裁判に発展して虐待する側が刑務所入りするまで、言ってもムダなことが少なくない。

アリーナの切り替えは、全部が全部、慎重な選択ではない。対立が泥沼化して別のアリーナに移らざるを得なかったり、敗北の結果、唯一のオプションが別のアリーナでの反撃だったりする。現在のアリーナでは手持ちの資源がほとんど無価値になったのかもしれない。[26]今のアリーナでの自分の扱われ方に対する憤激に駆られて別のアリーナに移ることもある。あるいは、非戦略的な目的のために集めた仲間がイニシアチブをとり、戦略的に行動するようになったなど、思いがけず新しいアリーナが開く場合もある。ルーマニアのチャウチェスク大統領は、大衆が彼の演説に耳を傾けるかわりに激しく糾弾したため、退陣を余儀なくされ、失墜したばかりか命まで失った。浸透不能で、不変で、完全に統制可能なアリーナなどないのだ。

アリーナから出たり入ったりという行為そのものが、重要な動きとなることがある。ほとんどの政治家は、在職中の働きぶりは関心を持たれなくても、退陣となると注目される。消費者のボイコット運動に加わる非営利法人は、記者会見をして声明を出す。こうした動きは、タイミングが正しくなければならない。また、行動に伴う言葉が行動を規定する。(この種のパブリシティは、売り上げ減少にとどまらない影響がある。[27]) 第4章で見てきたとおり、「そこに居合わせるか」かどうかが、戦略的かかわりにおいて重要であるのと同様に、在と不在のあいだの動きが劇的な効果を発揮することがある。

ときには意図的な不在を作り出すことがある。会議で席を蹴って退席したり、選挙でボイコットするなどだ。2003年5月、民主党代議員五五名がテキサス州を不在にした。州議会の定足数要件が成立しないようにするためだ。過半数を占める共和党によるたちの悪い選挙区再編案の可決を阻止できる唯一の方策だった。現在の相互作用を違法として排除するとき、たぶん、もっと良い代案が頭にあるだろう。それに着手する力があれば言うことはない。しかし、このアリーナ切り替えにはリスクもある。**かかわりのジレンマ**で、現在のアリーナからいなくなることは、ふつう、そこでの出来事に対する統制能力が低下することを意味する。理想は、あなたがいなくなると、あなたが最も気にかける聴衆に対してアリーナが機能しなくなることだ。

効果を得るのは、退場によってアリーナが機能しなくなったり、行動の変更を余儀なくされるからだけではない。他の人たちがあなたに依存しているとき、あなたは、もしそうしたいなら――たとえば、味方から敵に乗り換えるときなど――あなたの不在によるダメージが最大になるタイミングを選ぶことができる。社会学者ジュリア・リグレーは、ベビーシッターは頭に来て辞めるとき、子どもの親にとって最悪のタイミングを選ぶことで、最後の復讐のチャンスを生かそうすると述べている。[28]

敵が企みを前進させるのにあなたの不在を衝くのも、あなたがいるときは出来事に対するあなたの統制力が強いからだ。強盗は留守の家を狙う。与党は、野党から反対されている法案を、野党が退出した夜に議決する。マイケル・リプスキーは、苦情処理が仕事の役人は、苦情を申し立てた人間が留守の可能性が高い時間帯を狙って電話をかけるという。三回電話しても相手が出ないなら、その案件は却下とすることができるからだ（携帯電話が普及する前の話[29]）。

自分がアリーナを出たいと思うのと同様に、故意か偶然かは別にして、他のプレイヤーをアリーナから押し出すことがある。ある人間をアリーナから閉め出すということは、その人が資源を使えなくし、その人に利益となる行動をとれなくするということだ。ここにも、ある種のリスクがある。なぜなら、誰がその後釜に座るかわからないからだ。1989年、熱帯雨林行動ネットワークは製紙会社スコット・ペーパーに圧力をかけて西パプアの熱帯雨林伐採事業から撤退させたとき、重要な勝利を勝ち取ったと思った。しかし、インドネシア政府はすぐに別の企業を見つけた。直接消費者向けの製品ではない、公的圧力の影響を受けにくい製紙会社である。スコット・ペーパーがPRキャンペーンで約束したレベルよりも手薄な保護措置で、より大量の伐採が敢行された。比較しての話だが、「良い人間」がこのアリーナから撤退した後、後釜に座ったのは、協調性の乏しい、聴衆をさほど気にかけないプレイヤーだった[30]。

ときとして、有利な位置を占めたプレイヤーは、アリーナを閉鎖することで他者の行動を封じる。古代ローマで、鳥占官《アウグル》会は——誰もがいつ売られるかわからない文化的退廃のなかで——**ネファストゥス**の日、すなわち「不運」で「非合法」の日を宣言した。こうなると、多くの人気のある集会が催せない。緊急事態宣言も同じく平常の活動を阻止する。ローマの例が続くが、紀元前63年、なんとかしてラビリウスに対する陰謀による審問を終わらせようとしたある法務官は、ジャニコロの丘の頂に翻る旗を引き下ろした。これは、古くから敵来襲を告げるサインで、すべての活動を中断することになった。

ルールと能力

アリーナは、おおむねルールと、その中で競争するために必要な能力によって定義される。プレイヤーの相対的な地位は、アリーナによって違ってくる。あるアリーナで大きな力を持つグループも、別のアリーナではほとんど無力のことがある。ここに、アリーナの切り替えが良策だという理由がある。あるプレイヤーは、あるアリーナで制度的あるいは法的な地位を持つ、または個人的なコンタクトがあるかもしれない。地位やコンタクトを確立するには時間も労力も要するだろう。あるアリーナでは非常に役立つが、他のアリーナでは役に立たない資源を持っていることもあるだろう。

相対的な利点に加えて、比較的構造化されたアリーナは、インサイダーとアウトサイダーのあいだの境界がはっきりしており、インサイダーには特権がある。五〇年前、南部のアフリカ系アメリカ人には投票権がなかった。共感を寄せる立法者はまれで、裁判で公正な審問を受けることもできなかった。警察からも抑圧されていた。制度的政治にはまったくアクセスできなかったのだ。環境保護や動物愛護の活動家は、アメリカの法廷で訴訟に持ち込むための「当事者適格」を得るのに非常に苦労した。先進工業国においては、公民権の定義をめぐる戦いの嵐が吹き荒れた。これらは基本的に、国の政治におけるインサイダーとアウトサイダーの定義をめぐる対立である。

資源は、あるアリーナで何ができるかを左右し、一方、アリーナ内における資源の価値はアリーナによって決定される。より多くの資源を手に入れることも、アリーナの新規資源を発明しようとすることもできる。しかし新しい資源は戦略的能力を変化させるが、それにとどまらない影響を及ぼす。ときには、行動のアリーナを移すこともある。これは、戦争においてきわめて明白だ。テクノロジーが新しいサブアリーナを創出するのだ。飛行機が発明されると、前線は、もはや地上にとどまらなくなった。飛程二〇マイルの迫撃砲や大陸間ミサイルの出現は、戦争のアリーナとなる領域を大幅に押し広げた。工業生産を競争のメイン・アリーナにしたのも新技術である。通信技術も同じく、対立のフィールドを著しく拡大した。大陸にまたがる、後には全地球的な作戦行動の調整が可能となった。全地球をくまなく覆う交通と通信技術のおかげで、企業は全世界のライバルを相手に競争する。これは、ローカル・ルールの独自性という視点から、一つのアリーナの拡大と考えることもできるし、サブアリーナの増殖と見ることもできる（空中戦と地上戦が異なり、自立性があるのと同様だ）。アリーナの定義は、目的に左右されるのだ。

形式《フォーム》と内容のジレンマ ⇓　冒頭の例で見たように、よくある戦略の切り替えは、内容から形式への切り替えだ。職場の苦情の内容はもはや問題ではなくなる。数だけが重要なのだ。ある組合は、それらを契約交渉の項目にすることで力を増したが、個別の苦情に対処する能力は損なわれた。一般に、ある（たとえば上司の、または政府の）決定の内容をめぐる争いから、その決定がなされた手順をめぐる戦いに切り替えることができる。私は、**手続きのレトリック**という表現を、実体よりも形式を重視する主張を記述するために用いている。所定のルールが守られなかったとか、役人の腐敗、などだ。[31] しかし、

手続きが正しかったとわかった場合、内容に復帰するのは難しいだろう。ふつうは、内容から形式への切り替えのほうが、その逆よりも容易だ。形式の問題は、幅広い構造的批判を可能にするが、直接的な問題から逸れてしまう。戦略的行為者が、実体レベルと形式レベルの双方で同時にゴールを追求しようとしているさまを見るのはおもしろい。2000年11月、ブッシュとゴアはそれぞれ、法律が第一義であるべきだが、国民の意思も第一義であるべきだと主張した——手続きと実体である。彼らのレトリックは、候補者のそれぞれにとってどちらが有望に見えるかにつれて、もちろん変化した。(場合によっては、第三者、特に政府当局は、対立を鎮める手段として、内容から形式へと相互作用を誘導する。形式についての合意のほうが容易だ、または少なくとも矛先が逸れると期待するのだ。)[32]

古典的な例をあげよう。1830年代のアメリカ南部では、コロンビア特別区で、奴隷制反対誓願提出を受けた議会討論を禁止する「言論統制法」を議決することで、奴隷制をめぐる公開討論を阻止しようとした。当然ながら、議論の焦点は言論統制法の合法性、および国民の議会への請願の権利に移った。[33] 多くのケースで、プレイヤーは実体的な問題ではなく、形式的な問題をめぐってかかわりを持つようになる。民族誌学者のミッチ・ダネイアーが形式と内容を言い争いのあやに使っている良い例を出している。ニューヨークの街頭で、良い場所をめぐる二人の露天商人の争いだ。片方が、お前の出足が毎日遅いんだから場所がふさがってても文句は言えないだろうと言う。もう一方は、相手の非難の内容は無視して、特に、争いをおさめようと警官が近づいているのが目に入ると、この非難に人種的連帯を持ち出して反論する。お

互いに罵りあうが、どちらも相手の論点には応じていない[34]。

曖昧なルールを根拠にするのはつまらないことにも見える。ちょうど、法律の文言が法の精神を台無しにするようなものだ。裁判は勝てば価値あるものとなり、ふつうはすぐに忘れられる。しかし負けたときは、おそらく（少なくとも）傍観者がいることで傷つくだろう。州知事選でミット・ロムニーを排除しようとしたマサチューセッツ州の民主党が良い例だ。州憲法に定める連続七年の州内居住要件を満たしていないことを理由にあげたのだが、裁判で敗れ、選挙でも敗北した。この例では、内容に固執することは良い選択で、形式への切り替えは悪い選択だった。形式を取り上げてうまくいくには、成功することは言うに及ばず、迅速かつ取り消し不能の決定が必要だ。

明示的な規則に対するプレイヤーの好みはさまざまだ。第4章で取り上げた素朴な人と偏執狂の影響は、プレイヤーがプレイの場となるアリーナで確立したいルールの種類にも及ぶ。偏執狂のプレイヤーは、当然ながら規則が多いほうが好ましく、他者が規則を破ることを予想して、罰則も多いほうが良いと思う[35]。ルール策定を目論む者は、**明言のジレンマ**に直面する（第3章ではゴールをめぐって発生した）。新しい規則は、動きを可能にすると同時に拘束もする。日本の明治維新時代、天皇の権利を新憲法で明文化しようとする側と、憲法で定めると明文化されたことに限定されるという側で論議があった[36]。

戦略的行為者は、しばしば、内容の変化を形式の変化の背後に隠す。加えて、形式と実体は区別しがたいことも少なくない。たとえば、２０００年11月5日、マラウィの大統領は閣僚全員を解雇し、腐敗撤廃の意思を外国の贈賄者に示した（突然、リムジーンを取り上げられた閣僚たちは、あわてて帰宅のための交通手段を探すことになった）。大統領は権力強化のために閣僚の顔ぶれを一新したが、再任を拒否された何人かの大臣は新たなライバルとなった。アメリカ企業も、形式の変化の背後にさまざまな目的を抱いている。ロバート・ジャッカルによれば、「ほとんどの新任CEOの第一手は、何らかの組織変更である。このことで、一面では過去のミスに対する責めを背負い込まずにすみ、別面ではウォールストリートで高く評価されている容赦ない攻めの姿勢のイメージを放つことができる。たぶん最重要なのは、大改革によって忠誠心の構造が変化することで、新任CEOのスタイルや公的イメージと合致するイメージを持ち、かつ新任CEOに忠実な実力者に権力が移ることだ。[37]」非難の矛先、忠誠心の対象の変更、そしてエージェンシー感覚の創出は、すべて、形式上の動きの背後に潜んでいる可能性がある。

アリーナのルールには必ず漏れがある。一つには、常に例外がある。複雑なアリーナのほとんどは、ルールを適用できるか否か、適用できないときや破られたときはどうするかについてのルールを持っている。子どもたちでさえ、しばしば、ゲームを中断して曖昧な点をめぐって延々と話し合い、例外をカバーする新しいルールを作り出す。[38]危機のときには、平常時のルールは不十分だ——これは、危機の定義そのものだ。古代ローマの元老院は、異敵の侵略、謀反、飢饉のときには緊急事態を宣言し、事態を正すための「独裁者」を任命することができた。独裁者には無制限の権限が与えられるが、制度を変えるのではなく復旧させるというゴールが枷となった。アリーナを保護するために、ルールを踏み外すにも、ルールに戻るにも、そのためのルールがあるのだ。[39]

例外に加えて、既存のルールの解釈やごまかしの余地が常に存在する。言い換えると、ルールの適用をめぐって対立が続く——それはアリーナそのものをめぐってと言える——が、ルールの適用をめぐる戦いでアリーナが恒久的に変容するとは限らない——後で述べるように、アリーナの変容自体が重要な戦場でもある。ルールが、アリーナの公式次元と非公式な次元の問題を提起する。戦略的行為者は、公式な次元が有利と思うこともあれば、非公式な次元のほうが有利と考えることもある。**後三条のジレンマ**（第4章）に直面するのだ。

ルールのジレンマ ⇓ アリーナを変えようとしても、結局はそのアリーナの規則に従うことになることが多い。奮起してはみても、規則を無視したり別のアリーナに移るより、規則を変えるためのアリーナの規則にがんじがらめになってしまう。何であれ、批判は、そのアリーナの存在と重要性を正統化する。レフリーに抗議するスポーツ選手も、政権掌握を狙う革命家も、どんなに嫌なアリーナでも、それを変えたり回避したりするのは難しい。理由の一つは、単に、公的地位にいる人間の代わりに、自分のチームのメンバーをすげ替えたいだけのことが多いからだ。自分が利用できるようアリーナの力を損ないたくないというのも一つの理由だ（**魔法使いの弟子のジレンマ**の一種[40]）。もっと一般的には、プレイヤーは、ルールを守るか破るかの選択を迫られる。**悪ガキか良い子かのジレンマ**の特殊なバリエーションである。

構造

ある種の戦略的ゲームは、アリーナそのものを打ち立てたり形成したりする。たとえば、憲法や付則、プロ組織か非営利団体かなど集団の法的認知、市場競争で何が許されるか、相続や不平等に関する法律などをめぐる対立である。これらの超スーパーアリーナにおける対立は、しばしば大きな影響を及ぼす。アメリカ憲法修正第二条を例に見てみよう。この条文はアメリカ人に武器を携行する文字通り「命取りの」権利を背負い込ませている(国民の過半数は反対だ)。銃規制のどんな試みも、この条文の壁にぶつかる(この憲法の文言があるがために、全米ライフル連盟の戦略的活動が功を奏していると言ったほうがよいかもしれない)。このような構造は社会学の基本的問題だが、社会学者たちはしばしば、それらの発達の背後にある膨大な戦略的努力を見過ごしている。歴史社会学の研究者でさえ、「社会」全体の検討に忙しいあまり、個人と集団の営みを無視する機能的視点に陥っている。

定義では、エリートとは社会の政治的、経済的、および文化的構造を統制し、それから便益を得る人間を言う。そしておおむね、エリートたちは自分の地位を守るために、彼らの便益の源泉である構造を創出し維持するための自分たちの努力を隠そうとする。彼らは言う。不景気に見舞われるのはどうしようもない、インフレと闘わなければならないのと同じだ。市場がグローバル化しているため、経済的不平等の拡大は避けがたい。経済成長には揚子江にダムを建設すればよい。戦略的行動に不慣れな社会学者たちは、しばしば、こうした合理化を説明として受け入れる。

私は、原子力エネルギーに関する自著で、まさにこの「不可避の」構造の創出プロセスに取り組んだ。フランス、スウェーデン、アメリカの1950年~90年の政策を比較し、原子力産業と彼らと同調する政府関係者が、ウラン供給、原子炉設計、行政構造、そして原発推進を不可避とするための世論も含めて、それらを熱心に確立しようと取り組んできたさまが明らかになった。彼らの活動は逐一反対を受け、望み通りの経済的・政治的構造の確立に成功したのはフランスのみだった。しかし三国とも、戦略的相互作用を通じてオプションは絶えず狭まっていった。フランスでは、エリートが作り出した要因そのものが、フランスにおいては大々的な原子力エネルギー開発が必要な「理由」となった。彼らは、自分が望むアリーナを創出したのだ。スウェーデンとアメリカでも、それぞれの戦略的成果が独自の「構造」を作り出した。三国とも、牽引力となったのは、ほとんどのエリートが主張するような回避不能な市場の力ではなかった。[41]

手続きルールは、これらのスーパーアリーナで作られた構造の中核である。アリーナの規則の合法性は、そのアリーナの合法性をもたらす。それゆえ、ルールはしばしば熱心に保護されたり崇められたりする。「法廷侮辱罪」や「執行妨害による逮捕」は、手続きに対する尊敬の念を維持することと関連がある。決定には実質的に不賛成であってもである。**形式と内容のジレンマ**で見たとおり、手続きと実体は共に、不賛成の理由となり得る。手続きをめぐる争いは、しばしば、新しい先例、ときには公的な規則すら生み出す。プレイヤーは、アリーナの周辺に新たな戦場を作り出すが、それらはもともとの論点とはほとんど関係がない。

プレイヤーは自分たちのアリーナに価値を置くが、その理由はそのアリーナで追求するゲームを超えてさまざまである。制度が自分自身にプラスの価値を置き、状況主義者が言う意味での基準となることもある。ミッチェル・アボラフィアは先物取引業者に関する研究で、「業者間の非公式な規範、正式な取引規則、そして集合的行動を調整する組織上のお膳立て」を含めて、市場の挙動を形作る多数の「社会的メカニズム」を見いだした。これらのメカニズムは一緒になって、交換を機能させ政府介入から自立した状態に保つ長期戦略に好都合であるように短期戦略を調整する。このようなルールの防衛は、しばしば、規制当局や顧客など、外部のプレイヤーに安心を与えることを狙いとしている[42]。(**今日か明日かのジレンマ**[第3章]、プレイヤーによって好みのオプションは異なる)。

自分の有利な点が維持されるようにアリーナを整える最上策は、他のグループをゲームから全面的に閉め出すか、ある種の動きを封じることであろう。マックス・ウェーバーは、**閉鎖**という用語を、こうしたグループの成功を指すのに用いた。ウェーバーによると、任意のグループの属性、たとえば言語、人種、宗教、血統などが、閉鎖の基礎として使用できる。しかし、境界線を形作るのは、こうした任意の特質だけではない。医学はMD、学術界はPh・Dの有資格者が独占する。財産に関する社会のルールは、所有者が自分の家屋、土地、施設についての決定を独占することを認めている。ある種の人たちによるこうした資源の所有を完全に禁じるルールもある。公民権のルールは、ある種の居住者(たとえば、両親が市民権を持たない人)の投票権を認めない。「アウトサイダー」がプレイヤーとなることを阻止することは、強力な戦略的目標である。

閉鎖は、単にエリートの戦略にとどまらない。アメリカ史を通じて、白人労働者は、黒人労働者の労働組合加入を拒み続けてきた。ある種の職業が下層カーストの人々に独占されていることも少なくない。もちろん、望ましい職業ではない。エリートは、自分たちの閉鎖における努力を堅固なものとし、それらを常に強化するために有する資源で上回る。しかし、多くのグループはこうした反対の克服に成功してきた(特に、適切な味方が得られたとき)。

この方法でゲームのルールを確立できても、その成功は一時的なことがほとんどだ。不利な立場になったインサイダーは、新しいルールを発明したり、あるいは新しいアリーナを探すだろう。アウトサイダーは、欲しいものを手に入れるためには、アクセスする道具を変えたり、他のゲームに移ったりしなければならない。推したい候補者に投票できないなら、インサイダーの一グループ（利益を上げる人）が協力せざるを得ないようになることを望んで、経済的利益を破壊しようとするかもしれない。アメリカ公民権運動で戦略の一つに用いられた人種差別主義企業のボイコット作戦が、一例である。あるいは、アウトサイダーは、自分のゴールを追求できる新しいアリーナを見つけたり創出するかもしれない。たとえば、萌芽期の製造業者は、ヨーロッパのギルド規制を避けるために、規制域外である都市の外に製造場所を置いた。人類学者のフレデリック・バースが指摘するように、資源と戦略的知力のあいだの違いを反映して、「総体的な力における不利という不運な状況は、戦略が無益であることを意味しない——実際、戦略は行為者にとっていっそう本質的となり、彼の行動を形作る上でいっそう大きな比率を占めるだろう。[43]」

自分に都合の良いルールのアリーナで行動することは、力の一つの形であるようだ。ルールは実際に、自分が統制する資源の価値を高めるからだ（第4章では、資源と力を同等にとらえた）。アリーナは、ある種のスキルや知識を組織的に有利にすることがある。私見だが、他の利点——たとえば幸運——に力というラベルを貼るのは有用ではなさそうだ。閉鎖の利点は、一部のプレイヤーだけを助け、彼らにより多くの戦略的余地を与えるというアリーナの一種の構造的側面であるが、これを力と呼ぶのは差し控えたい。むしろ、戦いにあたって高台に布陣することにあたるメリットと考えたい。地の利を得るのは、それ自体に存する「こと」ではなく、戦略的な成果なのである（もっとも、そもそも高台が存在することは、アリーナの一側面である）。

アリーナは単に一つのグループが自グループだけに有利となるルールを策定する能力を反映するのでは

ない。ある程度は、他のプレイヤーも適応できなければならない。アリーナが提供する安定性を得るために、最強のグループでさえ、ふつうは、戦略的兵器のなかで特定の武器を棚上げにしておく。イギリスの農民は、領主に対する不満を裁判所に持ち込む権利があった。もっとも、判事はふつう領主本人だったが、それでも、不満を口にしたからと斬首されるよりはましだった。力を持つプレイヤーが弱者に、強者に完全に有利なようにアリーナでプレイするよう**強制する**ことができるなら、おそらく、そのアリーナの必要性などまったくないだろう(ただし、国王など、感銘を与えようとするもっと強力なグループが存在するときは別だ)。力のあるグループといえどもすべて、**結局のところ**何らかの合法性を必要とし、それゆえ自分に都合の良いルールをあからさまに策定することはできない。

社会学者は、政治や経済をはじめとした構造の作用を研究し、そしてしばしばそれらの起源にも取り組む。奇妙なことに、ときにはナンセンスでもあるが、構造の起源について構造学的説明をする。構造を生み出し定期的に再構成する戦略的行動を記述するための語彙がないのだ(戦略的行動なしには、構造的変化は、単に、想像上の社会システムへの機能的貢献と関連づけられるにすぎない)。賭博師のアプローチは異なり、ある種の構造的配置が他にまして長期的に安定性が高いかどうかを明らかにする(ゲームを数多く繰り返すことによって)。しかし、彼らも社会学者と同じように、制度の(戦略的)起源よりも、その存続を説明することになる。

構造という用語で、何か得られるものがあるだろうか? ルールやアリーナという概念では捕捉しきれない現実を捕捉できるだろうか? ギデンズは「構造化」に関する論考の一つで、二タイプの「構造的矛盾」を記述している。まるで、構造という存在にしがみついているかのようだ。第一のタイプは、予期せぬ結果であり、これはゲーム理論でよく記述できる。誰もが、個人として自分にとって意味あることをするなら、その結果は彼らが望んでいたこととは違ってくるだろう。これは、単に調整のない集団の問題であり、ふつうの意味での構造的特性ではない。第二のタイプは、組織が矛盾することをしなければならないために生じる。たとえば、クラウス・オッフェの資本主義国家の例で、経済成長に依存しているが、その成長を達成するには企業の力を助長せねばならず、そのため自身の力は浸食されていく。「資本主義国家の矛盾する性質は、商品化、脱商品化、および再商品化のあいだの押し引きに表れる。[44]」

しかし、同じ「資本主義」国家を、特に巨大企業とふつうの市民や労働者を両端とする多種多様なアウトサイダーやインサイダーによる戦略的イニシアチブに応答する存在と見ることも容易だ。矛盾はジレンマになる。競合するゴールのあいだの一種のバランス調整である。プレイヤーは構造的特徴に気づくことができるというギデンズは、この解釈を奨励しているようである。「国家は単に主たる矛盾の押し引きにとらわれているのではない。国の機関は、突発しがちな対立を最小限に抑える方法でシステム再生産の条件をモニターしようとする。[45]」支配的グループは、自分たちの支配を維持するために懸命になる。自動的に支配力が与えられるのではない。直接的な抑圧が、多くのシステムを機能させ続ける。

構造理論のなかでも制度論寄りのギデンズは、研究者は機能している制度的序列を特定し、知識の限界を特定しなければならないと述べている。資源や文化的意味（ルールは双方を持つ）を超えて、これらがどのようなものなのか、理解は困難だ。ギデンズが言いたいことは、行動を通じた長期的な構造の再生産のほうに関係している。行動の外側に構造はない、構造は「媒体であり、それが繰り返し組織化する行為の結果でもある」とギデンズは言う。[46]「構造」は適切な比喩とは言えない。制約要因は壁や建物など、物理的に人間を閉じこめるものであると暗示する。ほとんどの障壁は、私たちを阻止しようとする他のプレイヤーから生じる。構造は、戦略的意図とは独立に機能する制約（および支援）であるべきだが、そのような状況は滅多にない。**一つひとつの「構造」の背後には、通常、懸命に動く別のプレイヤーがいる。**

しかしながら、アリーナは構造的な感触を帯びることがある。プレイヤーはアリーナを当然のものと見なし、アリーナの規則に従ってプレイする。通常、プレイヤーは自分のいるアリーナに対する関心を深め、そのことが彼らをプレイヤーとして（ときには法的に）定義するのに役立つ。しかし、ルールに挑戦し、新しい動きを探し、アリーナそのものを再形成することは常に可能だ。こうしたオプションは、アリーナの「上に」新しいルール策定アリーナを開くことでアリーナそのものを狙いとする、**構造的戦略**として考えられるかもしれない。これは現代社会においてはきわめてよくあることだ。国家は他のすべてのアリーナに精力的に介入し、市場、スポーツ、職場、対人関係のルールさえ変える。

戦略的行動の大多数は、新しいアリーナの創出と既存アリーナの変容の双方を狙いにしている。セダ・スコクポルは、政治に関してこの点を強調する。「この政治的プロセス・アプローチによると、政策は、将来的な発展を推進可能な国家の能力の種類を増やすとき、かつ特に、政策の継続および拡大を防衛する集団や政治的連帯を刺激するときに『成功』である。[47]」新しい政策はアリーナになり、一連の固有のプレイヤーと彼らの能力、そして一連の利害を持つ。

ニセのアリーナ

特定のプレイヤーたちを組織的に有利にするアリーナでは、極端な場合、有利なプレイヤーはアリーナを純粋に戦略的手段にして、他者にアクセス権や利益を与えるフリをすることができる。これは、構造的バイアスの極端な例だ。資本主義の批判者、特に労働組合は無力だと批判する人たちによると、これは抱き込み（co-optation）の問題だ。[48] 政治学者も同じく、ある種の論点を公的論議から全面的に除外することができる「権力」の論題設定機能を論ずるなかで、この問題を取り上げている。[49]

ニセのアリーナは、少なくとも三種類ある。第一のニセのアリーナでは、新グループが古いアリーナに参入すると、意思決定は別のアリーナに移る。古いアリーナは形式的には変わらないが、実質的な影響力はずっと小さくなる。真の権力は、新しいアリーナに移ったのだ。１９９４年のアメリカの貿易政策に例を見ることができる。世界貿易機関の設立に伴い、議会はこの分野での影響力の大部分を失った。[50] 少なくとも議員たちは、もはや好ましくない要求を拒絶する方法としての権力を持たないと主張することができる。

第二の種類では、プレイヤーはニセのアリーナを創出して、不満を表明させたり参加の感覚を提供することができる。しかし、公式にも非公式にもたいした影響力は持たない。ブルーリボン委員会［訳注　放射線の影響に関する国際委員会］と作業部会が一例である。政治活動家がこぼすように、「政府高官がスポンサーの作業部会はふつうムダな存在で、活動家の意気を殺ぐ絶好の手段だ。真のゴールから活動家の注意を逸らせ、いつもと言ってもいいくらい、もっと効果的に使えるはずだった時間を延々と浪費する。しかし、作業部会に加わることは、時の権力者から他に認知のサインを得られない草の根の組織の人々にとって魅力的ともなり得る。[51]」プレイヤーは、しばしば、アリーナに入るために多くをあきらめなければならず、そのためすっかり地盤を失ってしまう。しかしときには、ゲートキーパーが予想しないようなアリーナ参入による利益を得ることもある。フィリップ・セルズニックによるテネシー峡谷開発公社（TVA）の抱き込みの例では、両サイドに何かしら得るものがあった。経営側は、外部者のサポートと引き替えに影響力の一部をあきらめた。ロバート・フリーランドが言うように、「部下がいったん公式にプランニングプロセスに組み込まれると、彼らは彼らの代表としての立場を用いて、リーダーシップのゴールを覆したり変更できるというリスクが常にある。[52]」。ニセのアリーナが真のアリーナに変容することもある。

第三の種類のニセのアリーナでは、決定はすでになされており、アリーナにはまったくパワーがない。したがって、参加はすでにあなた不在で下された決定を合法化することである。たとえば、イラク侵攻が数ヶ月に及ぶと、ブッシュ政権は、多数の聴衆を満足させるために国連のサポートが必要だと判断した。アナン事務総長にせっついて、ブッシュの政権移行計画にサインを取り付けた。しかしながら、新聞記事は次のように報じた。「アナン氏に近い情報筋によると、こんなに不愉快な立場に置かれたことは滅多にない。数ヶ月来、彼は国連がイラクの自治政府移行を監視することを望んできた。しかし、アメリカが策定しブレーマー氏が決定したプランに、そのまま従ったと見られる事態は望んでいなかった。[53]」

ニセのアリーナのジレンマ

⇓ 多くの場合、アリーナは、あなたがそこに入ったときにはじめて

——そして、入ったがゆえに——作り出される。このことを知っていると、入るのを拒否できるだろう。その場合、愚かだ、あるいは欺瞞だと見えるというリスクがある（その力が欲しいと言いながら、差し出されたときには拒絶するのだから）。入ったときは、欲しいと主張していたものをすでに与えられたかのように見えるから、地位や参加をさらに要求することは難しくなる。味方や傍観者に対して、アリーナが罠だということを明白に実証しなければならない。だが、往々にして難しい。

意図的にニセである場合は別として、アリーナは、もっと重要なアリーナから注意を逸らせるものであることがある。たとえば、ＥＵ加盟国は、貧しい国にインフラ改良や教育のための基金の申請を認めている。ただし、半額は自己負担である。他の用途に振り向けられたであろう資金が、ＥＵに好都合な地域開発に回されることになる。この誘惑——「買収」に応じたい気持ち——は、**拡大のジレンマ**と**魔法使いの弟子のジレンマ**の二つのジレンマの交点にある。ＥＵに加われば、その膨大な手段へのアクセスを得られるが、もとの目的からは離れることになるかもしれない[54]。

プレイヤーが以前は閉め出されていたアリーナに参入したものの結果に影響力を及ぼすことができない場合、それは必ずしもニセのアリーナではないかもしれない。プレイヤーがうまく行動するために必要なスキルや情報を持っていないのかもしれない。あるいは、チームのリーダーは、新しいアリーナでプレイするのを許された代価として、チームのゴールから逸脱し、個人としてゲームを追求しているのかもしれない。幹部とゴルフしたり特権を享受する組合リーダーが良い例だ。この種の背信は、必ずしもアリーナの機能ではない。（個人が敵の理念に説き伏せられたり、チームの他のメンバーとは関心が大きく離れてしまったために、こうした背信が起こることがある。）

ニセのアリーナに入ることが間違いかどうかは、いつものことだが、どう思って参入したかによる。真正な決定の場にしようと思ってアリーナに入ることもできれば、参入という象徴的勝利で満足することもできる。あなたが選挙区を代表しているのなら、有権者はこの新しい参加の「象徴的な政治」に十分に満足するだろう。[55]

個人的相互作用でも、ニセのアリーナ的なものがかかわることがある。たとえば、鬱憤晴らしをしたらいい、ただし、誰にも迷惑はかけるなよ、と言われるだろう。一方で、感情をあらわにすることはしばしばゴールの一つであり、したがってアリーナは完全にニセではないかもしれない。しかし、他のプレイヤーの視点からは、そのような鬱憤晴らしは、実質的な行動から目を逸らすものかもしれない。感情を吐き出せば、ほとんどコストなしに、相当の満足感が得られるかもしれない。

※

この章では、戦略的アリーナ、アリーナに参入するプレイヤー、そしてプレイヤーがアリーナに持ち込む動機やゴール、資源や能力について検討した。これらは、ゲーム理論の数学よりも、もっと社会的に戦略的相互作用を記述するために必要な基本的要素であると思われる。しかし、これらの要素は、プレイヤーが多数のジレンマやトレードオフに直面して選択するときの行動に注目してこそ興味深い。締めくくりとして、これらのジレンマを社会生活を説明するためにどのように使えるか、考えてみよう。

結論　ジレンマを通して考える

戦略的行動にはほとんどルールがない（補遺であげてみたとおりだ）。あるのは多くの選択だ（これまでの章で示すことができていればいいのだが）。戦略原理のリストは、特に他のプレイヤーが同じリストを持っているときは、成功を保証しない。せいぜい良くて、考慮すべき問題、避けるべき間違いがわかるぐらいだ。多くの相互作用は失敗によって決定を余儀なくされることを考えれば、たぶん、これは悪くない。（しかし、他者のミスと見えても、罠ではなくて本当にミスなのか確認することをおささ怠ってはならない）。

いわばオリンポス山の高みに坐すアナリストは、そこから、戦略的プレイヤーが手探りで取り組まねばならないさまざまなジレンマを見下ろしている。だがほとんどの場合、大半の選択は深く背後に隠れている。まったく選択とは感じられないのだ。ルールやルーチンが、何をすべきかを告げる。あるいは、熱気に巻き込まれて、その選択が不可欠の、唯一の正しい道と思い込んでしまう。「状況」には当然の配慮をする必要がある。これは、文化や習慣や制度の作用であり、何をすべきかを示してくれる。このおかげで、私たちはすべての可能性をゼロから検討せずにすむ。多くの場合、他の場面におけるプレイヤーの行動がどう違っているかを見ること（研究者の仕事がこれだ）だけで、代案を認識できる。

さらに、すべてのジレンマが――それに気づいているときでさえ――明白な二者択一の選択肢ではない。両極端のあいだで正しいポイントを見つけなければならないことも多いし、異なるオプションが三通り以上あったりする。ある道を選ぶ代価がはっきりしていることもあれば、代価は確率的で、運が良ければ回避できるような類のもののこともある。これらの確率はわかっていることも、不明なこともある。さらに、ジレンマ自体に取り組み多少とも緩和することで、ダメージを受ける可能性を変えられるかもしれない。**ジレンマ**という用語からは、二本の道のあいだで――それぞれの価値がわかっていて――真っ二つに引き裂かれている状況が思い浮かぶ。だがふつうは、状況から、どちらが良さそうかわかるものだ。別の道があることがジレンマだというのは、主としてアナリストの見方だ。

ジレンマによっては、二つのオプションを何度も行ったり来たりすることができる。行き来を求めるジレンマもある。成功した戦略的選択は、敵の激しい反応を引き出し、そのため振り返ってみると、その選択は誤りだったように見えることもある。[1] 行き過ぎてかかわれば、しばしば燃え尽きてしまい、かかわり方が少なすぎれば、将来、逆に過剰なコミットメントに至るかもしれない。当然ながら、このサイクル運動の真髄は、単に交代があるという単純なものではない。サイクルのある部分から別の部分に移行するメカニズムを特定できることにある。

ある種のジレンマは、予想外の悪い結果につながるフィードバック・ループの形をとる。多くは、短期および長期のコストと利益のトレードオフを反映する。悪ガキも今は服従が得られるかもしれない。だが、犠牲者は後の復讐の時を待っているだろう。選択のときにはジレンマに気づかないとしても、トレードオフとして地下に潜んでおり、後に、行動の流れ、将来の能力、影響力を行使するチャンスを左右するだろう。多くのジレンマは、何層もの習慣や制度や規則の下に隠されていて、別のやり方があること、思いもよらぬ選択が可能なことに気づくのを待っているのだ。それがわかった人間が、最も効果的な戦略的動きの一つである革新を生むのだ。

要点は、いつでもどこでも通用する一つの正しい答えはないということだ。状況は細部に違いがあるし、プレイヤーの精神状態もそうだ。状況も精神状態も急速に変化するので、何ごとも計算するプレイヤーが必要とする詳細さで詳らかにすることはできない。むしろ、経験に培われた直感が決定的に重要なこともしばしばだ。戦略的相互作用は、数学モデルに還元できないのである。

それでも、人は選択する。選択するさまを見る。配偶者が職場で苦労しているさまを見守る。抗議団体の会合が戦術をめぐって延々と続くのを目の当たりにする。ある特定の政策を採用するという経営者の回覧を読む。要するに、限界はあるものの、私が提示したジレンマは、戦略家自身が取り組む意識的な選択の多くをとらえていると思う。意識的な決定をするのは、本書で紹介したジレンマのほんのいくつかについてだけかもしれないが、それが運命を決する選択となることも少なくない。意識的な決定は確かに、文化や構造に影響されるが、逆にそうした背景的状況を作り直しもする。重要なのは、戦略的行為者は多くの種類の選択を行うということだ。

ジレンマは、おおまかにではあるが人間であることの実存的条件を反映するカテゴリーに分類できる。多くは、たとえば、時間や空間や社会集団を含めて、拡大または範囲と関係する。私たちはどのくらいまで手が届くか（**拡大のジレンマ、普遍主義のジレンマ、ヤヌスのジレンマ**）？　誰が交渉の場にいるべきか？　時間枠はどのくらいか（**今日か明日かのジレンマ**、および**教育のパラドックス**）？　誰のゴールが優先されるか？　さまざまな聴衆をどのようにバランス調整するか？　すべての卵を一つのバスケットに入れるべきか？　悪ガキか良い子かの選択でさえ、何らかの点で、一部の聴衆を満足させ、他を不満に感じさせるという問題なのだ。

これと密接に関連しているのが、**階層**にかかわるジレンマである。欲しいものを得るのに、手を上に伸ばすか下に伸ばすか？　戦略的ゲームにかかわるチームは縦型が良いか水平型が良いか？　勝者の側につくか抵抗するか？　巨人たちは自分のポジションをどう処するか？　私たちは下のものをどう扱うか？

三つめの基本的グループは、**スピード**および**変化**と関係がある。新しい動き、主張、イメージを採択するか、それともなじみのものに固執するか？　新しい戦略的相互作用に乗り出すか、それとも、慣れ親しんだとおりに行動するか？　聴衆を言葉でどのくらいプッシュできるか、あるいは戦術的に自チームをどのくらいプッシュできるか？　戦略的かかわりという問いそのものが、これとかかわっている。プロジェクトをどのくらい積極的に進めるべきか？

さらに、**リスク**と関係するグループがある。**リスク、ホームグラウンド、消耗品、バスケット、焦土戦術、かかわり**――これらの各種ジレンマが、このグループに属することは明白だ。しかし同時に、リスクは他のカテゴリーのほとんどの要素でもある。失敗を呼び込むことなしに、行動の範囲をどのくらいまで押し広げられるか？　将来はどのくらい予測でき、統制できるか？　教育を受けて自分が変わることに価値があるか？

ある種のジレンマは**社会**生活の性質を反映する。私たちは個人であると同時に、大きなグループやネットワークのメンバーでもある。誰の利害かというジレンマは、さまざまなゴールのあいだで引き裂かれ得るということだ。**後三条**、**プレイヤーか獲物か**、**ルール**の各ジレンマは、個人としての性質または他者とつながる者としての性質のどちらを使いたいかによって、手段が異なってくることを示している。

最後に、驚くほど多くのジレンマが、**形式と内容**、すなわち「手段と目的」とかかわりを持つ。ずばり、何のゲームをプレイするかという問題だ。**汚い手のジレンマ**や**魔法使いの弟子のジレンマ**、さらに**金銭の呪い**は、手段と目的を拮抗させる。**悪ガキか良い子かのジレンマ**は、各種の手段についての問題だ。目的の比較に関するジレンマもある。**今日か明日か**、**誰のゴールか**、**存続 対 成功**の各ジレンマがそれだ。**形式と内容**、**ルール**、**ニセのアリーナ**の各ジレンマは、ゲームのプレイのしかたそのものにかかわる、あるいはおそらく、どのゲームをプレイするかにかかわる。

ジレンマとの向き合い方はプレイヤーによってさまざまだ。プレイヤーは、制度、文化、感情的なコミットメント、あるいは性格などから、前もって自分の心を固めていることが少なくない。その上、複合プレイヤーを構成する分派や占める位置によって、好ましい選択が異なってくるだろう。経営者は頂上の高いピラミッドを好むが、従業員は裾野の広いピラミッドが好ましい。スパイは隠密行動を、雄弁家は公開討論を好む。要するに、私たちはしばしば、役割の対立や社会の対立というレンズを通してジレンマを解釈し、戦略をアリーナや資源のより構造化された側面と結びつける。一部のジレンマは、時間が経つうちにトレードオフへの対処を意図した社会的・物的な工夫に直面して進化したり、あるいは消失する。これらの要素の整理整頓が今後の研究テーマだ。

多くのジレンマは、プレイヤー同士の対立の最中に生じる。つまり、各サイドが同時にジレンマに直面するのだ。しかし、同じジレンマとは限らない。あなたは傍観者を巻き込むか否かを決定しなければならない（**傍観者のジレンマ**）が、傍観者が直面するのは**かかわりのジレンマ**だ。一方にとっての**焦土戦術のジレンマ**は、他方にとっては**ホームグラウンドのジレンマ**となるだろう。**後三条のジレンマ**では、個人的戦略を使うか地位の戦術かを使うかを決めなくてはならないが、相手はどちらに反応するかを決めなくてはならない。もっとも、相互作用するプレイヤーが同じジレンマに直面するケースのほうがずっと多い。**バスケット**、**プレイヤーか獲物か**、**拡大**の各ジレンマだ。ほとんどのゲーム理論とは逆に、敵が時を同じくして決定を下すことは滅多にないし、決定が厳密に交互になされることもまずない。なぜなら、ほとんどの決定には長い社会プロセスがかかわっているからだ。単に一瞬のものではなく、何日、何週間、何ヶ月も続き、チーム内でいくつかの相互作用が要求され、多数の試案や試行が必要となるのがふつうなのだ。

×

多くの問いには、まだ答えがない。書き手が実際以上に知っていることを暗示する仮説としてではなく、むしろ埋めるべきギャップを指し示す問いとして述べるべきなのだ。これまで述べてきたさまざまなジレンマが「選択点」として、将来の研究を使い古された比喩から解き放ち、できる限り私が提示した一般的な言葉に焦点を合わせたものにすることができればと思う。研究者は、これらジレンマにどのように取り組むことができるだろうか。ジレンマについて**何ができるだろうか**。一つひとつのジレンマが、それ自身、研究プロジェクトのテーマとして価値があると思う。各ジレンマについて提示できる四種類の問いがある。最初の二つのグループは、ジレンマを説明すべきこととしてとらえ、残りの二つのグループは、何か別のものを説明するのに役立つ要素としてとらえている。各ペアの中で、さらに、ジレンマを説明することと、ジレンマに直面してなされる選択を説明することとを区別しよう。

問いの一つのグループは、なにゆえ個々の**ジレンマ**が存在するのか、その範囲はどのくらいか、そしてその性質をどう定義できるかを問う。問いの中で、最も構造的な要素の強いものである。このトレードオフをもたらすのは心理、情報、組織の何か？　そして、トレードオフは、厳密な二者択一的状況を反映するのか？　それとも、こちらで得をすればあちらで損をするという以上のものなのだろうか？　正しいバランスを得ること、ジレンマを解決し、選択肢の両方の利益を共に手に入れることは可能だろうか？　ジレンマが生じるのは、私たちが矛盾する行動によって異なる聴衆を満足させようとするからだろうか？　それとも、ジレンマは拮抗するゴールを反映しているのだろうか？　あるいは反映されるのは、手段とゴールのあいだの緊張だろうか？　さらにまた、ジレンマがよりいっそう切迫性を持ち意識されるのは、どういう状況であろうか？

二つめの問いのグループは、現実世界のプレイヤーがジレンマに直面して行う**選択**を説明することが狙いである。どんな心理的、組織的、あるいは他の要因が、ある特定の選択に導くのか？　繰り返し一つの選択を好む偏り（たぶん観察者が最適と判断するよりずっと頻繁に）は、どんな要因がもたらすのか？　極端な場合、選択は意識されなくなり、ルールやルーチンになる。これは、なぜ、どのようにして起こるのか？　選択しないことについても、選択と同じように説明する必要がある。

三つめのグループは、そのジレンマがあることの**作用**について検討する。どんな技術、行為、組織構造などが、そのジレンマを解決し、解明し、または有用なものとするために生み出されたか？　ジレンマに対処するために、どんな情報が収集され、いかなる連携が形成され、どんな約束が交わされたか？　組織は、矛盾する選択に直面しないよう、またはなされた選択を隠匿するために、組織は自らをどのように構造化してきたか？

さらにまた、特定の**選択**にはどんな**効果**があるか？　ここでは、選択は、具体的な説明につながる原因メカニズムとなる。プレイヤー自身は選択にどのように影響されるか？　他のプレイヤーはどのように反応するか？　アリーナ、プレイヤー、シンボル、またはルールは変化するか？　誰が動員されるか？　資源や地位が他人に移るか？　望みがいちばん多くかなうのは誰か？　こうした問いに答えるため、私たちはふつう戦略的アプローチに向かい、一連の行動を整理して関心ある結果を説明する。

近年、多くの社会科学者たちが一般理論からメカニズムによる説明に転じている。私は、戦略的ジレンマや戦略的選択は、**有効な原因メカニズム**だと思う。これらは、しばしばミクロレベルとマクロレベルを仲介する。ミクロの選択がマクロの影響を持ち、マクロの条件がミクロの選択を形作る。私たちは、多種多様な制度的場面の多くで同じジレンマや選択に遭遇するから、結果を左右する制度の諸側面を比較することができる。とりわけ、選択は具体的で目に見える出来事であり、研究対象となる社会現象の大半に比べると、定義するのにほとんど論争もない。このため、それらに基づいて、比較したい理論にそれほど汚染されていない幅広い説明を提案できる。制度的ダイナミクスを説明しようとするとき、そのメカニズムとして個人のレベルに至ることが多い[2]。

これには決定的な利点がある。戦略的相互作用について全般的な理解を打ち立てようとするとき、最初の一歩は控えめにする必要がある。基本的な用語や概念に深入りしすぎると、ゲーム理論のように抽象的で非現実的な体系にまで突っ走ってしまう。新鮮な角度から物事を見ることができなくなるだろう。衣が替わっても、旧態依然の構造理論で武装しているという危険がある。具体的な選択やその基盤をなすジレンマに注意を向けることで、こうした危険を回避できるだろう。

あらゆる状況の中で最も戦略的な政治の分析においてさえ、おなじみの説明のための、不適切なミクロな基礎がある。これらの基礎を築き上げようとする一致した努力のほとんど――精神分析や合理的選択理論――は、まったく適切な出発点とはならない。一方はプレイヤーを病的にし、他方はあまりにも計算高くする。人間は合理的か否かをめぐる実に古くからの論争の両極を反映している。政治社会学全体を含めて他の伝統は、ミクロな基礎にはまったく関心を払わない。その真空地帯に、合理的選択という仮定がしばしば気づかれないまま忍び込む。よしんば気づいてあざ笑いはしても、政治社会学者は、代わりになるものをほとんど提示しない[3]。

何千冊もの自助本やビジネス書が出版されて答えを約束しているが、戦略的相互作用には従うべき安易なルールなどない。私の狙いは、実践に役立つレッスンを提供することではなかった。しかし、一つだけ述べておこう。本書で紹介してきた多くのジレンマに取り組むときには、ただ習慣や(最近のある本で推奨されていたように)直感に従うよりも、選択に直面しているのだと意識していたほうがよりよい選択ができるだろう。明白なコストやリスクだけでなく隠れた要因についても考えることができるし、できるだけ早期にそれらに対処するために手を打つこともできるだろう。ジレンマの別の側面のダメージを修復することによって、主たる選択の埋め合わせをすることもできる。少なくとも、自分が何をしているのかを慎重に考える時間が持てれば（その余裕がないことも多いが）、代案に気づき、新しい効果的な行動を考えるのに役立つだろう。一世紀前にマックス・ウェーバーが指摘したように、社会科学者が人々のために できる最善のことは、彼らに彼らの行動の結果の一切合切を気づかせることだ。

※

読者のみなさんが、これまで紹介してきたアイディアを自分の研究や理論に応用する方法を思いついておられたらうれしい。まだ思い当たらないという方のために、戦略的アプローチのメリットがありそうないくつかのフィールドの例を記そう。明白なものもある。戦略的行動は社会運動、国家、選挙政治や政党、革命、その他、明白な争いのアリーナの中核にある。社会問題についての苦情は、戦略、すなわち他者に問題を認識させ是正する必要があると納得してもらうためのレトリックがなければ何の意味もない。しばしば、調査研究は戦略への社会的アプローチに、明言しないまま、そしてそうであると認識しないままに、じりじりと近づいている[4]。

構造論的アプローチへの批判が、研究をより戦略的ビジョンの方向に推し進めることもあった——もしくは、正しく理解されれば、そうなる可能性がある。選挙区再編が一例である。アメリカの政治学者は何世代にもわたって、政党勢力地図における転換点を検討してきた。百年間に三六年おきと、驚くほど規則的に起こっている（1860年、1896年、1932年、そしてたぶん1968年もそうだ[5]）。このアプローチは、安定した「政党制度」という構造論的イメージを踏まえている。これはしばしば、たとえば新しい問題が発生したり政治が行き詰まったときに、崩壊し交代する。2002年、デイヴィッド・メイヒューは、この伝統全体に疑問を投げかけ、その実証的主張は疑問だと述べた。私たちにとって最も興味深いのは、彼が政党間の競争について考えるために提案した他の三つの要因である。一つは偶発性だ。「スキャンダル、恋愛、重大ミス、不景気、または世界大戦が発生すると、投票者の流れが変わる可能性がある。」チャンスが重要なのは、主として政党がその短期的戦略――メイヒューの第二要因――においてチャンスをとらえようとするからである。(ニクソンが南部白人層に訴えたように、長期戦略も同じく重要だと言いたい)。第三の要因は、基幹問題(決して妥協できない争点を含んだ問題)である。これは、とりわけ戦争や経済に関して「主として人々に認知された政府の運営に依存する」。政党や政治家がライバルとの競争において多数のゴールを追求することは明白であるから、これらが戦略的枠組みにたやすく適合することは言うまでもない[6]。

犯罪学も同じく、戦略的ビジョンに向かいつつある。1979年以後に登場した「ルーチン活動」アプローチは、次の三つに力点を置いている。潜在的な犯罪者、適切なターゲット、そして介入することができる監視者である[7]。ターゲットが人間の犠牲者のときには、三種のプレイヤーまたは潜在的プレイヤーが関係する。ターゲットが財産のときは、監視者が財産の所有者である可能性がきわめて高く、ここでも三種のプレイヤーが中心モデルとなる。犯罪は、監視者が不在のときに起こりやすい。監視者とは、もちろん警察、それから隣人、傍観者、財産の所有者もそうだ。しかしながらこの分野は、戦略的方向に動くのではなく、動機づけを回避して行動主義のスタイルを採用し、犯罪をシステムのメタファーで研究できる大集団の文脈の中に置いた。

まもなく、犯罪研究に合理的選択理論が採用されたが、ルーチン活動理論の認知ギャップを幾分とも埋め合わせる可能性を秘めている。[8] 犯罪学者は、経済学者が犯罪に対して適用した狭いモデルの一部を効果的に回避した。主に、またはもっぱら金銭的報酬を最大化するという見方、明確に職業として犯罪を選択するという見方、そして合理性についての狭い、数学的定義である。合理性がいかに狭められているかに気づいて、合理性を構成するのはそれだけではないという拡大的視点が出現した。犯罪者は、そこここで少しばかり決定し、周囲について情報を処理し、そして常に継続か中止か、または他の犯罪に切り替えるかを決定しなければならない。合理的選択アプローチもルーチン活動アプローチも、犯罪者を、ゴールを持ち、置かれた状況（アリーナ）に応答して行動し、そして他のプレイヤーについて予想し応答すると見ている。両方とも、性向よりも行動や出来事、つまり「犯罪傾向」ではなく犯罪に焦点を当てている。

組織や企業や市場に関する研究も、同様に、もっと戦略的な視点が役立ち得る。市場は、企業が他者と競争するアリーナであるが、他のプレイヤーには、国家、消費者グループ、その他の圧力団体（環境保護団体など）も入っている。外国企業はしばしば独自のプレイヤーであり、自国政府の後押しを受けていることもある。ニール・フリッグステインは企業の明確な戦略的モデルを提示したが、彼が仮定したゴールはただ一つ、経済学モデルの単一ゴールである利益を得るための活動における安定性のみだ。[9] 私は、戦略的アプローチの利益の一つは、何度も起こるゴールの衝突を明らかにすることだと思う。特に、経営サイドが個人的報酬を追求してチーム（企業）から離脱するときの衝突だ。（フリッグステインの著書の出版以来、この行動は、エンロン、タイコ、ワールドコム、パルマラートなどの多数の企業で明るみに出た）。

最も興味深い戦略的相互作用は、企業同士ではなく企業内部で起こっているのではないだろうか。

公衆保健もまた、近年、戦略的ビジョンへの移行の兆しが認められる社会科学分野の一つである。たとえばブルース・リンクとヨー・フィーランは、病気の根本的原因についてのマキューン説を再吟味している。マキューン説によれば、過去二世紀の大幅な健康改善と、その結果としての人口増は「特定の医学の発達や公衆保健政策によるというより、広く経済・社会的条件の変化によるところが大きい。」リンクとフィーランは、人々が新しい知識、相互作用、そして資源を、積極的に健康を追求するために利用していることを見いだした。自動的なプロセスは存在しないのだ。人々の活動のほとんどは手段となる行動に関するものだが、一部の活動は他者、特に保健専門家との戦略的相互作用に関係している。資源とスキルが豊かな人々は、それらをより健康になるために投入する。[10]

戦略的方向付けは、個人の移動と収入に関する古典的な社会学的・経済学的研究にも役立つだろう。クリストファー・ジェンクスなどの優れた研究は、帰属的特性や構造的要因では説明できない膨大な変数を見いだしている。[11] スキルは重要だが、**どの**スキルが重要かはほとんどわからない。認知スキルをとらえることができるとされるテスト得点でさえ、それほど成功に結びつかない。説明できない変数の多くは、戦略的能力に起因するのではないかと思う。身体的魅力は、非常に狭い意味では仕事の成績に無関係だが、求職においても、また仕事をうまくこなすにも、相互作用の成功率を高めるだろう。[12] 魅力、共感、情動的知能（EQ）、自信、そしてその他の戦略的能力もきわめて重要に違いない。たぶん、ゴールも同じだ。金持ちになりたい人のほうが、それほどお金がなくてもよいという人よりも、金が貯まる。戦略的スキルは、少なくとも技術的スキルや認知的スキルと同程度に、成功にとって重要なのである。[13]

同様に、戦略的プロジェクトは、ジェンダー、人種、階級などの階層の再生産を助長する。こうした階層が好都合なグループは、既存のアリーナや境界を維持し、自分たちの資源を守り、新しいスキルを獲得するために一生懸命になるし、協調することもある。エリートは、自分たちの優位性の維持に躍起となる。[14] しかし、個人もまた、しばしばこの構図を再生産する。たとえば、女性は男性ほどは値引き交渉しないし、ふつう、公正さやその他の集合的なゴールに気を配る。キャロル・ギリガンの有名な配慮《ケア》の倫理だ。[15] アフリカ系アメリカ人も、同じく、白人系国民よりも集合的ゴールを重視し追求するようである。[16] 集合的アイデンティティとプレイヤーは創造されなくてはならない。自然に生まれることは絶対にないのだ。

私の考えでは、戦略的な再考を最も強く求められているのは階級研究の分野である。一五〇年間というもの、研究者も活動家も、階級の忠誠心の下に横たわる構造を探し求めてきた。主な探求対象となったのが、労働者階級の信頼できる同盟である。頭脳労働者のほうが肉体労働者よりも信用できるか？　マルクスのモデルの余剰価値を生産せず他者から搾取されない「非生産的」労働者についてはどうか？　おそらく、労働条件の劣悪なエンジニアは労働者階級に属すると言えよう。シジフォスのような労苦にもかかわらず、規則正しく政治的共感や行動を予測する構造学的要因は見いだされていない。なぜだろうか？　**階級は戦略的構造物であり**、社会の抑圧された側の名において発言する政党を組織化しようとするものに修辞的に作られたものだからである。「労働者階級」は、少なくとも一九世紀から二〇世紀の一時期については、共感が得られるスローガンやアイデンティティであることを実証した。実際、少なくとも工場労働者と同じくらい多くの中流階級にアピールした。「労働者階級」の政治的課題が存在してきた限り、「労働者」を「労働者」たらしめてきたのはプレイヤーとしての労働者階級の戦略的構築なのであって、経済構造によるのではなかった。（資源や地位の統制は問題ではないとは言わないが、しかし「階級」は、政治的連帯はそれから自動的に生じる傾向があるという考え方を付加する。階級というラベルは戦略的なものであり、修辞学的に作られるものなのである）。

数々の戦略的洞察力の源泉である国際関係でも、多くの側面でいっそう戦略的色合いが増している。相互作用の内部に到達しようとして、伝統的リアリズムの構造論的ビジョンに亀裂が生じているからだ。イェール・ファーガソンとリチャード・マンスバックは、研究者に、政治の主観的側面にもっと注目するよう求めている。異なるレベル（アリーナ）、特に国内外にまたがる研究を柔軟に行うこと、そして各種のグループや制度に対する人々の矛盾する忠誠心を認識するためには、そうすることが必要だと言う[17]。私たちは、経験論者にならずとも経験的であるという彼らの指摘は、この本で私が追求しようとしたことの一つだ。私は、特定の証拠の原因をあたかも究極的な決定的要因と見せかけることなしに戦略の言語を作り上げることを目指して、実証研究に転じた。歴史的文脈に敏感であり、数学的であるよりも社会的なアプローチを発展させようと試みた。これは、徹頭徹尾リアリズムと言えよう。

社会学者は、人間が目的を持って相互作用している社会生活の巨大なアリーナについてよりよい説明をしたいなら、構造論的および状況論的なバイアスから脱却する必要がある。現実から目を逸らして合理主義者への不満を口にするのではなく、戦略を認識する必要がある。政治学、経済学、そして多くの心理学の分野でも、数学的なゲーム理論のまどろみから目を覚まし、アリーナ、文化、感情、そしてその他の長らく無視されてきた戦略的行動の諸側面を認識し、取り込む必要がある。この巨大な分断の両側で、前進の兆候が認められるのは喜ばしいことだ。中央で出会うために必要なのは、（本書では方向を指し示したのみにとどまっているが）新しい、真に社会的な戦略へのアプローチである。

補遺　戦略的行動のルール

政治、戦争、抗議行動、あるいはビジネス分野の多くのアナリストが、戦略的選択のための主要なルールをリストしようとしてきた。汎用的なルールであるためには、かなり抽象的なものとならざるを得ない。たとえば、二〇世紀の偉大なコミュニティオーガナイザー、ソール・アリンスキーは次のようなルールをリストしている[1]。

1　力とは、あなたが実際に持っているものだけではない。あなたが持っていると敵が考えているものも力である。
2　仲間の経験の範囲内に踏みとどまること。
3　可能な限り、敵の経験の範囲外で行動すること。
4　敵には、彼ら自身のルール集を守らせる。
5　嘲笑は、人間の最大の武器である。

6 良い戦術とは、仲間が楽しめるものだ。
7 長引きすぎた戦術は、重しになる。
8 プレッシャーをかけ続けること。
9 脅迫は、実体以上に恐ろしいのがふつうだ。
10 戦術の大前提は、相手に常にプレッシャーをかけ続けるような作戦を開発することである。
11 欠点も十分深く突き詰めれば、逆側に突き抜ける。
12 攻撃成功の代価は、建設的な代案である。
13 ターゲットを決め、固定し、個人化し、そして分極化せよ。

これらは、関心を引き気持ちを動かす原理としてなじみ深いもので、優れた戦略家は本能的に知っている。これらが単純であるのは、これらの原理をさらに推し進めればジレンマのまっただ中に陥るが（アリンスキーのリストでは触れられていない）、それには普遍的あるいは容易な答えはないからである。二〇世紀イギリスの偉大な軍事戦略家B・H・リデル・ハートも、同じようなリストを作っている。[2]

1 目的を手段に合わせる。
2 目標を常に念頭に置いて、プランを状況に適合させる。
3 最も期待の小さいライン（コース）を選択する。
4 最も抵抗の小さいラインを活用する――そもそもの目的に寄与するであろう目標に至る可能性があ

る限り。

5 代替目標が得られる作戦ラインをとる。

6 プランと配置の双方の柔軟性を確保する——状況への適合可能性。

7 敵の守りが堅いところへ注力するのは避ける——敵は受け流したり回避したりして、適切に対処できる。

8 攻撃が失敗したときは、同じラインで(あるいは、同じ形で)再攻撃しないこと。

柔軟性。ちょっとした不意打ち。特に、敵がまずい手を選んだときに、それを活かそうとする柔軟性。しかし、リデル・ハートの場合も、大部分が選択に当てはまり、可能な選択肢の数を最大にすることがゴールである。

エドガー・スノウが1936年にインタビューした毛沢東革命軍の将軍のリストは、かなり異色だ。[3] 資源が少ない者向けのアリンスキーのリストと、リデル・ハートのリストの折衷と言える。また、弱小プレイヤーにとって決定的に重要な、隠密と不意打ちを重視した孫子の考えも反映されている。

1 パルチザンは、負け戦に手を出してはならない。

2 不意打ちは、優れたリーダーを戴くパルチザングループの主要な攻撃戦術である。

3 戦端を開く旨を伝え、あるいは受諾するには、最初に、攻撃そして特に撤退についての慎重で詳細な計画を練り上げる必要がある。

4　民兵〔農民蜂起鎮圧のために集められた地主の私兵〕に特に注意を払う必要がある……軍事的には壊滅させなければならない。しかし政治的には、可能な限り、大衆の側に引き入れる必要がある。

5　敵の軍隊と真っ向から接触する場合、パルチザンは数において敵を上回っていなければならない。しかし、敵の正規軍が行軍中、休息中、または守りに隙がある場合などは、少人数で、敵軍の要となっているポイントを突く迅速で決定的な不意打ちによる側面攻撃をかけることができる。

6　実際の戦闘では、パルチザンの前線は最大限の融通性を持つ必要がある。敵の力や準備状態や戦闘能力についての推測が間違っていたことがはっきりしたときには、パルチザンは攻撃を開始したときに劣らない迅速さで、撤兵・退却可能であるべきだ。

7　注意を他に向けさせる、おとり、陽動、待ち伏せ、牽制、および焦らしといった戦術をマスターする必要がある。中国では、これらの戦術は「声東撃西（東を攻めようと見せかけておいて実際には西を攻撃する）原理」と呼ばれている。

8　パルチザンは、敵の主力との交戦は避け、敵の最も弱いリンク、あるいは最重要ポイントに集中しなければならない。

9　敵にパルチザンの主力の位置を突き止められないよう万全の措置を講じなければならない……パルチザンにとって、注意を引かずに行動することは成功のための絶対の要点である。

10　動きの良さで秀でていることに加えて、地元民と見分けがつかないパルチザンには、諜報活動においてもメリットがある。この利点を最大限に活用しなければならない。

ここでも、リストの要は不意打ちと柔軟性だ。東を攻めると見せかけて実際には西に攻撃をかける。明らかに、迅速な撤退は敗北ではないとされている。これは、欺きは弱者の便法として重視されている東洋の伝統の表れかもしれない。ほとんどの西洋の軍事的伝統では、圧倒的な兵力が好まれてきた。

戦略的選択についての著名な研究の多くは、企業経営者向けであり、内部の活動、自チームの活動調整に力点が置かれている。J・エドワード・ルッソとポール・J・H・シューメイカーは、「決定の罠」を回避するルールをリストしている。[4]

1 情報を収集し状況について検討しないうちに飛び込んではならない。
2 間違った問題を解決しようとしないこと。間違った問題は、そもそもの最初に、問題把握がきちんとなされていないからだ。
3 問題を多面的に把握するよう試みること。
4 自分の意見に自信過剰にならないこと。鍵となる情報を見過ごすおそれがある。
5 入手しやすい情報に頼りすぎた短絡的意思決定は避けること。
6 情報は、思いつきで利用するのではなしに、系統的に活用すること。
7 グループの意思決定には手腕が必要だ。手をこまねいていて正しい選択がなされると仮定してはならない。
8 自我は傷ついても、過去の教訓を最大限に活用する。
9 うまくいったことと失敗したこと、過去の履歴を系統的に把握しておくこと。

10　これらのミスを避けるためにも、自分の意思決定プロセスを監視すること。

これらのレッスンが教えてくれるのは、せいぜい次のようなことだ。自分の直感よりも過去の経験を重視せよ。直感には自分の気づいてすらいない幾多のバイアスがある。

ここで掲げたリストの類は、ときには、一連の思考を刺激して戦略的プレイヤーがミスを回避したり、問題を新たな視点から眺めるのに役立つかもしれない。しかしどんなリストも、示唆以上のものではない。私たちの置かれる状況は複雑で常に新たな問題が生じており、リストからは何をすべきかほとんどわからない。それに対して、本書で提示したアプローチは、私たちが直面するかもしれない選択を識別し、それらを文化的・制度的な文脈の中に置くというものだ。重大な決断を下せるのは、プレイヤー自身だけだ。規範的学問であるゲーム理論とは違って、私がしようとしたのは、主に説明し記述することだ。本書で取り上げたジレンマを一読しても、プレイヤーに何をすべきか教えてくれるわけではない。だが、見過ごしていたオプションについて新たに考えるきっかけになってくれるかもしれない。何よりも、自分の持つ多数のオプションの、潜在的なリスクと利点に気づかせてくれるだろう。

訳者あとがき

戦略（strategy）という言葉をふだんの生活で目にするようになったのは、いつごろからでしょうか。計略や駆け引きといったニュアンスがあり、ともすれば軍事的イメージが強くなる「戦略」という語が日常語として市民権を得たのは、それほど昔のことではないでしょう。政治や経済の世界では古くから用いられていたでしょうが、バブル期にさかんにビジネス雑誌を賑わせるようになり、そうこうするうちに日常の日本語として浸透してきたように思われます。

ところが、本書の著者ジェイムズ・M・ジャスパーが言うには、戦略は（ほとんどの社会学や人類学が示唆するところとは違って）、私たち誰もが、毎日の生活でごくふつうに使っているものなのです。現代の社会科学ではゲーム理論が支配的だけれども、戦略的行動の推進力は、（ゲーム理論で捉えられているような）コストや便益だけではありません。愛や憎しみや怒りといった人間の感情に突き動かされるものであり、私たちが周囲とのかかわりのなかで何らかの選択の必要に迫られたとき（つまり、ジレンマに直面したとき）、意識的にせよ、文化や伝統に隠れて気づかないにせよ、行動の指針とするのが戦略だと言うのです。

そして、従来から戦略的ジレンマへのアプローチとして最も強力なツールとみなされてきたゲーム理論には、『数式の美・数学の精緻さを追求するあまり、様々な要素を排除してしまった。そこでは、主役の人間は合理的でつねに計算しているプレイヤー、人間らしさのない存在に還元されてしまっている』と距離を置き、社会科学を実験室から解き放ち、一人ひとりの人間の現実世界における「主観的」視点を重視する立場から新たに構築し直すことをゴールに据えます。このように本書のスタンスを説明し、このスタンスこそ本書の真骨頂であると位置づけます。状況主義であれ構造主義であれ、社会学が目をつぶってきた要素――想像力や創造性や主観――を主役として表舞台にのせ、戦略的ジレンマに真正面から取り組みます。これらは、ゲーム理論で排除されてきた部分、著者に言わせると、人間活動の人間たるところ、複雑で面白い、社会科学の本来の対象です。

このようなスタンスで、本書は戦略的行動の基本的な各要素を独立した章として取り上げ、それぞれにかかわりの深いジレンマのエピソードを織り交ぜながら、ジレンマがどのように生まれ、戦略的に読み解かれ、答が見いだされていくかを例示します。

ただし――と著者は念を押します――、本書は、ジレンマに直面したときにどうすればよいか、最善の選択をするにはどうすべきかを指南するハウツー本ではありません。古今東西の歴史をひもとき現代社会の一面を切り取って、ジレンマを「例示」しているのも、自分で自分なりの答を見いだすには、まず、状況を戦略的なジレンマとして認識し、そして選択を左右する要素（変数）を白日の下に引き出すことが出発点になるからです。数学の問題の解き方を教えるのに、その問題を直接解くのではなく類例を解いてみせ、「さあ、ではやってごらんなさい」と言うようなものでしょう。類例として取り上げられている37の主要なジレンマは、神話や古典、故事や兵法書、おとぎ話や伝説などから抜き出され、それ自体が非常に面白いエピソードになっています。このジレンマのエピソードを拾い読みするだけでも、私たちの何気ない行動がまさに「戦略的」であることが明瞭に浮かび上がってきます。そして、私たちの両手は、ゲーム理論のような整然とした数式では表現できないけれども、現実場面で迷ったとき自分で答を導き出すための手がかりを、しっかりと掴んでいるはずです。

常識では理解しがたい陰惨な事件もとみに増えている昨今、身近な家族や友人関係からグローバルな社会情勢まで、私たちは、しばしば、漆黒の闇の中、嵐の大海を翻弄される小舟に必死でしがみついているような気持ちに襲われます。どう、直面しているジレンマを切り抜けるか――現実世界に生きている人間を理解する社会科学を目指した本書は、そのようなとき、灯台のように、逆巻く波頭に隠れる岩礁を照らし、陸地へ至る針路を見分けるための光を投げてくれる、そういう一冊になるのではないでしょうか。

該博な知識と諧謔に満ちた著者の語り口は、非常に面白いけれども最初掴み所がなく思え、翻訳の過程では途方に暮れそうになったことも多々ありました。新曜社の塩浦さんに最初から最後までほんとうにお世話になりました。最後になりましたが、心からお礼申し上げます。

2009年2月

鈴木眞理子

著者紹介

ジェイムズ・M・ジャスパー（James M. Jasper）
大学教員を経て，現在雑誌 *Contexts* 編集者。著書に，*The Art of Moral Protest ; Restless Nation ; The Social Movements Reader*（共著）; *Passionate Politics*（共編）; *Rethinking Social Movements*（共編）他がある。

訳者紹介

鈴木眞理子（すずき　まりこ）
ドイツ語，英語，オランダ語翻訳家。科学技術や環境分野の翻訳に長くかかわる。訳書に『女の能力，男の能力——性差について科学者が答える』（共訳，D. キムラ著）新曜社，2001／『エリクソンの人生　上・下』（共訳，L. J. フリードマン著）新曜社，2003／『ビューティー・サロンの社会学』（P. ブラック著）新曜社，2008 など。

新曜社

ジレンマを切り抜ける
日常世界の戦略行動

初版第1刷発行　2009年4月30日©

著　者　ジェイムズ・M・ジャスパー
訳　者　鈴木眞理子
発行者　塩浦　暲
発行所　株式会社 新曜社
〒101-0051 東京都千代田区神田神保町 2-10
電話(03)3264-4973(代)・Fax(03)3239-2958
e-mail　info@shin-yo-sha.co.jp
URL　http://www.shin-yo-sha.co.jp/

印刷　三協印刷　Printed in Japan
製本　イマキ製本所
ISBN978-4-7885-1153-8 C1036

人名索引

◆サ　行

◆タ　行

◆ナ　行

◆ハ　行

◆マ　行

◆ヤ　行

◆ラ　行

事項索引

◆さ　行

注

序章　社会生活の政治学

1．矛盾なきにしもあらずだろうが、大まかに、グループ（自主的で、ふつうは対面的な関係）、組織（公式的で、通常法律によって定められている）、集合体（カテゴリーでもあり想像上のコミュニティでもある。法的な境界がある場合もない場合もある）に区分する。複合プレイヤーは、一般に（1）何らかのアイデンティティ感覚、（2）資源の統制、（3）離脱を思いとどまらせる能力、（4）個々のメンバーのゴールとは一線を画したゴール、そして（5）内部の調整、統制、コミュニケーションの能力を持っている。関連する定義については、Arthur Stinchcombe, "Monopolistic Competition as a Mechanism", In Peter Hedström, Richard Swedberg (Eds.), *Social Mechanisms* (Cambridge: Cambridge University Press, 1998), 287 参照。

2．もっと一般的なのは社会生活と政治生活の経済モデルで、実際、どこにでも現れる。社会学者による最も徹底的なものとして、James Coleman, *Foundations of Social Theory* (Cambridge, MA: Harvard University Press, 1990) [『社会理論の基礎』久慈利武監訳 , 青木書店 , 2004] がある。経済メタファー（交換としての社会的相互作用、利益の最大化としての人間の動機づけ）の持つ多くの制限をどう取り扱うかの詳細については、Lars Udehn, *The Limits of Public Choice* (London: Routledge,1996) 参照。交換というコールマンの根幹的メタファーは、私の戦略的モデルと同様に、その適合性は社会生活エリアによって異なる。ただし、私のモデルは社会的行動の包括理論を意図していない点が、コールマンのモデルとの違いである。人間の満足をあたかも転移可能な「もの」であるかのように見なすことによってのみ、相互作用を交換へと還元することができる。

3．アーヴィング・ゴフマンは、戦略的相互作用と、物理的性質を持つ相互作用の決定的に重要な相違点を指摘した。**自然をごまかすことはできない**が、人間のゲームでは、必ずと言ってよいほど、プレイしているゲームを別の種

類に切り替えて、ごまかすことができる。インチキをしたり、裁判で判事を買収したり、陰で糸を操ったりなどだ。現実生活の「ルーズなゲーム」はすっきりしていない。常に、多くのゲームが同時進行している――このことは、ゲームを人間の複雑な戦略的相互作用のメタファーとして用いるのは適切ではないかもしれないことを示唆する。

4．戦略的行動の相当程度は、人々に何かを信じさせることが狙いだ。だが、それは将来の行動や宣言の準備であって、コミュニケーション行動もそうであるように、通常、その信条そのもののためではない。

5．Georg Simmen, *Conflict and the Web of Group-Affiliations* (1923；repr., New York: Free Press, 1955), 14.

6．Charles Lindblom, *Politics and Markets* (New York: Basic Books, 1977) においてリンドブロムは、社会的コントロールの三つの基本的システムとして説得、交換、権威をあげている。（彼は身体的制約に言及しているが、奇妙なことに、それはあまり重要ではないと見ている。たぶん、彼の興味が戦略的行動ではなく、一般的な政治－経済組織にあったためだろう）。私にとって、権威は他の三つから一時的に得られるもので、その効果はそれら（または、それらの使用という脅威）にかかっている。たとえば、違法に使用されたとき、権威は瞬時にして消失する可能性がある。

Ralph Turner and Lewis Killian, *Collective Behavior*. (Englewood Cliffs, NJ: Prentice-Hall, 1987) でターナーとキリアンは、説得、促進、駆け引き、強制をあげている。促進は、しばしば支払いという手段によって実現されるが、他の種類の協力の手筈も示唆する。駆け引きは、私の捉えるところでは、強制、説得、または金銭の約束から構成される。

Raymond Aron, *Peace and War*. (1962：repr., New Brunswick, NJ: Transaction, 2003) 299 においてアロンは、経済、軍事、政治という3種の世俗的な力または体制に言及して、支払い、強制、および説得に制度的基盤を与えている。

7．レトリック（修辞）は、実務家にとっても理論家にとっても、失われたアートである。I. A. リチャーズやケネス・バークといった20世紀の学者たちは、もともと演説者と聴衆の間の相互作用を意味したレトリックという言葉を、あらゆる状況設定における意味をも包含する語に拡大した。この動きによっ

て、レトリックを「空虚な言葉」と見なす近代主義の批判から「救った」。しかし同時に、意味に対する他のアプローチ、特にフランス構造主義から派生したテキストベースの記号論的メタファーに対しては脆弱になった。

8．Ann Swidler, "Culture in Action: Symbols and Strategies", *American Sociological Review* 51 (1986), 273-86 においてスウィドラーは、文化をツールキットだと述べている。スウィドラーの「戦略」の使い方は広義にすぎるが、言語のメタファーを基盤とした文化の記号論的モデルから脱する道を示した。記号論的モデルは、文化を非常に制約的で、私たちの意識外にあり、変化しにくく、国の境界線の内部でかなり共通性のあるものと捉えている。

9．Thomas Cronin and Michael Genovese, *The Paradoxes of the American Presidency* (Oxford: Oxford University Press, 1998), vii.

10．状況主義者たちが戦略的相互作用を避け、一方でゲーム理論家たちが過剰に単純化してきた理由の一つは、戦略的相互作用には極度に複雑な因果関係が関与するためである。即時フィードバックがあるだけでなく、その応答を予測して一つ一つの行動がとられる。このようなプロセスを高精度にモデル化できるのは、期待がある種の平衡に達するときだけである——ゲーム理論家の夢だ。ゲーム理論モデルの整然とした世界の外では、平衡は例外的である。カール・ウェイクは、私たちは、双方向の因果関係（「回路《サーキット》」）よりも、一方向的な原因の影響（「原因の円弧」）のほうを認知しやすいと指摘したが、双方向の因果関係でさえ、戦略的期待にくらべれば単純だと言える。Weick, "Middle Range Theories of Social Systems", *Behavioral Science* 19 (1974), 357-67 参照。

第１章　開始

1．官公庁の統計に批判的な方々の想像通り、私たちはこのひったくりを警察には届けなかった。もっとも、帽子を盗られていたら届けたかもしれない。

2．Raymond Boudon, *La Logique du Social* (Paris: Librairie Hachette, 1979).

3．良い解題付きの最近の関連する論文集としては、Colin Camerer, George Loewenstein, Matthew Rabin (Eds.), *Advances in Behavioral Economics* (New York: Russell Sage; Princeton, NJ: Princeton University Press, 2003) があ

る。

4．Anthony Giddens, *Modernity and Self-Identity* (Stanford, CA: Stanford University Press, 1991), 112, 114.

5．Erving Goffman, *Behavior in Public Places* (New York: Free Press, 1963).

6．Anthony Giddens, *The Consequences of Modernity* (Stanford, CA: Stanford University Press, 1990), 134-137. ギデンズはレイモンド・グッディンを引用している。彼は、この受け入れモードにおける政治を「プラン X」と呼んだ。

7．別のところで論じたとおり、私たちの気分は通常、状況設定が変わっても持続する。この点が、怒りや恐怖のような反射的感情との違いだ。そして、感情的忠誠（愛、憎しみ、信頼、尊敬）は、ふつう、気分よりもさらに長く持続する。私の見るところ、4 番目の感情は、同情、勇気、嫉妬などモラル的感情から構成される。拙稿 "Motivation and Emotion", In Robert Goodin, Charles Tilly (Eds.), *Oxford Handbook of Contextual Political Analysis* (Oxford: Oxford University Press, 2006) 参照。

8．ゲーム理論家によると、「プレイヤーは、この動きが（i）好ましくない最終的状態に至る（すなわち結果）、または（ii）プレイが初期状態に復帰する（すなわち、初期状態が結果になる）場合には、初期状態から動かないだろう。」Steven Brams, *Theory of Moves* (Cambridge: Cambridge University Press, 1994), 27. および、Marc Kilgour and Franc Zagare, "Holding Power in Sequential Games", *International Interactions* 13 (1987): 91-114 も参照。

9．ミシェル・フーコーの著作は、物事を成就する能力としての力を強調した。そのためには、フーコーが述べる動員や懲罰のためのさまざまなテクニックすべてを必要とする。

10．ほとんどの人は、自分は状況を制御できないと思うと不安が高まる。したがって、優れたリーダーは、チームのメンバーに、自分が状況を**制御している**と感じさせるようにする。しかしながら、覇権的プレイヤー（他のプレイヤーに比して不釣り合いに強力）を除くと、戦略的相互作用を自分で制御できることはまれである。覇権的プレイヤーでさえ、制御できないこともある。

11．政治戦略の個人的コストについては、ケン・ウィワによるナイジェリアの公民権運動で殉教した彼の父親ケン・サロ - ウィワの回顧録、Wiwa, *In the Shadow of a Saint* (South Royalton, VT: Steerforth, 2001) 参照。

12. David Halberstam, *War in a Time of Peace* (New York; Scribner, 2001) [『静かなる戦争：アメリカの栄光と挫折』小倉慶郎他訳，PHP 研究所，2003] においてハルバースタムは、アメリカ人司令官たちは、米国に対してはとんど脅威をもたらさないような小規模でやっかいな紛争への介入には二の足を踏んだと記している。ブッシュ大統領はそのような及び腰の態度はまったく見せなかった。

13. 一人の人間が万事を遅らせ脱線させることはよく知られている。学術界の例を引くと、チャールズ・ティリーによれば、ウィリアム・グードがこれを「最低モラルのメンバーの原理」と呼んだそうだが、とりわけ各種の委員会を思い起こさせる。William Miller, *The Mystery of Courage* (Cambridge, MA: Harvard University Press, 2000), 112 のなかでミラーは、戦闘における身体の失敗について述べている。「身体はただ我が道を行き、兵士は愕然と見つめる。」

14. Carl von Clausewitz, *On War* (1832; repr. Princeton, NJ: Princeton University Press, 1976) [『戦争論』篠田英雄訳，岩波書店，1968].

15. Hannah Arendt, *The Human Condition* (Garden City, NY: Doubleday, 1959), 162 [『人間の条件』志水速雄訳，筑摩書房，1994].

16. ゲーム理論家は、相互作用する相手を選択できることは、戦略の選択に匹敵する大きな利点を持つことを発見した。Toshio Yamagishi, Nahoko Hayashi, and Nobuhito Jin, "Prisoner's Dilemma Networks: Selection Strategy versus Action Strategy" In Ulrich Schulz, Wulf Albers, Ulrich Mueller (Eds.), *Social Dilemmas and Cooperation* (Berlin: Springer-Verlag, 1994) 参照。ゲーム理論家は、新規プレイヤーのゲーム参入・退出については、まだモデル化に成功していない。

17. マイケル・ブラウォイは、あるオペレーターの言葉を紹介している。「先日、エディーが私に背中を向けて時間を計っているのに気づいた。私が1工程終えたかどうかを知るため、機械に聞き入っていた … 見張っているとは見えなくても、彼は機械に耳を傾けていたんだ。」Michael Burawoy, *Manufacuturing Consent* (Chicago: University of Chicago Press, 1979), 164.

18. フランチェスカ・ポレッタは、公民権運動で最初に「シット・イン」に加わった学生たちは彼らの行動が自発的なものであったと主張したと述べてい

る。このレトリックにはいくつかの機能があり、その一つは「政治的」「戦略的」というラベルを拒否することだ。Francesca Polletta, "It Was Like a Fever... : Narrative and Identity in Social Protest", *Social Problems* 45 (1998), 137-59. および "Plotting Protest" In Joseph Davis, *Stories of Change* (Albany: SUNY Press, 2002) 参照。

19. M. P. Baumgartner, *The Moral Order of a Suburb* (Oxford: Oxford University Press, 1988).
20. Diane Vaughan, *Uncoupling* (Oxford; Oxford University Press, 1986), 135 [『アンカップリング：親密な関係のまがり角』岩谷誠他訳，日生研，1994].
21. ヘルムート・フォン・モルトケは、トルコでのこの種のジレンマの経験を詳しく述べている。コンスタンチノープルとカイロ間の戦争で、彼は堅固な防衛体制を固めるようハフィス・パシャに助言したが、ハフィスはリスクのある攻撃を強く進言した他のアドバイザーに従い、大敗北を喫した。Otto Friedrich, *Blood and Iron* (New York: HarperCollins, 1995), 74. 参照。
22. 動物愛護運動も初期のころは驚くほどの成功を収めた。James M. Jasper and Jane Poulsen, "Fighting Back: Vulnerabilities, Blunders, and Countermobilization by the Targets in Three Animal Rights Campaigns", *Sociological Forum* 8 (1993), 639-57. 参照。
23. Paul Farmer, *AIDS and Accusation* (Berkeley and Los Angeles: University of California Press, 1993), 98 において、ファーマーはハイチのブードゥー教におけるこの非対称性を報告している。
24. Robin Wagner-Pacifici, *Theorizing the Standoff* (Cambridge: Cambridge University Press, 2000), 99 に引用。
25. Robert Jervis, *The Logic of Images in International Relations* (New York: Columbia University Press, 1989), 55 において、ジャーヴィスはこのトレードオフを指摘している。
26. ダイアン・ヴォーンは、破局を迎えつつあるカップルにおける例を報告している（Diane Vaughan, *Uncoupling*, 78 [『アンカップリング：親密な関係のまがり角』岩谷誠他訳，日生研，1994]）。パートナーの一方が出て行くと決心したときでさえ、2人は、これは現実ではないというフリをして協力しあうかもしれない。「別れようと決めた側は、他所に安全と思われる場所を確

保するまでは、関係性を消失させるリスクを冒さないだろう」。ボーガンが言おうとしているのは、根底にある変化への抵抗だ。「答えが、仮に一時的にせよ自分の人生を組み立て直すことになると予想できるときには、問いを発するのは容易でない」(76)。

27. 例として、Kenneth Waltz, “The Stability of a Bipolar World”, *Daedalus* 93 (1964), 881-909 対 Karl Deutsch and J. David Singer, “Multipolar Power Systems and International Stability”, *World Politics* 16 (1964), 390-406；および Dale Copeland, “Neorealism and Myth of Bipolar Stability”, *Security Studies* 5 (1996): 29-89. ワルツとコープランドの典型的な理想の超権力者は、かかわりのジレンマに直面したときは、単純に別の選択をする。コープランドの場合はかかわりのリスクを取り、ワルツの場合は取らない。
28. Thomas Christensen and Jack Snyer, “Chain Gangs and Passed Bucks: Predicting Alliance Patterns in Multipolarity”, *International Organization* 44 (1990), 137-68.
29. John Keegan, *The Mask of Command* (New York: Penguin, 1987), 71.
30. Inga Clendinnen, *Ambivalent Conquiests* (Cambridge: Cambridge University Press, 1987), 33.
31. *The Military Maxims of Napoleon* (New York: Da Capo, 1995), 78.
32. Miller, *Mystery of Courage*, 106.
33. ベス・ロイは、バングラディシュのとある村におけるヒンドゥー教徒とイスラム教徒の対立について記している。両派が防衛のために自宅の前に並び、ほぼ一対一で顔を突き合わせて長い2本の列を作った。「姿勢は公然たる防衛だが、攻撃的な対決の様相も呈していた。戦闘の主な形はにらみ合いだった。」Beth Roy, *Some Trouble with Cows* (Berkeley and Los Angels: University of California Press, 1994), 80 参照。
34. Barry Buzan, *People, States and Fear*, 2nd ed. (New York: Harvester Wheatsheaf, 1991), 297.
35. Stuart Bremer, “Dangerous Dyads: Conditions Affecting the Likelihood of Interstate War, 1816-1965”, *Journal of Conflict Resolution* 36 (1992), 309-41.
36. Daniel Geller and J. David Singer, *Nations at War* (Cambridge: Cambridge University Press, 1998), 67.

37. 複雑な戦略的相互作用の結果は非常に予測しがたいことを示す例。1994年、(CIAからの) 潤沢な資金を得て、世界各国における「国家の失敗」を予測する国家の失敗タスクフォースが設立され、膨大なデータ (ほとんどが構造的データである) を収集した (変数は1000以上)。彼らはどうしたか? 一言でいうと、泥沼にはまった。評価については、Gary King and Langche Zeng, "Improving Forecasts of State Failure", *World Politics* 53 (2001) : 623-58 参照。

第2章　脅威

1. Robert Jervis, *Perception and Misperception in International Politics* (Princeton, NJ: Princeton University Press, 1976). Corey Robin, *Fear* (Princeton, NJ: Princeton University Press, 2003) のなかで、ロビンは政治におけるさまざまな恐怖の使用について検討し、さらに、社会学のモデルにおけるこれらのダイナミクスの著しい抑圧について検討している。
2. Anthony Giddens, *The Constitution of Society* (Berkeley and Los Angels: University of California Press, 1984), 50. 私は、この概念およびもっと一般的に動機づけとしての脅威について、*The Art of Moral Protest* (Chicago: University of Chicago Press, 1997) の、特に122～26ページで詳しく論じた。ギデンズは、フッサールとシュッツを踏まえ、当たり前と見なされる「生活世界」という概念に依拠している。過剰に社会化されたバージョン、つまり「生活世界」を物理的な世界ではなく社会的な世界を扱うものと見なす視点については、Jürgen Habermas, *The Theory of Communicative Action*, vol.1, *Lifefield and System* (Boston: Beacon, 1987) 参照。
3. 例としては、以下を参照。Theodor Adorno and Max Hofkheimer, *The Dialectic of Enlightement* (1994; repr., New York: Herder & Herder, 1972) ; Ernst Cassirer, *The Myth of the State* (New Heaven, CT: Yale University Press, 1946) [『國家の神話』宮田光雄訳, 創文社, 1960] ; および Hans Blumenberg, *Work on Myth* (Cambridge, MA: MIT Press, 1989) .
4. これが、原子力エネルギーなど危険をはらむテクノロジーへの態度に関する膨大な調査研究の要点であった。「公平に分散されている」という表現に

は未来の世代には影響しないことが含まれているし、「統制できる」とは「任意に」ということを意味する。的確な要約としては、Paul Slovic, Baruch Fischhoff, and Sarah Lichtenstein, "Facts and Fears: Understanding Perceived Risk" In Richard Schwing, Walter Albers Jr. (Eds.), *Societal Risk Assessment: How Safe Is Safe Enough?* (New York: Plenum, 1980) 参照。禁煙運動は例外的なように見るが、そのレトリックの力の大部分は、副流煙の害は被害者が統御できないという不公平さが源泉になっている。面白いことに、その後の禁煙運動の活発化を見ると、リスク認知に関する研究は、広範な原発反対と喫煙への無頓着という矛盾するコントラストが刺激になっている。Chauncey Starr, "Social Benefit Versus Technological Risk", *Science* 165 (1969), 1232 参照。

5. David Hume, *A Treatise of Human Nature* (1739-40; repr., New York: Penguin Books, 1969), 534 [『人間本性論』木曾好能訳，法政大学出版局，1995].

6. Daniel Kahneman and Amos Tversky, "Prospect Theory: An Analysis of Decision under Risk", *Econometrica* 47 (1979), 263-91; George Quattrone and Amos Tversky, "Contrasting Rational and Political Analyses of Political Choice", *American Political Science Review* 82 (1988), 719-36. 後者は、Richard Thaler, "Mental Accounting Matters" および、Colin Camerer, "Prospect Theory in the Wild: Evidence from the Field" In Colin Camerer, George Loewenstein, Matthew Rabin (Eds.), *Advances in Behavioral Economics* (New York: Russel Sage; Princeton, NJ: Princeton University Press, 2003) についても概観している。Michal Strahilevitz and George Loewenstein, "The Effect of Ownership History on the Valuation of Objects", *Journal of Consumer Research* 25 (1998), 276-89 においてストライルヴィッツとローウェンスタインは、人は自分が所有するモノについて所有しないモノよりも高い価値を置く——ただし、長らく所有していて最近なくしたモノはもっと高く価値づける——ことを見いだした。残念なことに、広大な行動経済学の領域は、ほぼ完全に、ゴールを金銭に変換する室内実験を通じて発達してきた。すばらしい仕事だが、感情や複雑な戦略的作用のほとんどが排除されてしまっている。

7. Harry Stack Sullivan, *The Interpersonal Theory of Psychiatry* (New York: W.W. Norton, 1953) [『精神医学は対人関係論である』中井久夫他訳，みすず書房，1990].

8. 「ふつう平均的な人間が、相手にそれまで関心のなかった第三者に対する関心を引き起こすのには、信頼や共感よりも不信や疑惑をもって語るほうが容易だ。」Georg Simmel, *Conflict and the Web of Group-Affiliations* (Glencoe, IL: Free Press, 1955), 30.

9. Tamar Levin, "Schools Across U.S. Await Ruling on Drug Tests", *New York Times*, 20 March 2002.

10. Georg Simmel, *Georg Simmel on Individuality and Social Forms*, Donald N. Levine ed. (Chicago: University of Chicago Press, 1971), 103.

11. Robert Wren, *Achebe's World* (Washington, DC: Three Continents, 1989), 132-33.

12. Robert Solomon, *Love* (Garden City, NY: Doubleday, 1981), 3-4.

13. John Skowronski and Donal Carlson, "Negativity and Extremity Biases in Impression Formation: A Review of Explanations", *Psychological Bulletin* 105 (1989), 131-42; Richard Lau, "Negativity in Political Perception", *Political Behavior* 4 (1982), 353-77; Paul Martin, "Inside the Black Box of Negative Campaign Effects", *Political Psychology* 25 (2004), 545-62.

14. George Marcus and Michael MacKuen, "Anxiety, Enthusiasm, and the Vote", *American Political Science Review* 87 (1993), 672-85.

15. David Sears and Carolyn Funk, "Self-Interest in Americans' Political Opinions", In Jane Mansbridge (Ed.), *Beyond Self-Interest* (Chicago: University of Chicago Press, 1990), 160-61.

16. Robert Kennedy, *Thirteen Days: The Missile Crisis* (New York: Signet, 1969), 109 [『13 日間：キューバ危機回顧録』毎日新聞社外信部訳，中央公論新社，2001].

17. James Richardson, *Crisis Diplomacy: The Great Powers since the Mid-Nineteenth Century* (Cambridge: Cambridge University Press, 1994), 26-30.

18. 貴族の怒りの政治的利点については、Stephen White, "The Politics of Anger" および Richard Barton, "'Zealous Anger' and the Renegotiation of

Aristocratic Relationships in Eleventh- and Twelfth-Century France", In Barbara Rosenwein (Ed.), *Anger's Past* (Ithaca, NY: Cornell University Press, 1998) 参照。

19. ネイサン・マッコールの自伝 Nathan McCall, *Makes Me Wanna Holler* (New York: Random House, 1994) は、スラム街の若者の間にも、近代社会ではまれな類似の名誉の文化があることを記している。

20. David Lloyd George. Ima Barlow, *The Agadir Crisis* (Chapel Hill: University of North Carolina Press, 1940), 298 に引用されている。

21. Diane Vaughan, *Uncoupling* (Oxford: Oxford University Press, 1986), 31 [『アンカップリング : 親密な関係のまがり角』岩谷誠他訳 , 日生研 , 1994].

22. ジョン・エルスターのコメント。「恥辱の経験が圧倒的に苦痛であるという事実から確実に言えるのは、意思決定にあたって単にコストとして見られることはないということだ」。極端なケースでは、将来をまったく考慮しない。Jon Elster, *Alchemies of the Mind* (Cambridge: Cambridge University Press,1999), 156 参照。

23. Thomas Scheff, *Bloody Revenge* (Boulder, CO: Westview, 1994), 32.

24. イーライ・バーマンとデイヴィッド・ライティンは、パレスチナ人が殉教者になるべきか否かについて計算する方程式に含まれる「今後の項」と「利他主義の項」について述べている。Eli Berman and David Laitin, "Rational Martyrs: Evidence from Data on Suicide Attacks", In Eva Meyersson Milgrom (Ed.), *Suicide Bombing from an Interdisciplinary Perspective* (Princeton, NJ: Princeton University Press, forthcoming) 参照。これは、あらゆるものを取り込むことが可能なゲーム・アプローチの一例である。殉教者の憎悪の対象への復讐の感情的ダイナミクスは、もっと直截的なメカニズムのように思われる。暴力行為を集合的公益に還元することも判断の誤りと思われる。なぜなら、それもまた、殉教者にとっては直接的な満足となるからだ。

25. Max Heirich, *The Spiral of Conflict* (New York: Columbia University Press, 1971).

26. 私は *The Art of Moral Protest* において、この言葉を用いて、抗議運動への(特に、自らグループを模索している人の) リクルートを説明した。

27. 脚本指南で伝説的なリチャード・マッキーは、主人公がアンバランスを是

正し、ゴールを追求する行動へと新たな欲求を抱くことに対してこの言葉を用いている。物語にモラルショックが重要であることは、私たちはときとして、過去の出来事を（そのときはショックとは感じなかったのに）ショックとして回顧的に再解釈することを示唆している。

28. ふたたびジンメルは、こうした感情の多くを記述している。*Conflict,* 46. 参照。

29. Vaughan, *Uncoupling*, 81-82 [『アンカップリング：親密な関係のまがり角』岩谷誠他訳 , 日生研 , 1994].

30. Jack Katz, *How Emotions Work* (Chicago: Chicago University Press, 1999), 280-81.

31. Clifford Geertz, *The Interpretation of Cultures* (New York: Basic Books, 1973), 100 [『文化の解釈学』吉田禎吾他訳 , 岩波書店 , 1987].

32. Erving Goffman, "On Cooling the Mark Out", *Psychiatry* 15 (1952): 45-63. ゴフマンは役割とアイデンティティが介在変数であると強調することによって、彼の戦略的洞察の多くを「状況化」した。

33. 哲学者ピーター・ウィンチは、これらを「限界概念」と呼んだ。社会的なものと生物的なものの間に摩擦があり、すべての文化が答えを出さねばならない問題を提起する。答えは実に多種多様となる。Peter Winch "Understanding a Primitive Society", In Bryan Wilson (Ed.), *Rationality* (Oxford: Basil Blackwell, 1970) 参照。

34.「人々は、利益があると思わない限りは、動かない」と想定するゲーム理論や合理的選択モデルでは、人々を戦略的かかわりに「飛び込ませ」たり「飛び出させ」たりするのに必要な感情を解明しがたい。Harry Bredemeire, "Exchange Theory", In Tom Bottomore, Robert Nisbet (Eds.), *History of Sociological Analysis* (New York: Basic Books, 1978), 435 [『社会学的分析の歴史』高橋三郎 , 井上俊監修 , 全 17 冊 , アカデミア出版会 , 1981-89] 参照。この種の感情は、実際にはコストでも便益でもないが、合理主義者たちは非常に短期的なコストや便益として扱いがちである。多くの感情は、むしろ手段のようなもので、行動に付随し満足や苦痛の一部となる。

35. Erving Goffman, *Frame Analysis* (New York: Harper and Row, 1974), 22.

36. 私は、"The Politics of Abstractions: Instrumental and Moralist Rhetorics

in Public Debate", *Social Research* 59 (1992), 315-44 において、神と自然を修辞学的言及であるとして考察した。

37. Daniel Dennett, *The Intentional Stance* (Cambridge, MA: MIT Press, 1987), 21 [『「志向姿勢」の哲学：人は人の行動を読めるのか？』若島正・河田学訳，白揚社，1996].

38. Werner Güth, Rolf Schmittberge, and Bernd Schwarze, "An Experimental Analysis of Ultimatum Bargaining", *Journal of Economic Behavior and Organization* 3 (1982), 367-88.

39. Collin Camerer, *Behavioral Game Theory* (New York: Russell Sage Foundation, 2003), 467.

40. Alain Touraine, *Comment sortir du Libéralisme* (Paris: Artème Fayard, 1998).

41. William Freudenburg, "Risk and Recreancy: Weber, the Division of Labor, and the Rationality of Risk Perceptions", *Social Forces* 71 (1993), 913; Anthony Giddens, *The Consequences of Modernity* (Stanford, CA: Stanford University Press, 1990). も参照。

42. 幹部の背任行為は、間違いであるだけでなく人心を離れさせる。彼らは、自分が個人としてよりよく見えるようにと自分の所属部門を荒らすかもしれない（たとえば、将来の利得がある巨額の投資を回避する）。Robert Jackall, *Moral Mazes* (Oxford: Oxford University Press, 1988) 参照。

43. William Gamson, *Talking Politics* (Cambridge: Cambridge University Press, 1992), 32.

44. Candace Clark, *Misery and Company* (Chicago: University of Chicago Press, 1997), Chap.6. クラークは状況主義者として、私たちがお互いに持つ「同情の余地」について述べているが、つまるところは事前攻撃ということであり、経験や情報として、もっと戦略的な方法で読み取れる。

45. V. Lee Hamilton and Joseph Sanders, *Everyday Justice* (New Haven, CT: Yale University Press, 1992).

46. Machiavelli, *The Prince* (New York: W.W. Norton, 1992), 24 [『君主論』河島英昭訳，岩波書店，1998].

47. ゲーム理論家の実験では、彼らの以前の予想に反して、人々は、フェアで

はない行動（自分に対する行動か自分以外の人に対する行動かを問わず）をしたと思う人間を罰するためには相当のコストを厭わないということが実証された。

48. Alan Wertheimer, *Coercion* (Princeton, NJ: Princeton University Press, 1987), 204.

49. Kent Greenawalt, "Criminal Coercion and Freedom of Speech", *Northwestern University Law Review* 78 (1983), 1081-1124. 第三と第四のケースの区別において、グリーナワルトは、合法的な脅かしと違法な脅かしの差を指摘している。警告としての脅迫では、私は受け入れられている権利を行使しようとする。操作的脅迫では、私は私自身の利益のために、他の２者の間に割り込もうとする。

50. Goffman, *Frame Analysis*, 110.

51. スティーヴン・ブラムスが指摘するとおり、脅迫は「囚人のジレンマ」に対する解決策である。なぜなら、脅迫にはコミュニケーションがかかわるので、信頼を基盤とする解決策の代わりとなる。Steven Brams, *Theory of Moves* (Cambridge: Cambridge University Press, 1994), 139-40 参照。

52. Robert Jervis, *The Logic of Images in International Relations* (New York: Columbia University Press, 1989) でジャーヴィスが述べているとおり、「同盟国を束縛しながらも関係を悪化させないためには、同盟国としての義務を完遂するという確信を持たれないようにしたいと望むだろう。」(87).

第３章　ゴール

1. William Niskanen, *Bureaucracy and Representative Government* (Chicago: Aldine-Atherton, 1971) 参照。満足の範囲を縮小することの正当化として次のように記している。「給料、官職の特権、世間の評判、権力、ひき、役場の成績、変化の起こしやすさと管理のしやすさ。これらの変数はすべて、最後の２つを除いて、官僚の在職期間中の役所の総**予算**の単調な正関数である。」(38).

2. しかし、架空のトカゲであるとは限らない。ゲーム理論の未来が社会科学ではなく進化生物学にあるという理由の一つは人間の欲求の複雑さにある。

進化生物学の世界では、観察者は、プレイヤー自身の主観的ゴールとは独立に、ペイオフを定義できる（特に子孫の数）。トカゲがプレイするゲームは単純だ。人間のゲームは違う。

3. Henry Hamburger, *Games as Models of Social Phenomena* (San Francisco: W. H. Freeman, 1979), 46-47.

4. ゲーム理論家は、すべての原則になにがしかの証拠を見いだしている。最近の比較の一つについては、Ernan Haruvy and Dale Stahl, "Empirical Tests of Equilibrium Selection Based on Player Heterogeneity", University of Texas Working Paper, March, 1999 参照。

5. Herbert Simon, "The State of American Political Science: Professor Lowi's View of Our Discipline", *PS: Political Science and Politics* 26 (1993), 49-51; および、James March and Herbert Simon, *Organizations* (New York: Wiley, 1958).

6. Richard Rosecrance, *International Relations: Peace or War?* (New York: McGraw-Hill, 1973).

7. たとえば、Neil Fligstein, *The Architecture of Markets* (Princeton, NJ: Princeton University Press, 2001) のなかで、フルギスタインは収益性を安定性で置き換えている。

8. 相対的剥奪に関する研究は、批判はあったが、なんとか持ちこたえている。Tom Tyler and Heather Smith, "Social Justice and Social Movements", In Daniel Gilber, Susan Fiske, Gardner Lindzey (Eds.), *Handbook of Social Psychology* (Boston: McGraw-Hill, 1998) のなかで、テイラーとスミスは、相対的剥奪に関する社会学的アプローチは個人内比較を重視し、社会倫理学的アプローチは個人間比較を重視してきたと述べている。ランシマンも同じく、人は個人的に剥奪されたか、あるいは自分のグループが剥奪されたと感じると指摘している。W.G. Runciman, *Relative Deprivation and Social Justice* (London: Routledge and Kegan Paul, 1966). John Urry, *Reference Groups and the Theory of Revolution* (London: Routlege and Kegan Paul, 1973) においてアーリは、基準集団の比較と文化を関連づけている。「基準集団という概念は、一人の行為者が関係するであろう社会的対象の範囲は必ずしも、その行為者がメンバーになっている集団とは合致しないという観察を説明するために開

発された … この不一致は、人間には、記号、言語、コミュニケーションを通じて、他者の役割を果たす能力があり、彼が直接的かつ継続的に関係する集団以外集団にも順応可能なためである。」(17, 18).

9. Max Weber, *Economy and Society* (Berkeley and Los Angels: University of California Press, 1978), 55 [『経済と社会』分冊 , 創文社].

10. レイモンド・アロンは、安全保障、力、栄光、および理念を、外交政策の背後にある「本質的に異質な目的」として区別している。Raymond Aron, *Peace and War: A Theory of International Relations* (1962; repr., New Brunswick, NJ: Transaction, 2003), 71-93 参照。

11. Harry A. Scarr, *Patterns of Burglary* (Washington, DC: U.S. Government Printing Office, 1972).

12. もちろん、イアゴーの答えは「評判なんて、理由のない、インチキこのうえないものですよ。それだけの功績がなくても手に入り、いわれもないのに失われる。あなたは評判をなくしてなんかいませんよ。自分でそう思い込んでいるだけなんです。」(第2幕第3場)。シェイクスピアは、ゴールは人によって違う（もっとも、イアゴーのシニカルな見方に観客はショックを受ける）というだけでなく、評判の重要な作用の一つは、人の行動する能力（目的や手段）と関連することを示唆している。

13. この「真実」に関する数少ない証拠については、James Jasper and Michael Young, “The Tricks of Paradigms: the Structural Truths of Social Movement Research”, *Sociological Forum* 21 (forthcoming) 参照。これは合理的選択理論からいわば非公然に派生した「真実」である。

14. Jon Elster, *Alchemies of the Mind: Rationality and the Emotions* (Cambridge: Cambridge University Press, 1999), 149. これは、トム・シェフの大作とならんで、恥が戦略的作用に及ぼす影響についての最良の入門書である。

15. Randall Collins, “Social Movements and the Focus of Emotional Attention”, In Jeff Goodwin, James Jasper, Francesca Polletta (Eds.), *Passionate Politics* (Chicago: University of Chicago Press, 2001), 27. ほかに、Randall Collins, *Interaction Ritual Chains* (Princeton, NJ: Princeton University Press, 2004) も参照。

16. Jon Elster, *Strong Feelings* (Cambridge, MA: MIT Press, 1999) のなかでエ

ルスターは、中毒を付け加えている。私は、"Motivation and Emotion", In Robert Goodin, Chales Tilly (Eds.), *The Oxford Handbook of Contextual Political Studies* (Oxford: Oxford University Press, 2006) で、切迫感と他の感情を比較した。

17. Neil Smelser, *Theory of Collictive Behavior* (New York: Free Press, 1962), 55.

18. Peter Kollock, "Social Dilemmas", *Annual Review of Sociology* 24 (1998), 183-214.

19. 多様なジレンマについての優れた論考 Arthur Klein, *Why Nations Cooperate* (Ithaca, NY: Cornell University Press, 1990) のなかでクラインは、「国家は、全地球的な福利と効率を向上させるリベラルな経済政策を協力して追求できる。しかしながら、他国を裏切ったり抜け駆けして自国の相対的な経済的立場の向上をはかることもできる。どちらのコースにも理がある」(21) と述べている。貿易などの経済政策は全地球的であることはまれで、一定地域など特定の国の集合体をカバーする。

20. Amartya Sen, *Development as Freedom* (New York: Random House, 1999) [『自由と経済開発』石塚雅彦訳 , 日本経済新聞社 , 2000].

21. Heinz Kohut and Ernest Wolf, "The Disorders of the Self and Their Treatment: An Outline", *International Journal of Psychoanalysis* 59 (1978), 414.

22. Elen Langer, *The Psychology of Control* (Beverly Hills, CA: Sage, 1983) においてランガーは、さまざまな実験を報告している。Daniel Wegner, *The Illusion of Conscious Will* (Cambridge, MA: MIT Press, 2002) も参照。

23. Burawoy, *Manufacuring Consent* (Chicago: University of Chicago Press, 1979) 参照。ただし、ブラウォイは（ドナルド・ロイを踏襲して）経営に対するゲームを、時間に対するゲームと統合している。後者は、ふつう、前者と同じ意味において戦略的ではない。

24. Edward Shils, "Privacy and Power", In *Center and Periphery* (Chicago: University of Chicago Press, 1975).

25. Richard Rumelt, "Evaluation of Strategy: Theory and Models", In Dan Schendel, Charles Hofer (Eds.), *Strategic Management* (Boston: Little, Brown, 1979), 97.

26. Carl von Clausewitz, *On War* (1832; repr., Princeton, NJ: Princeton University Press, 1976) [『戦争論』篠田英雄訳, 岩波書店, 1968].

27. George Will, *Men at Work* (New York: Macmillan, 1990), 3 [『監督術・投球術』『打撃術・守備術』芝山幹郎訳, 文藝春秋, 2001].

28. 戦略が甚だしく非道徳的であるこの極端において、人々は、ロバート・ジェイ・リフトンが「ダブリング」と呼んだものに携わると思われる。「自己を2つの機能的な全体に分割し、部分自己が一つの完全な自己としてはたらく・・・ 一つの部分自己はもう一つの部分自己を『否定』する。否定されるのは現実そのものではなく——個人としてのナチの医師は、アウシュビッツの自己を介して自分が何を行っているか知っていた——、その現実の意味である。」Robert Jay Lifton, *Nazi Doctors* (New York: Basic Books, 1986), 418, 422 参照。

29. Tzvetan Todorov, *The Fragility of Goodness: Why Bulgaria's Jews Survived the Holocaust* (Princeton, NJ: Princeton University Press, 2001) においてトドロフは、道徳的に不純な有効性は道徳的に純粋な独善に勝ると主張する。これもまた、私の見るところでは2つの間のトレードオフである。

30. Michael Young, "A Revolution of the Soul: Transformative Experiences and Immediate Abolition", In Goodwin, Jasper, Polletta (Eds.), *Passionate Politics*, 113.

31. 金銭の複雑さについては、Viviana Zelizer, *The Social Meaning of Money* (New York: Basic Books, 1994) 参照。

32. Michael Walzer, *Spheres of Justice* (New York: Basic Books, 1983) [『正義の領分 : 多元性と平等の擁護』山口晃訳, 而立書房, 1999]. ウォルツァーは、金銭が他の制度的領域を汚染する傾向があることを示した。

33. Catherine Campbell, "*Letting Them Die*" *:Why HIV/AIDS Programmes Fail* (Oxford: James Currey, 2003).

34. Michael Porter, *Competitive Strategy* (New York: Free Press, 1980), xxvii [『競争の戦略』土岐坤・中辻萬治・服部照夫訳, 新訂, ダイヤモンド社, 2003].

35. 合理主義者の見解では、人々は自分の性格、受け取る情報、またはさまざまな行動のコストと利益を操作することができる。Jon Elster, *Ulysses and*

Sirens (Cambridge: Cambridge University Press, 1979), part 2 参照。

36. Abigail Saguy, *What Is Sexual Harassment?* (Berkeley and Los Angels: University of California Press, 2003).

37. John Dewey, *Human Nature and Conduct* (New York: Holt, 1922) [『人間性と行為 : 社会心理学序説』東宮隆訳 , 春秋社 , 1951].

38. Erving Goffman, "On Cooling the Mark Out", *Psychiatry* 15 (1952), 453 のなかでゴフマンは、「人はある役割を離れ、かつ同時に、その役割の判定基準を捨て去ることができる。その人は従来とはまったく違った人物になり、そのため成功や失敗などの基準を、起こった変化に当てはめることは難しい」と述べている。

39. 教育を受けたいと思うことは、すでに、遠い将来について考えていることである。ジョン・エルスターが言うように、「現在の行動の遠い将来の帰結によって動機づけられたいと欲することは、**実際に**、現在の行動の遠い将来の帰結によって動機づけられているということである。」(Jon Elster, *Strong Feelings*, 161).

40. Alexis de Tocqueville, *The Old Regime and the French Revolution* (New York: Anchor, 1955), 177.

41. Richard Scott, *Organizations*, 2nd ed. (Englewood Cliffs, NJ: Prentice-Hall, 1987), 21.

42. Brien Hallett, *The Lost Art of Declaring War* (Urbana: University of Illinois Press, 1998), xi.

43. Tom Ridge, *New York Times*, 21 April 2003.

44. James Fallows, *Breaking the News* (New York: Pantheon, 1996) [『アメリカ人はなぜメディアを信用しないのか : 拝金主義と無責任さが渦巻くアメリカ・ジャーナリズムの実態』池上千寿子訳 , はまの出版 , 1998].

45. Jon Elster, "Introduction", In Jon Elster (Ed.), *Rational Choice* (Washington Square, NY: New York University Press, 1986), 21; C. C. von Weizsäcker, "Notes on Endogenous Change of Tastes", *Journal of Economic Theory* 3 (1971), 345-72 も参照。

46. Alasdair MacIntyre, *After Virture* (Notre Dame, IN: Notre Dame University Press, 1981), 175.

47. James March and Herbert Simon, *Organizations* (New York: John Wiley, 1958), 185 [『オーガニゼーションズ』土屋守章訳, ダイヤモンド社, 1977].

48. Roland Bénabou and Jean Tirole, "Willpower and Personal Rules", *Journal of Political Economy* 112 (2004), 848-86.

49. Elster, *Strong Feelings.*

50. ダニエル・ウェグナーは言う。「願望と意図は常に同じとは限らない。なぜなら、願望は時には将来の状況の記述であり、それはこの行為単独では完遂されえないからだ … それでもなお、行動のエージェンシーを、**何か**を欲していない意識的な心に帰属させるのはあまり意味がない。それゆえ、行動哲学者たちは欲望の心的表象が行動の意識的な意志の主たる特長であるという考えに賛同しているようである。」(Daniel Wegner, *The Illusion of conscious Will*, 19.)

51. Jean-Paul Sartre, *L'Etre et le Néant* (Paris: Gallimard, 1943), 493 [『存在と無：現象学的存在論の試み』松浪信三郎訳, 3 分冊, 筑摩書房, 2007-2008].

52. アンソニー・ギデンズは、「しかし、一つ一つの行為または仕草が動機づけられている——つまり、明確な「動機」が備わっている——と主張することは、行動を一連の意図または理由がかかわるものとして扱うこと以上に意味があるとは言えない」と述べている。Anthony Giddens, *The Constitution of Society* (Berkeley and Los Angels: University of California Press, 1984), 50.

53. Cristian Smith, *Moral, Believing Animals: Human Personhood and Culture* (Oxford: Oxford University Press, 2003).

第 4 章　能力

1. 最も良い説明が、Taylor Branch, *Parting the Warters* (New York: Simon and Schuster, 1988) にある。

2. Steven Kelman, *Making Public Policy* (New York: Basic Books, 1987), 42.

3. 同様に風変わりな例だが、強引な証拠の蓄積を通じて説得する学者もいれば、事実よりも直感に基づいた巧妙な解釈によって説得する学者もいる（もちろん、学者というものは、自分の解釈を過大評価する傾向がある)。

4. Nietzsche. Bent Flyvbjerg, *Rationality and Power* (Chicago: University of Chicago Press, 1998), 37 に引用されている。

5. Napoleon, *The Military Maxims of Napoleon*, 58-59.

6. Victor Davis Hanson, *The Western Way of War* (Berkeley and Los Angels: University of California Press, 1989), および *Carnage and Culture* (New York: Random House, 2001).

7. Arthur Stinchcombe, *When Formality Works* (Chicago: University of Chicago Press, 2001), 134.

8. Edward Luttwak, *Strategy: The Logic of War and Peace* (Cambridge, MA: Harvard University Press, 2002), Chap.3.

9. 1970年代、資源が著しく不足している人々は外部からの助けがなければ自分たちを組織化するのが困難という考えから、社会運動論の「資源動員」学派が発展した。戦略的行動に取りかかるのに必要な公的組織の程度が過大評価されており、資源と良い選択のトレードオフが見過ごされているきらいがある。参考として、以下を参照。John McCarthy and Mayer Zald, "Resource Mobilization and Social Movement: A Partial Theory", *American Journal of Sociology* 82 (1977), 1212-41.

10. Scott Boorman, *The Protracted Game* (Oxford: Oxford University Press, 1969), 12.

11. Max Weber, "Socialism", In W. G. Runciman (Ed.), *Weber: Selections in Translation* (Cambridge: Cambridge University Press, 1978), 258.

12. Kengsley Davis, "The Demographic Foundations of National Power", In Morroe Berger, Theodore Abel, and Chales Page (Eds.), *Freedom and Control in Modern Society* (New York: Van Nostrand, 1954).

13. ルトワクは、日本とドイツがすでに制空権を失った段階での大規模な空爆について、「それも戦争行為であることは変わりなかったが、**戦略の論理はもはや適用されていなかった**。なぜなら、敵の応答——実際、意識と生命を持つ実在としての敵の存在そのもの——は、まったく無視されていた可能性があるからだ」(Luttwak, *Strategy*, 13)。この解釈は正しくないと思う。一般市民はプレイヤーではない。プレイヤーは国の指導者であり、大規模空爆は**指導者**を屈服させることが目的であった。

14. Beth Roy, *Some Trouble with Cows: Making Sense of Social Conflict* (Berkeley and Los Angels: University of California Press, 1994), 84.

15. 構造という概念を解釈しようとして、ウィリアム・スーエル・ジュニアは、それらは物理的資源と、それらに形を与えたり有用なものとするアイデアとの複合体だという考え方を提示した。だが、この複合概念が何の役に立つのか、私には不明だ。William Sewell Jr., "A Theory of Structure: Duality, Agency, and Transformation", *American Journal of Society* 98 (1992), 1-29 参照。

16. Anthony Giddens, *The Constitution of Society* (Berkeley and Los Angels: University of California Press, 1984), 33. タルコット・パーソンズやミシェル・フーコーと同じく、ギデンズも「分配可能」資源、物的対象物に対する統御を、「権威」資源、または人々に対する統御と区別しているが、あまり有用とは言えない。人間に対する統御は、むしろ、ルールや合法性など他の用語のほうがより的確に記述できるように思われる。ギデンズの用語では、メリットがあるものはすべて資源とされる。

17. William McNeill, *Plagues and Peoples* (Garden City, NY: Doubleday, 1977), 72 [『疫病と世界史』佐々木昭夫訳, 中央公論新社, 2007].

18. Don Sherman Grant II and Michael Wallace, "Why Do Strikes Turn Violent?", *American Journal of Sociology* 96 (1991), 1131, 1147.

19. 「促進に有用なものには直接心的エネルギーが充当され、その所有が行為者や他者によって報酬としても解釈される」とコメントしたのは、ほかならぬ社会学者タルコット・パーソンズである。これはつまり、金や権力などの手段は、「実在か潜在的かをとわず、達成のシンボルとして」受け取られるということだ。Talcott Parsons and Edward Shils (Eds.), *Toward a General Theory of Action* (Cambridge, MA: Harvard University Press, 1951), 202 [『行為の総合理論をめざして』永井道雄・作田啓一・橋本真共訳, 日本評論新社, 1960].

20. 手段が目的を押しのけることに気づいていたマックス・ウェーバーは、「専門家の特殊な知識がしだいに公務員の権力の基礎となったため、統治者の初期の関心事は、専門家の特殊な知識を、専門家の恣意に任せることなく、利用することにあった」と書いている(Max Weber, *Economy and Society*, 994 [『経

済と社会』分冊 , 創文社])。レイモンド・アロンも軍隊について類似の指摘をしている。「外交は、決定的な瞬間に、軍隊のメカニズムの囚人となるリスクがある。軍隊は前もって備えておかなければならず、政府は繰り出すかどうかの自由を持ってはいても、もはや修正は不能だ。」Raymond Aron, *Peace and War* (New Brunswick, NJ: Transaction, 2003), 43.

21. ブザンは、「防衛のコストが他の安全保障措置を犠牲にするため、または防衛リスクが、防衛によって阻止しようとした脅威を上回るように見えるために、防衛と安全保障が互いにぶつかる 2 つの明白な状態」について述べている。(Buzan, *People, States and Fear* (New York: Harvester Wheatsheaf, 1991), 272).
22. Robert Jackall, *Moral Mazes* (Oxford: Oxford University Press, 1988), 52.
23. Machiavelli, *The Prince* (New York: W.W. Norton, 1992), 11 [『君主論』河島英昭訳 , 岩波書店 , 1998].
24. Erving Goffman, *Strategic Interaction* (Philadelphia: University of Pennsylvania Press, 1970).
25. 状況主義者の長い伝統のなかでカリスマは「何よりもまず、一つの関係、リーダーと追随者双方の内的自己の相互交流なのである」と捉えられていることから、私は**カリスマ**よりも**魅力**を用いたい (Charles Lindholm, *Charisma* (Cambridge, MA: Blackwell, 1990), 7 [『カリスマ : 出会いのエロティシズム』森下伸也訳 , 新曜社 , 1992])。極端な例では、状況主義者はカリスマ・リーダーに何ら尋常ならざるところがないかのように、あたかも彼らは全面的に状況の産物であるかのように振る舞う。これは常に仮定であって、実証されていない。
26. Baldassare Castiglione. Jorge Ardit, *A Genealogy of Manners* (Chicago: University of Chicago Press, 1998), 102 に引用されている。アルディーティは、廷臣の「je ne sais quoi（言い表せぬほど良いもの）」として身体的要素を強調する。「優美さ、簡潔な動き、礼儀作法、節度、社交性、そして慇懃さ全般は、疑問の余地なく廷臣の属性である。しかし、男らしさ、力強さ、鍛えられた肉体、軽快さ、そして優れた戦士としての教育に付随する鍛錬も、等しく肝要である」(107)。この 2 つの傾向は、男性的な魅力についての現代人のイメージと決して無縁ではない。

27. Erving Goffman, *Interaction Ritual* (Garden City, NY: Doubleday, 1967), 9 [『儀礼としての相互行為：対面行動の社会学』浅野敏夫訳，新訳版，法政大学出版局，2002].

28. 清少納言が言うように、10世紀の日本では「説法師は見目が良くなければならなかった。というのは、価値ある説教をきちんと理解しようとするなら説法師を注視していなければならない。目を逸らせば、聴くのも上の空になるだろう」。*The Pillow Book of Sei Shonagon*, ed. and trans. Ivan Morris (Oxford: Oxford University Press, 1967), 33.

29. Dale Carnegie, *How to Win Friends and Influence People* (New York: Simon and Schuster, 1937), 146 [『人を動かす』全訳版，山口博訳，創元社，1958].

30. 合理主義者デニス・チョンは、良い評判は長期的な利益の最大化に役立つことを示した。しかし彼は、実際に良い人間であることは、良い人間ではないのに周囲に良い人間と思われるようにすることより容易だとも指摘している。多くの現象は、このような回りくどい方法で合理主義者の表現と**整合性を持たせる**ことが可能だ。しかし、評判のようなものはそれ自体が手段でもあり目的でもあるという事実は、結局のところこういう記述をつまずかせる。Dennis Chong, *Collective Action and the Civil Rights Movement* (Chicago: University of Chicago Press, 1991) 参照。

31. Douglas C. Mitchell, "The Editorial Character", *Bookmark* (University of Chicago Press newsletter, summer 2004), 3.

32. ジェイムズ・ダウドは、米陸軍の将軍たちが、良い野心（集団のゴールを指向）と悪い野心（個人的な昇進や評価をめざす）を区別することで、魅力のジレンマに対処していると述べている。James Dowd, "Hard Jobs and Good Ambtion: U.S. Army Generals and the Rhetoric of Medesty", *Symbolic Interaction* 23 (2000), 183-205.

33. Bjørn Lomborg, "Nucleus and Shield: The Evolution of Social Structure in the Iterated Prisoner's Dilemma", *American Sociological Review* 61 (1996), 278-307.

34. キャンディス・クラークは、「同情は、認知、感情、または身体的な共感、つまり何らかの形で他者の役割を演じることが第一歩となる」と述べている。Candace Clark, *Misery and Company* (Chicago: University of Chicago Press,

1997), 78.

35. 米国精神医学会による反社会的人格障害の診断基準は次のとおりである。「法にかなう行動という点で社会的規範に適合しないこと。これは逮捕の原因になる行為を繰り返し行うことで示される。/ 人をだます傾向。これは自分の利益や快楽のために嘘をつくこと、偽名を使うこと、または人をだますことを繰り返すことによって示される。/ 衝動性または将来の計画をたてられないこと / 易怒性および攻撃性。これは、身体的な喧嘩または暴力を繰り返すことによって示される。/ 自分または他人の安全を考えない向こう見ずさ。/ 一貫して無責任であること。これは仕事を安定して続けられない、または経済的な義務を果たさない、ということを繰り返すことによって示される。/ 良心の呵責の欠如。これは他人を傷つけたり、いじめたり、または他人のものを盗んだりしたことに無関心であったり、それを正当化したりすることによって示される。」*Quick Reference to the Diagnostic Criteria from DSM-IV* (Washington, DC: American Psychiatric Association, 1994), 279-80『DSM-IV 精神疾患の分類と診断の手引』高橋三郎・大野裕・染矢俊幸訳, 医学書院, 1995]. 歴史上の偉大な覇者のほとんどは、この基準に当てはまると言える。

36. 心理学者は、知能を示すことに類似の現象を見いだしている。知能を正確に判定できなくなるように、受けている知能テストをわざと台無しにすることがある。これは成績を悪くするから、「セルフ・ハンディキャッピング」と呼ばれている。Raymond L. Higgins, C.R. Snyder, Steven Berglas, *Self-Handicapping* (New York: Plenum, 1990) 参照。

37. Adrian Goldsworthy, *The Punic Wars* (London: Cassell, 2001) においてゴールズワージーは、カルタゴ戦争においてローマを最終的に勝利に導いたのは、ローマが決意を揺るがさなかったことであったと述べている。

38. アラビア王朝の創始者イブン・サウドは、戦いで傷を負い「男性の象徴を失った」との噂が飛び交ったとき、ただちに土地の族長を召喚して処女を捜させ、同夜、妻に娶った。自陣の真ん中に張ったテントで床入りの儀を果たし、全員に祝福せよと命じた。同様に、ウェリントン将軍も、あえて彼らしからず、ナポレオンの愛人少なくとも 2 人と寝た。時代は移ったが、肉体的能力（さまざまな分野での）が男性カリスマの中心的要素であることは変わりない。

39. Walter Mischel, *Personality and Assessment* (New York: Wiley, 1968) [『パーソナリティの理論 : 状況主義的アプローチ』詫摩武俊監訳 , 誠信書房 , 1992].
40. ジョン・レーマーは、これを「専制政治の心理学」と呼ぶ。民衆は畏怖すると同時に憎悪する。John Roemer, "Rationalizing Revolutionary Ideology", *Econometrica* 53 (1985), 85-108 参照。
41. Stephen Skowronek, *The Politics Presidents Make* (Cambridge, MA: Harvard University Press, 1993), 17.
42. John Keegan, *The Mask of Command* (New York: Penguin, 1987) でキーガンは、アレクサンダー大王と老顧問パルメニオの意見の不一致を取り上げている。老顧問は仮に負けても打撃は大きくないという理由からペルシャ大艦隊との海戦を望んだ。物質的な打撃は大きくないかもしれないが、敗戦は軍の士気を挫く。アレクサンダーは、成功に成功を重ねることが重要だと見た。「彼は、マケドニア人の腕と勇猛心を犠牲にするリスクは冒せなかった。戦に敗れたら、好戦的というマケドニアの威信に大打撃となる」。これは、短期と長期のトレードオフでもある。「老将軍の考えは局地戦での目前の利であり、アレクサンダーが念頭に置いたのは世界という舞台での最終的な勝利であった。」(42).
43. Martin E. P. Seligman, *Helplessness* (San Francisco: W. H. Freeman, 1975) [『うつ病の行動学 : 学習性絶望感とは何か』平井久・木村駿監訳 , 誠信書房 , 1985], および *Learned Optimism* (New York: Knopf, 1991) [『オプティミストはなぜ成功するか』山村宜子訳 , 講談社 , 1991] 参照。
44. Marc Myers, *How to Make Luck* (Los Angeles: Renaissance, 1999) [『「運をつかむ人」16 の習慣』玉置悟訳 , 三笠書房 , 2001] においてマイヤーズは、幸運を創造として分析している。彼が言わんとすることは——物事は難しく考えるな、ただし繰り返すことなかれ。他人の目に魅力的に映るようにせよ。好奇心を抱け。他人を幸せにせよ。陰の実力者に貸しを作れ。常に退路を確保せよ。
45. Erik Erikson, *Childhood and Society*, 2nd.ed (New York: Norton, 1963), 247 [『幼児期と社会』仁科弥生訳 , 2 冊 , みすず書房 , 1977, 1980].
46. 野球では、不平等な資源（報酬）が戦略的選択に勝るが、マイケル・ルイスが述べている、オークランド・アスレチックスのジェネラルマネージャー、

ビリー・ビーンのような例外もある。Michael Lews, *Moneyball: The Art of Winning an Unfair Game* (New York: Norton, 2003) [『マネー・ボール：奇跡のチームをつくった男』中山宥訳 , ランダムハウス講談社 , 2004].

47. Jon Elster, *Strong Feelings* (Cambridge, MA: MIT Press, 1999), 64.
48. Edward Gonzalez, *Cuba under Castro* (Boston: Houghton Mifflin, 1974).
49. リーダーのレトリックが部下たちの自己有能性の認知に及ぼす（歪曲された）影響は、人々の計算という合理的選択モデルを採択しているほとんどのゲーム理論にとって問題である。「士気」は、いわゆるフリーライダー問題への、広く行き渡っている意図的な解決策である。Donald Green and Ian Shapiro, *Pathologies of Rational Choice* (New Haven, CT: Yale University Press, 1994), 85-88 においてグリーンとシャピロは、この点を取り上げ痛烈に批判している。
50. たとえば、Ronald Toby, *State and Diplomacy in Early Modern Japan* (Princeton, NJ: Princeton University Press, 1984), chap.3 [『近世日本の国家形成と外交』速水融・永積洋子・川勝平太訳 , 創文社 , 1990]; Chales Korr, *Cromwell and the New Model Foreign Policy* (Berkeley and Los Angeles: University of California Press, 1975) 参照。
51. 専門家が自分の予測を過信することについては、Sarah Lichtenstein and Baruch Fischoff, "Do Those Who Know More also Know More about How Much They Know?," *Organizational Behavior and Human Performance* 20 (1977), 159-83 参照。専門家のバイアスの出典は、Lee Clarke, *Mission Improbable* (Chicago: University of Chicago Press, 1999), 162-66 参照。ドミニク・ジョンソンは、過信または「肯定的幻想」が国家を戦争という災厄に導くことを示しつつも、それが過去において進化的利点があったと見ている。Dominic Johnson, *Overconfidence and Wars* (Cambridge, MA: Harvard University Press, 2004) 参照。
52. ロバート・コヘインは、「米国は変化への順応の拒絶という強者の病に罹った」と見た。Robert Keohane, *After Hegemony* (Princeton, NJ: Princeton University Press, 1984), 179 [『覇権後の国際政治経済学』石黒馨・小林誠訳 , 晃洋書房 , 1998].
53. 「勝利とともに、軍隊の慣習、手順、構造、戦術、そして方法はすべて、

改善や抜本的改革から恩恵を受けると思われるものも含めて、見境なく正当なもの、あるいはすばらしいものとして確認される。」(Luttwak, *Strategy*, 19).

54. Lauren Alloy and Lyn Abramson, "Judgement of Contingency in Depressed and Nondepressed Students: Sadder but Wiser?", *Journal of Experimental Psychology: General* 108 (1979), 441-85; Lauren Alloy (Ed.), *Cognitive Processes in Depression* (New York: Guilford, 1988).
55. 組織の戦略的能力については、Marshall Ganz, "Resources and Resoucefulness: Strategic Capacity in the Unionization of California Agriculture, 1959-1966", *American Journal of Sociology* 105 (2000), 1003-62 が優れた考察となっている。
56. G. Cameron Hurst, *Insei* (New York: Columbia University Press, 1976).
57. この特別な利害関係者の委員会への浸透および支配の例については、Flyvbjerg, *Rationality and Power* の特に第10章参照。EdF については、拙著 *Nuclear Politics* (Princeton, NJ: Princeton University Press, 1990) 参照。
58. F. G. Bailey, *Humbuggery and Manipulation: The Art of Leadership* (Ithaca, NY: Cornell University Press, 1988), 14.
59. Erving Goffman, *Encounters* (Indianapolis, IN: Bobbs-Merrill, 1961), 55-61 [『出会い：相互行為の社会学』佐藤毅・折橋徹彦訳，誠信書房，1985].
60. Nancy Whittier, *Feminist Generations* (Philadelphia, PA: Temple University Press, 1995) は好例であり、世代差についての優れた考察となっている。戦術における好みについては、拙著 *The Art of Moral Protest* (Chicago: University of Chicago Press, 1997), chap.10 で論じた。

第5章　聴衆としてのプレイヤー

1. たとえばバート・クランダーマンズによると、反対運動グループが注意を向けるのは、当局、組織内部の維持、反対派との相互作用、そして新しい参加者や資源を引きつけることである。しかし、既存の学術文献はほぼ例外なく、最初の相互作用を取り上げている。Bert Klandermans, *The Social Psychology of Protest* (Oxford: Blackwell, 1997), 130-31 参照。反対運動のアナ

リストが国家というプレイヤーを重視しすぎているとすると、ビジネス・アナリストはそれを過小評価している。マイケル・ポーターは、ビジネスが直面する複数のプレイヤーに焦点を当て、直接的な業界ライバルだけでなく、バイヤー、サプライヤー、代替品の製造者、および潜在的な新規参入者も効果的に取り上げている。しかし、規制当局など国の機関は含まれていない。Michael Porter, *Competitive Strategy* (New York: Free Press, 1980) [『競争の戦略』土岐坤・中辻萬治・服部照夫訳, 新訂, ダイヤモンド社, 2003] 参照。

2. Elisabeth Bumiller, "Behind Bush's Speech at U.N. Today, a White House on Edge", *New York Times*, 23 September 2003.
3. 聴衆という比喩は、通常、正式な劇場――舞台裏や、フロントや幕がある――と結びついており、能動的なプレイヤーと受動的な聴衆という強い対照がある。おそらく、イメージとしては、バーやキャンプファイアーを囲んでのやりとり、つまりさまざまな人間が入れ替わり立ち替わり（出番は均等ではなく）パフォーマンスを繰り広げる状況のほうがより適している。
4. 大統領については、たとえば Samuel Kernell, *Going Public* (Washington, DC: congressional Quaterly Books, 1986) がある。ロビー活動家については Ken Kollman, *Outside Lobbying* (Princeton, NJ: Princeton University Press, 1998) 参照。
5. Edward Luttwak, *Strategy* (Cambridge, MA: Harvard University Press, 2002).
6. 一例として、ウェーバーは「プロテスタンティズムにおいては、2つの構造的原理の外的および内的対立、つまり神の恩寵を施すための強制的な組織としての『教会』と、宗教上の有資格者の自主的組織である『セクト』との対立は、ツウィングリからカイパー、シュトッカーまで、何世紀もの間続いてきた」と述べている。H. H. Gerth and C. Wright Mills trans., ed., *From Max Weber* (Oxford: Oxford University Press, 1946), 314 [『マックス・ウェーバー：その人と業績』山口和男・犬伏宣宏訳, ミネルヴァ書房, 1962] 参照。
7. Jane Mansbridge, *Why We Lost the ERA* (Chicago: University of Chicago Press, 1986) でマンスブリッジは、これは ERA のために戦うグループの多くに起こったことだという。メアリー・ダグラスとアーロン・ウィルダスキーは、ボランティアグループについて類似の考察を行っている。Mary

Douglas and Aaron Wildavsky, *Risk and Culture* (Berkely and Los Angels: University of California Press, 1982).

8. 政治学者は、対外戦略と国内戦略の関係を理解するために、ヤヌスのジレンマを精緻化した。Michael Mastanduno, David Lake, John Ikenberry, "Toward a Realist Theory of State Action", *International Studies Quarterly* 33 (1989), 457-74 でマスタンドゥーノらはこの言葉を用いている。以下も参照。Robert Putnam, "Diplomacy and Domestic Politics", *International Organization* 42 (1988), 427-60; Peter Evans, Harold Jacobson, Robert Putnam (Eds.), *Double-Edged Diplomacy* (Berkeley and Los Angels: University of California Press, 1993).

   アリーナはまったく別だが、フランシー・オストロワーは、芸術関係の組織のエリート委員会メンバーについてこのように評している。「組織の資金ニーズの切迫に直面して、富裕な理事たちは、エリートだけの集団という伝統的なイメージとまったくそぐわない組織の門戸を広げる安堵変化を受け入れる姿勢を示す。」Francie Ostrower, *Trustees of Culture* (Chicago: University of Chicago Press, 2002), 35. これは、要するに外に目を向けるということだ。

9. ジレンマを構造的可変性（つまり、組織はせざるを得ない選択をしていると見るのだが、それはつまり組織にはまったく選択がないということだ）として読み解く試みについては、Walter Powell, "Expanding the Scope of Institutional Analysis", In Walter Powel, Paul DiMaggio (Eds.), *The New Institutionalism in Organizational Analysis* (Chicago: University of Chicago Press, 1991) 参照。

10. Calvin Morrill, *The Executive Way* (Chicago: University of Chicago Press, 1995), 23 参照。

11. 合理的選択理論においては、後援者を見つけることが集合的行動の困難に対処する主要な「解決策」の一つである。Mark Lichbach, *The Rebel's Dilemma* (Ann Arbor: University of Michigan Press, 1998), 177-93. リックバックは、後援者の悪い面として外部による統制を指摘している。

12. Georg Simmel, *The Sociology of Georg Simmel* (Glencoe, IL: Free Press, 1950), 148-49 参照。また Theodore Caplow, *Two Against One: Coalitions in Triads* (Englewood Cliffs, NJ: Prencice-Hall, 1968) も参照。

13. Stephen Wilson, *Freuding, Conflict, and Banditry in Nineteenth-Century Corsica* (Cambridge University Press, 1988), 190.
14. Roger Gould, *Insurgent Identities* (Chicago: University of Chicago Press, 1995), 19-20.
15. たとえば、Erik Ringmar, *Identity, Interest and Action: A Cultural Explanation of Sweden's Intervention in the Thirty Years War* (Cambridge: Cambridge University Press, 1996) 参照。
16. アゼル・ガットは、1890年代のフランスにおけるこのジレンマをめぐる論争を取り上げ「短期服務のためのより完全な徴兵は、正規軍の規模はわずかに縮小するものの、戦時には熟練した兵士を遙かに多数確保できるようになることを意味した。これはまた、正規の軍隊を今や年季の入った兵士たちのプロ戦闘集団としてよりも、予備兵のための訓練校として見ることにつながった」と述べている。Azar Gat, *A History of Military Thought* (Oxford: Oxford University Press, 2001), 417. 歴史には、拡大のしすぎで、遙かに大軍を擁しながらアレクサンダー大王に敗北したダリウスの例もある。これは一つには、ダリウスは「戦場では戦士の足手まといになるだけの、質の低い無価値な兵だったが、頭数をそろえたことに信を置きすぎた」ためであった。Keegan, *The Mask of Command* (New York: Viking 1987), 85 参照。
17. Alberto Alesina and Enrico Spolaore, *The Size of Nations* (Cambridge, MA: MIT Press, 2003) でアレジナとスポラオーレは、国家でさえ拡大のジレンマに直面すると述べている。
18. T. M. S. Evens, *Two Kings of Rationality* (Minneapolis: University of Minnesota Press, 1995) においてイーヴンスは、この種のケースを分析している。キブツは徐々に拡大し相当の内部的特化が生まれたが、拡大のジレンマではなく、世代間闘争として認識されている。
19. Georg Simmel, *Conflict and the Web of Group Affiliations* (Glencoe, IL: Free Press, 1955), 101. ジンメルは、現実の敵対行為の発生よりも連続的な外的脅威のほうが、集団の団結を強くするとも述べている。
20. "Despite Birth Bonuses, Zoroastrian in India Fade", *New York Times,* 23 April 2003.
21. Kenneth Lapides, (Ed.), *Marx and Engels on the Trade Unions* (New York:

Praeger, 1987), 141-42.

22. Eiko Ikegami, *The Taming of the Samurai* (Cambridge, MA: Harvard University Press, 1995), 27 [『名誉と順応：サムライ精神の歴史社会学』森本醇訳, NTT 出版, 2000].

23. David Meyer, *A Winter of Discountent* (New York: Praeger, 1990), 224-25.

24. Todd Gitlin, *The Whole World Is Watching* (Berkeley and Los Angels: University of California Press, 1980) においてギトリンは、多くの新左派のリーダーたちがヤヌスのジレンマを乗り越えられず、最終的にリーダーであることを放棄したと述べている。

25. Martin Ruef, Howard Aldrich, and Nancy Carter, "Don't Go to Strangers: Homophily, Strong Ties, and Isolation in the Formation of Organizational Founding Teams", paper presented at the 2002 meeting of the American Sociological Association (Chicago).

26. John Skrentny, *The Minority Rights Revolution* (Cambridge, MA: Harvard University Press, 2002), chap.2.

27. ある戦略的研究批判家の評。「そもそも、いかにして戦争を起こすことができる国家が現れたのかという問題が、この伝統における批判的分析においては脱落している … 組織化された暴力行為としての戦争に必要なのは、単なる物理的資源の投入だけではない。人的資源や政治的アイデンティティの形態をも必要とするのだ。」Bradley Klein, *Strategic Studies and World Order* (Cambridge: Cambridge University Press, 1994), 37. 言い換えると、戦略の背後には社会学がある。しかし、状況主義者は反対の過ちを犯している。味方を構造的条件として描出しているのだ。このため、Don Grant and Michale Wallace, "Why Do Strikes Turn Violent?", *American Journal of Sociology* 96 (1991), 1126 においてグラントとワラスは、ストの暴力に影響する「政治的－制度的要因」の一つとして「労働者寄り政党を権力につける」ことをあげている。この見解は十分に公正だが、味方の影響を構造的カーテンの背後に隠してしまう。

28. Erving Goffman, *The Presentation of Self in Everyday Life* (Harmondsworth: Penguin, 1959), 141-43 [『行為と演技：日常生活における自己呈示』石黒毅訳, 誠信書房, 1974].

29. Thomas Edsall and Mary Edsall, *Chain Reaction* (New York: W.W. Norton, 1991) [『争うアメリカ：人種・権利・税金』飛田茂雄訳，みすず書房，1995] でエドソールとエドソールは、アメリカ政治における人種的暗号を取り上げている。

30. ゲアリー・アラン・ファインは、同じ言葉でさまざまな聴衆に到達するという問題を克服するための方法には、聴衆の分離、隠れたメッセージ、および役割距離化の三つがあるという（私は、これに行動を付け加えたい）。Gary Alan Fine, *Difficult Reputations* (Chicago: University of Chicago Press, 2001), 170 参照。彼によると、ゴフマンも同じく聴衆分離のジレンマを認め、それを役割の混乱の問題と見なしている。これは私たちの理解に何も加えることなく、概念のレイヤーを増やしただけだと思う。

31. Michael Beschloss, *The Crisis Years* (New York; HarperCollins, 1991), 201『危機の年：ケネディとフルシチョフの闘い 1960-1963』筑紫哲也訳，飛鳥新社，1992].

32. ケネス・ウォルツのようなリアリストは、決定論的モデルを重視する結果、ここでも基底にあるジレンマを隠してしまっている。

33. アルジュン・アパデュライは、グローバリゼーションをめぐる論争についてこう述べている。「小規模な政体は、より大規模な政体、とりわけ近隣のそれによって文化的に吸収されるというおそれを常に抱いている。ある人がコミュニティと思い描くものは、別の人にとっては政治的監獄なのだ。」Arjun Appadurai, "Disjuncture and Difference in the Global Cultural Economy", *Theory, Culture, and Society* 7 (1990), 295 参照。

34. スカンジナビアについては Gösta Esping-Anderson, *Three Worlds of Welfare Capitalism* (Princeton, NJ: Princeton University Press, 1990) [『福祉資本主義の三つの世界：比較福祉国家の理論と動態』岡沢憲芙・宮本太郎監訳，ミネルヴァ書房，2001]、英国、米国、カナダについては、Ann Orloff, *The Politics of Pensions* (Madison: University of Wisconsin Press, 1993)、英国と特に米国については Edwin Amenta, *Bold Relief* (Princeton, NJ: Princeton University Press, 1998) をそれぞれ参照。

35. このイデオロギーのゆがみについて私は、"Three Nuclear Energy Controversies", In Dorothy Nelkin, (Ed.), *Controversy*, 3rd ed. (Newbury

Park, CA; Sage, 1992) で取り上げた。

36. James Jasper and Scott Sanders, "Big Institutions in Local Politics", *Social Science Information* 34 (1996): 491-509 参照。

37. Robert Jervis, "Cooperation under the Security Dilemma", *World Politics* 30 (1978), 169. オリジナルの定式化は、John Herz, *Political Realizm and Political Idealism* (Chicago: University of Chicago Press, 1951) である。

第6章　アリーナ

1. ブルデューは**フィールド**という語を、多くの社会生活の下にある対立を強調するために使用しているが、彼はフィールドを明示的というより暗示的なものと見ている（私は、どちらでもあり得ると思う）。「社会的フィールドは長く緩慢な自律化プロセスの産物であり、そこにおいては … 人は意識的行動によってゲームを始めるのではなく、ゲームの中に、ゲームと共に生まれる。」Bourdieu, *The Logic of Practice* (Stanford, CA: Stanford University Press, 1990), 67. ブルデューの構造主義者としての狙いは、主として、フィールドにおける諸要素（相互作用とは独立に存在しうる）の間の関係を強調することである。

2. ベイリーは、アリーナを「構造」と呼ぶ。というのも、彼は状況論者として、ルールを変数としてよりも事柄として見ているからだ。F. G. Bailey, *Stratagems and Spoils* (Boulder, CO: Westview, 2001). 彼が言うには、政治構造は、何が賞品か、誰が競争する資格を持つか、チームの構成、公正または不正な戦術、そして――面白いことに――ルールが破られたときに従うべきルールも、定義する。

　制度も類似の概念であり、パターン化された制約や期待を承認する。ロナルド・ジェパーソンは、制度化された振る舞いと行動を対照させ、「ポイントは一般的なことにある。つまり人が制度を成立させ、人は制度に参加するのではなく制度から離れることによって行動を起こすのである」と述べる。Ronald Jepperson, "Institusions, Institutional Effects, and Institutionalism", In Walter Powell, Paul DiMaggio (Eds.), *The New Institutionalism in Organizational Analysis* (Chicago: University of Chicago Press, 1991), 149 参

照。制度は暗黙の、当然とされる性質を持つゆえに状況主義者にとって魅力的なものとなる。アリーナも戦略的行動に対してある種の制限となることを実証せねばならないが、アリーナの場合は行動を通じて変化する可能性がある。一方、制度は——ジェパーソンの定義によって——行為者が制度を変化させ始めれば何か別のものとなるはずである。

3．Erving Goffman, *Encounters* (Indianapolis, IN: Bobbs-Merrill, 1961), 65 [『出会い：相互行為の社会学』佐藤毅・折橋徹彦訳，誠信書房，1985].

4．グラハム・アリソンとフィリップ・ゼリコウが言うとおり、「独断ではなく、決定プロセスに参加する人数が増えるほど、決定者は罠に陥りにくくなる。決定者は、さまざまな危険があるなかでも、問題を理解し損なったり、ある目標に決めるにあたっての利害関係を見過ごしたり、あるいは結果の予測を誤るおそれが少なくなる。しかし、良い面ばかりではない。付加的な、自立した利害がかかわることになる。」Graham Allison and Philip Zelikow, *Essence of Decision* (New York: Longman, 1999), 271 [『決定の本質：キューバ・ミサイル危機の分析』宮里政玄訳，中央公論社，1977].

5．Joseph Persico, *Roosevelt's Secret War* (New York: Random House, 2001). 日本は終戦まで同じ暗号を使い続けた。ミッドウェー海戦後の、米軍の勝因は事前の情報（暗号解読によってのみ入手可能）にあったとする米紙の記事を見逃していたことは明らかだ。

6．アゼル・ガットによると、ナポレオン戦争において「オーストリアは全面的に常備軍——大規模だが、費用が嵩み、代替困難——に依存していた。それゆえ、常備軍の保全と、軍が不利な条件下で大規模戦に突入しないようにすることが、ダウンにとってもカール大公にとっても重要事項であり、このために決定的なものとなったかもしれない多数の好機を逃すことにさえなった。」Azar Gat, *A History of Military Thought* (Oxford: Oxford University Press, 2001), 99. アレクサンダー大王は敗北のリスクを避けて一連の小規模戦の勝利を通じて確信を固めるほうを好んだが、ナポレオンは大勝利こそ信頼を固める最善の方法だと考えた。

7．Edward Luttwak, *Strategy* (Cambridge, MA: Harvard University Press, 2001), 39-40.

8．アダム・ハインリッヒ・ディートリッヒ・フォン・ビューロウは、軍事戦

略における幾何学的アプローチを開発した。その多くは、補給基地からの、または敵の領土に入るまでの軍隊の行軍可能距離を示す円弧を基盤としている。円弧が狭すぎると切断されやすくなる——この点は、ビューロウの精緻な幾何学などなくても明白だ。すべては、決定的な最前線で何を得るかにかかっている——バスケットのジレンマに戻ることになる。Adam Heinrich Dietrich von Bülow, *The Sprit of the Modern System of War* (London: Egerton, 1806) を参照。R. R. Palmer, "Fredelick the Great, Guibert, Bülow: From Dynastic to National War", In Peter Paret (Ed.), *Makers of Modern Strategy* (Princeton, NJ: Princeton University Press, 1986) [『現代戦略思想の系譜：マキャヴェリから核時代まで』防衛大学校「戦争・戦略の変遷」研究会訳，ダイヤモンド社，1989] も参照。

9. Ruth Benedict, *The Chrysanthemum and the Sword* (Boston: Houghton Mifflin, 1946), 30-31, 41 [『菊と刀：日本文化の型』長谷川松治訳，定訳版，社会思想社，1967].

10. たとえば、Simmel, *Conflict and the Web of Group-Afiliations* (Glencoe, IL: Free Press, 1955) 参照。

11. 現実主義では、相対的利益と絶対的利益が区別され、現実主義アプローチの特徴的要素は相対的利益である（たとえば、John Mearsheimer, "Back to the Future", *International Security* 15 (1990), 5-56 参照）。この理論によれば、プレイヤーが**あなたに対して相対的に**十分な力を得たならば、彼はあなたをやっつけるだろう。しかし多くの場合、相対的力は他のもの、絶対的なゴールの追求に使用される。真にプレイヤーを基礎とする対立では、あなたのゴールは、他のプレイヤーの敗北（あるいは破壊または屈辱）だ。

12. 地方政治における悪者ビッグ・プレイヤーとしての大学については、James Jasper and Scott Sanders, "Big Institutions in Local Politics", *Social Science Information* 34 (1996), 491-509 参照。

13. たとえば、Niklas Luhmann, *Social Systems* (Stanford, CA: Stanford University Press, 1995).

14. T.V. Paul, *Asymmetric Conflicts* (Cambridge: Cambridge University Press, 1994).

15. スティーヴン・ケルマンが言うように、「出来事が重なると … それに印

象づけられた人々は、新たに認められた問題に既存の解決策を当てはめようとする。」Steven Kelman, *Making Public Policy*, 39.

16. 極端な場合、ルーマンや他の理論家のシステム理論ではアリーナ（法的に規定された制度的アリーナに限定される）を、相互に自立的であり、各アリーナは他のアリーナにとってのより広い「環境」の一部に過ぎないと見る。このようなアプローチでは、プレイヤーが新しいアリーナに参入するにしたがって対立がアリーナを超えて広がることは無視される。この機能主義は、アリーナの言語は相互理解不能であると仮定し、日常言語または「自然」言語を基盤とした翻訳の可能性を無視する。ユルゲン・ハーバーマスは、このシステム理論の弱点に言及している。Jürgen Habermas, *Between Facts and Norms* (Cambridge, MA: MIT Press, 1996).
17. Beth Roy, *Some Trouble with Cows* (Berkeley and Los Angels: University of California Press, 1996), 28.
18. Paul Willis, *Learning to Labor* (New York: Columbia University Press, 1981).
19. Jeffrey Pressman and Aaron Wildavsky, *Implementation* (Berkeley and Los Angels: University of California Press, 1973).
20. 破産の戦略的利用については、Kevin Delaney, *Strategic Bankrupcy* (Berkeley and Los Angeles: University of California Press, 1992) 参照。
21. 2つの教室の例の出典は、Daniel McFarland, “Registance as a Social Drama: A Study of Change-Oriented Encounters”, *American Journal of Sociology* 109 (2004), 1249-1318.
22. Herbert Kitschelt, “Political Opportunity Structures and Political Protest”, *British Journal of Political Science* 16 (1986), 57-85 参照。キッチェルトの力点は、使用可能な戦略を事前に決定づけてしまう固定的国家政治構造にある。この体制の変化の可能性や、そういう機会の地平における戦略的振る舞いが無視されている。
23. Mary Bernstein and James Jasper, “Interests and Credibility: Whistleblowers in Technological Conflicts”, *Social Science Information* 35 (1996), 565-89.
24. Cynthia Gordon and James Jasper, “Overcoming the 'NIMBY' Label:

Rhetorical and Organizational Links for Local Pretestors", *Research in Social Movements, Conflicts and Change* 19 (1996), 153-75.

25. Diane Vaughan, *Uncoupling* (Oxford: Oxford University Press, 1986), 120 [『アンカップリング：親密な関係のまがり角』岩谷誠他訳，日生研，1994].
26. ブルデューは、科学と政治についてこの点を取り上げ、「学術的基準に照らして劣る科学者は、自分の力を増強するため外部の力に訴える傾向があり、学術分野の戦いで勝利を得ることさえある」と述べている。Bourdieu, *Science of Science and Reflexivity* (Chicago: University of Chicago Press, 2004), 58.
27. James Jasper, *The Art of Moral Protest* (Chicago: University of Chicago Press, 1997), chap.11.
28. Julia Wrigley, *Other People's Children* (New York: Basic Books, 1995).
29. Michael Lipsky, *Street-Level Bureaucracy* (New York: Russell Sage Foundation, 1980), 101 [『行政サービスのディレンマ：ストリート・レベルの官僚制』田尾雅夫・北大路信郷訳，木鐸社，1986].
30. Alissa Stern, "How They Won the Battle and Lost the Rain Forest", *Washington Post*, 1 June 2003.
31. Gordon and Jasper, "Overcoming the 'NIMBY' Label" 参照。
32. 形式と内容は必ずしも対立せず、単に異なる戦いのアリーナを提供する。形式は、エーデルマンやロウィなどが明らかにしているように、他のアリーナで構築された別の内容を隠すために構築されるケースもある。Murray Edelman, *The Symbolic Uses of Politics* (Urbana: University of Illinois Press, 1964) [『政治の象徴作用』法貴良一訳，中央大学出版部，1998]; Theodore Lowi, *The End of Liberalism* (New York: W.W. Norton, 1979) [『自由主義の終焉：現代政府の問題性』村松岐夫監訳，木鐸社，1981]. しかし、プレイヤーは、特定の結果を是正したり、最初のアリーナのルールを変更したり、あるいは単に最初のアリーナを拡大または改善するために、形式のアリーナに切り替えることも可能である。Authur Stinchcomb, *When Formality Works* (Chicago: University of Chicago Press, 2001) においてスティンチコウムは、外形と内容は必然的に対立すると見なすウェーバー由来の伝統を批判している。
33. William Miller, *Arguing about Slavery* (New York: Knopf, 1996). 社会問題の

分野では、Malcolm Spector and John Kitsuse, *Constructing Social Problems* (New York: Aldine de Gruyter, 1987) [『社会問題の構築：ラベリング理論をこえて』村上直之他訳，マルジュ社，1990] においてスペクターとキッセは、手続き問題が新たな頭痛の種となることを示した。E. E. Schattschneider, *The Semioverign People* (New York: Holt, Rinehart, and Winston, 1960) も参照。

34. Mitch Duneier, *Sidewalk* (New York: Farrar, Straus and Giroux, 1999), 242.
35. Toshio Yamagishi, "The Provision of Sanctioning System as a Public Good", *Journal of Personality and Social Psychology* 51 (1986): 110-16, および "Group Size and the Provision of a Sanctioning System in a Social Dilemma", In Wim Liebrand, David Messick, Henk Wilke (Eds.), *Social Dilemmas* (Oxford: Pergamon, 1992).
36. Tachiro Mitani, "The Establishment of Party Cabinets, 1898-1932", In Peter Duus (Ed.), *The Cambridge History of Japan*, vol.6 (Cambridge: Cambridge University Press, 1988), 55-59.
37. Robert Jackall, *Moral Mazes* (New York: Oxford University Press, 1988), 25.
38. キャロル・ギリガンによると、ルール作りに時間をかけるのは女の子より男の子である。女の子たちは、いざこざが起こると、さっさと別のゲームに移ってしまう。Carol Gilligan, *In a Different Voice* (Cambridge, MA: Harvard University Press, 1982) [『もうひとつの声：男女の道徳観のちがいと女性のアイデンティティ』生田久美子・並木美智子訳，川島書店，1986] 参照。これには、Janet Lever, "Sex Differences in the Games Children Play", *Social Problems* 23 (1976), 478-87 が引用されている。
39. 後にナチに協力したカール・シュミットは、例外および独裁者に関する偉大な理論家であった。Carl Schmitt, *Die Diktatur* (Munich: Duncker and Humblot, 1921) において、彼はローマの制限付き独裁者という理想を支持している。「それゆえ、独裁は、法治国家（独裁を正当化したそのものである）を一時中断させ、その代わりに、もっぱら具体的な成功をもたらすことに関心を置く手続きルールを課す … 法治国家［への復帰］である。」John

McCromick, *Carl Schmitt's Critique of Liberalism* (Cambridge: Cambridge University Press, 1997), 124 に引用。シュミットは一年と経たないうちに、より包括的な（かつ危険な）、復興ではなく変革をもたらすカリスマ・リーダーとしての独裁者という見方を提示した。George Schwab, *The Challenge of the Exception* (New York: Greenwood, 1989) [『例外の挑戦：カール・シュミットの政治思想 1921-1936』服部平治他訳，みすず書房，1980] も参照。

40. 「反体制の動きが一国の既存の政府を転覆させたり置き換えたりするために組織されるとき、それは世界を特定の方法で変化させるための非常に強力な政治的武器となる。しかし、そのような組織化によって、同時にそれ自身とその軍を、まさに反対している体制へと統合することになる。」とイマニュエル・ウォラースタインは述べている。Immanuel Wallerstein, "The National and the Universal", In Anthony King (Ed.), *Culture, Globalization and the World-System* (Mineapolis: University of Minnesota Press, 1997), 100 [『文化とグローバル化：現代社会とアイデンティティ表現』山中弘・安藤充・保呂篤彦訳，玉川大学出版部，1999].
41. James Jasper, *Nuclear Politics* (Princeton, NJ: Princeton University Press, 1990). フランスのケースについては、拙論 "Rational Reconstructions of Energy Choices in France", In James Short Jr., Lee Clarke (Eds.), *Organizations, Uncertainties, and Risk* (Boulder, CO: Westview, 1992) 参照。
42. Mitchel Abolafia, *Making Markets* (Cambridge, MA: Harvard University Press, 1996), 41. アリーナの防衛を意図した戦略的行動を構造の一形態と見なす彼の傾向に、私は異議がある。彼とフランク・ドビンの応答は、次を参照。Mitchel Abolafia and Frank Dobbin, "Structure and Strategy on the Exchanges: A Critique and Conversation about Making Markets", *Sociological Forum* 20 (2005), 473-86.
43. Frederik Barth, *Process and Form in Social Life* (London: Routledge and Kegan Paul, 1981), 89.
44. Anthony Giddens, *The Constitution of Society* (Berkeley and Los Angeles: University of California Press, 1984), 315.
45. 同上，318.
46. 同上，374.

47. Theda Skocpol, *Protecting Soldiers and Mothers* (Cambridge, MA: Harvard University Press, 1992), 59.

48. たとえば、John Witte, *Democracy, Authority, and Alienation in Work* (Chicago: University of Chicago Press, 1980) 参照。

49. 「非選択」は、強力なプレイヤーの介入、または一定の問題を**提案から外すようにする**隠れた構造的力のせいかもしれない。前者については、Peter Bachrach and Morton Baratz, *Power and Poverty* (Oxford: Oxford University Press, 1970) で論じられている。後者については、Steven Lukes, *Power* (London: Macmillan, 1974) [『現代権力論批判』中島吉弘訳, 未来社, 1995] を参照。この著作の大半は、「偽意識」に共通する問題を持っている。つまり、強力なプレイヤーが成功を収めれば収めるほど、彼らの活動の証拠は残らなくなる。問題が抑圧されていることを実証できる唯一の方法は、それらが公然と論じられていた時期があり、抑圧されたのは後になってからだということを見いだすことである。論争は、公の場ではなく閉ざされたドアの向こう側で行われることもある。しかし、通常は可能性のある選択について考えている人間が**誰かしら**存在する。プレイヤーが利用できる一般的な選択（彼らが明示的にそれらに直面するか否かにかかわらず）をはっきりさせることで、私のアプローチは実際に、抑圧をより鮮明に浮かび上がらせることを可能にするはずである。ある種のジレンマがなぜ、まったく論じられなかったか？文化的または心理的な理由から、誰もそれについて考えなかったのか？　またはチーム内の強力なプレイヤーが他の全員のために決定を行ったのか？一つのチームが、他のチームの課題を設定しようと積極的に動いたのか？

50. Nitsan Chorev, "Trading in the State: U.S. International Trade Policy and the Rise of Globalization", PhD diss., Dept. of Sociology, New York University, 2003. コレヴもまた、1974 年、議会内の保護主義産業の影響力をかわすための方策として、いかにして貿易政策が議会の手から大統領に移ったかについて述べている。欠けているのは、議会がどのようにしてそれを許したかについての説明だ。

51. Randy Shaw, *The Activist's Handbook* (Berkeley and Los Angels: University of California Press, 1996), 56-57.

52. Robert Freeland, *The Struggle for Control of the Modern Corporation*

(Cambridge: Cambridge University Press, 2001), 32.

53. "U.S. Joins Iraqis to Seek U.N. Role in Interim Rule", *New York Times*, 16 January 2004.

54. Karen Midelfart-Knarvik and Henry Overman, "Delocation and European Intergration — Is Structural Spending Justified?", *Economic Policy* 35 (2002), 322-59 においてミデルファート - ナーヴィクとオーヴァーマンは、EU の地域助成に対する疑念を表明している。

55. Murray Edelman, *The Symbolic Uses of Politics* [『政治の象徴作用』法貴良一訳，中央大学出版部，1998] においてエーデルマンは、「組織化された」利権者は通常、政府の政策から物質的資源を受け取るが、一般大衆は象徴的な保証で間に合わせなければならないと述べている。すべての戦略的かかわりは象徴的な側面を持つが、これはエーデルマンが意味するような単なる欺瞞ではない。

結論　ジレンマを通して考える

1．Edward Luttwak, *Strategy* (Cambridge, MA: Harvard University Press, 2002) でラトワクは、「パラドキシカルな行動」と呼び、そのためわかりにくくなっているが、多くの役立つ例をあげている。

2．メカニズム理論の優れた入門書としては、Peter Hedström, Richard Swedberg (Eds.), *Social Mechanisms* (Cambridge: Cambridge University Press, 1998).

3．近刊予定の拙著、*Passion and Purpose* では、社会運動の研究においてミクロ的基礎が不十分であることの影響について述べようと試みた。

4．これらのフィールドの一つについては、"A Strategic Approach to Collective Action: Looking for Agency in Social-Movement Choices", *Mobilization* 9 (2004), 1-16 で取り上げた。

5．規則性は他にもいろいろある。36 年サイクルで、少数党が 9 回の大統領選のうち 2 回勝った。その再編の 4 年前の選挙に、その前触れが見られる。民主党が議会およびほとんどの州都を制し続けた 1968 年の選挙は、この理論の反例だ。一方、ケヴィン・フィリップスがただちに見て取ったように、

多くの南部白人および都市部民主党員の同年の党離れは、保守連合の台頭にとって決定的に重要であった (Kevin Phillips, *The Emerging Republican Majority* (New Rochelle, NY: Arlington House, 1969) 参照)。単に再編が遅れたに過ぎないかもしれないが、ウォルター・ディーン・バーナムは、投票者の党に対するアイデンティティが薄れているため、将来的に政党の調整は弱くなると主張している。あり得る話だ。Walter Dean Burnham, *Critical Elections and the Mainsprings of American Politics* (New York: W. W. Norton, 1971) 参照。

6. David Mayhew, *Electoral Realignments* (New Haven, CT: Yale University Press, 2002), 148, 150. メイヒューは、この戦略的解釈とならんで、選挙に関する歴史的解釈に、敵意、人種、および経済成長を組み入れている。しかし、これらは政党と選挙に対する戦略的アプローチにもしっくり適合する。
7. Lawrence Cohen and Marcus Felson, "Social Change and Crime Rate Trends: A Routine Activity Approach", *American Sociological Review* 44 (1979), 588-608.
8. Ronald Clarke and Derek Cornish, "Modeling Offenders' Decisions: A Framework for Research and Policy", In Michael Tonry and Norval Morris (Eds.), *Crime and Justice* (Chicago: University of Chicago Press, 1985).
9. Neil Fligstein, *The Architecture of Markets* (Princeton, NJ: Princeton University Press, 2001).
10. Bruce Link and Jo Phelan, "McKeown and the Idea that Social Conditions Are Fundamental Causes of Disease", *American Journal of Public Health* 92 (2002), 730; および、"Social Conditions as Fundamental Causes of Disease", *Journal of Health and Social Behavior* special issue (1995), 80-94; および、"Understanding Sociodemographic Differences in Health", *American Journal of Public Health* 86 (1996), 471-73.
11. Christpher Jencks et al., *Inequality* (New York: Basic Books, 1972) [『不平等 : 学業成績を左右するものは何か』橋爪貞雄・高木正太郎訳 , 黎明書房 , 1978]; および、Christpher Jencks, *Who Gets Ahead?* (New York: Basic Books, 1979).
12. ダニエル・ハマーメッシュとジェフ・ビドルは、ハンサムな男性の場合は

平均を 14%上回ることを見いだした。Daniel Hamermesh and Jeff Biddle, "Beauty and the Labor Market", *American Economic Review* 84 (1994), 1174-94 参照。

13. サミュエル・ボウルズらは、「何であれ競争労働市場で報いられるものはスキルであるに違いないという仮定」に関する彼らの研究に同僚の経済学者を引き込んだ。彼らが言わんとしているのは、効率的な生産に寄与するのは必ずしも技術的スキルではなく、戦略的スキルでもあり得るということだ。Samuel Bowles, Herbert Gints, Melissa Osborne, "The Determinants of Earnings: A Behavioral Approach", *Journal of Economic Literature* 39 (January 2001), 1142-76 参照。

14. 最も有名なところでは、ピエール・ブルデューとジャン - クロード・パスロンが、エリートが子どもに正しい文化的スキルを持たせることで地位を引き継がせることを示している。Pierre Bourdieu and Jean-Claude Passeron, *Les Héritiers* (Parus: Minuit, 1964) [『遺産相続者たち : 学生と文化』戸田清・高塚浩由樹・小澤浩明訳 , 藤原書店 , 1997]; *La Reproduction* (Paris: Minuit, 1970) [『再生産 : 教育・社会・文化』宮島喬訳 , 藤原書店 , 1991] . エズラ・スレイマンは、フランスの経済エリートがいかに新しいチャンスを虎視眈々とうかがっているかについて述べている。Ezra Suleiman, *Elites in French Society* (Princeton, NJ: Princeton University Press, 1978).

15. Carol Gilligan, *In a Different Voice* (Cambridge, MA: Harvard University Press, 1982) [『もうひとつの声 : 男女の道徳観のちがいと女性のアイデンティティ』生田久美子・並木美智子訳 , 川島書店 , 1986] 参照。

16. 行動経済学者は、実験でジェンダーと人種の作用を観察した。たとえば、女性のほうが男性よりも不正を罰する傾向が強い。Catherine Eckel and Philip Grossman, "The Relative Price of Fairness: Gender Differences in a Punishment Game", *Journal of Economic Behavior and Organization* 30 (1996), 143-58 参照。エッケルとグロスマンは、最後通牒ゲームで、黒人学生は、より気前よいオファーをし、不公正なオファーを拒絶することが多いことを見いだした。Eckel and Grossman, "Chivalry and Solidarity in Ultimatum Games", *Economic Inquiry* 39 (2001), 171-88.

17. Yale Ferguson and Richard Mansbach, "Between Celebration and

Despair: Constructive Suggestions for Future International Theory", *International Studies Quarterly* 35 (1991), 363-86.

補遺　戦略的行動のルール

1. Saul Alinsky, *Rules for Radicals* (New York: Random House, 1971), 127-130.
2. B. H. Liddell Hart, *Strategy* (New York: Praeger, 1967), 248-49 [『戦略論：間接的アプローチ』森沢亀鶴訳，新装版，原書房，1986].
3. Edgar Snow, *Red Star over China*, rev.ed. (New York: Grove Press, 1968), 275-76 [『中国の赤い星』松岡洋子訳，増補決定版，筑摩書房，1975].
4. J. Edward Russo and Paul, J. H. Schoemaker, *Decision Traps* (New York: Simon and Schuster, 1989), xvi-xvii.